Le silence des armes

Bernard Clavel

Le silence des armes

Éditions J'ai Lu

à la mémoire
de Louis Lecoin

« La mort des autres nous fait honte. Il y a en nous un refus profond de tout ce sang, de toute cette mort, mais nous n'avons jamais osé, je ne dis pas le crier, mais seulement l'avouer. »

Jean GUÉHENNO.

PREMIÈRE PARTIE

CHIEN ROUGE

1

Le pays fut sur lui d'un coup. Tout le pays, absolument. Encore noyé dans cette heure d'avant l'aube qui porte le poids de la nuit sans connaître l'espérance du jour à naître.

Partout à la fois, autour de lui, Jacques sentit le pays. C'était inattendu. A vous couper le souffle. Une eau jaillie de nulle part et de partout.

Et Jacques éprouva soudain la sensation d'être deux. L'un percevait toute la chaleur de cette étreinte profonde; l'autre demeurait insensible, planté sur le quai de la gare. Devant lui, l'autorail aux fenêtres éclairées. A côté de lui, sa grosse valise qu'il venait de poser sur le quai. A quelques pas, l'employé. Personne d'autre n'était descendu de la voiture, personne n'y montait. Elle s'était arrêtée pour lui, au cœur de cette nuit qui enveloppait la gare. Cette nuit qui portait le pays invisible qu'il devinait mouillé comme ce quai de bitume où s'étiraient des reflets sales.

L'employé leva son signal et le fit claquer. Le grognement du diesel s'amplifia, et la voiture s'ébranla, laissant flotter dans l'air immobile une odeur de fuel brûlé. Le feu rouge et la lueur blanche disparurent dans la courbe, la barrière automatique du passage à niveau se releva et le silence se referma. Jacques traversa la voie derrière l'employé et le suivit jusqu'à la porte du bureau.

— Est-ce que je pourrais vous laisser ma valise?

L'employé s'arrêta sur le seuil et fit demi-tour. C'était un jeune que Jacques ne connaissait pas. Ses longs cheveux noirs débordant de sa casquette formaient sur sa nuque et ses oreilles une petite gouttière.

— Ici, dit-il, on fait pas consigne. C'est pas une grande gare.

— Je sais. Je suis de Castel-Rochère. Je monte à pied. Si je pouvais seulement vous laisser ma valise, je trouverais quelqu'un pour la prendre dans la matinée.

Ils étaient sous la lampe fixée au-dessus de la porte, et la visière luisante de la casquette tenait dans l'ombre le visage de l'employé qui semblait réfléchir.

Plaçant son signal sous son bras gauche, il fouilla ses poches et Jacques devina qu'il cherchait des cigarettes. Posant sa valise, il dégagea son sac de son épaule gauche et tira la fermeture à glissière. Il sortit un paquet de Troupes qu'il tendit à l'employé en disant :

— Tenez, si vous les aimez.

L'homme remit dans sa poche son paquet de Gauloises.

— Ça ou autre chose, fit-il, c'est tout du même poison.

Il eut un petit rire de tête.

— Justement, dit Jacques, je fume pas. Gardez le paquet, vous vous empoisonnerez pas plus vite.

L'employé bredouilla un remerciement et prit le paquet qu'il déchira de son ongle long et noir.

— Moi, expliqua-t-il, je suis là jusqu'à six heures. Après, c'est un vieux qui est de service. C'est Coulon.

— Je le connais. C'était un ami de mon père.

— Alors...

L'employé alluma sa cigarette et entra dans le bureau où Jacques le suivit.

Il régnait là une bonne tiédeur et une odeur que Jacques reconnut aussitôt. Il flaira à petits coups, puis aspira une longue goulée. Il y eut en lui un remuement profond et sourd qui dura tout le temps qu'il mit pour faire du regard le tour de la pièce. Son père apparut vêtu d'une grosse canadienne râpée et coiffé d'un bonnet de laine grise. Il se frottait les mains au-dessus du gros poêle de fonte aux flancs rougis. Le plancher était mouillé. Dehors, il y avait de la neige et la bise courait.

— C'est malheureux, dit l'employé, nous voilà sur juillet, mais la nuit, on supporte encore une flambée.

La porte du foyer était ouverte. Derrière la grille, quelques braises rougeoyaient.

Jacques essayait de retenir cette vision d'un matin d'hiver retrouvé, mais l'employé lui désignait du pied le dessous de la banque surmontée d'un grillage qui séparait le bureau de la salle des voyageurs.

— Mettez-la sous le guichet. Elle risque rien... Vous pouvez laisser votre sac avec.

— Non, il est pas bien lourd.

Jacques posa sa valise. L'homme s'éloigna pour accrocher son signal à un piton vissé dans le bois du portemanteau. Contre le mur crasseux une capote bleu foncé, une blouse grise et un blouson de cuir marron pendaient côte à côte. Au-dessus du blouson, coincé entre le mur verdâtre et le haut de la patère de métal noir, il y avait un casque de motocycliste blanc et rouge. L'employé s'assit devant une petite table et écrivit sur un grand registre. Jacques sentit de nouveau remuer au fond de lui. Le matin d'hiver réapparut pour disparaître aussitôt. L'employé refermait son registre. Juste avant de descendre de l'autorail, Jacques avait entendu un voyageur qui parlait de printemps pourri et de récoltes compromises. Son voisin avait dit : « C'est le premier jour de l'été. » Sur le moment, Jacques n'y avait pas prêté attention, mais la phrase était entrée en lui et revenait à présent. Elle apparaissait à la manière d'un signe favorable.

L'employé revint qui chassa en même temps ce premier jour d'été et ce matin de souvenir glacé venu d'un hiver sans âge. Seul le bureau demeurait, avec son odeur et sa crasse.

— Merci, dit Jacques; ça me rend bien service.

— C'est pas dans le règlement, mais un soldat, c'est un soldat. Ça vous fait un bon bout à grimper, et à pareille heure, vous risquez guère de trouver une bagnole.

L'employé retrouva son petit rire agaçant pour ajouter :

— Je dis soldat, c'est façon de parler. Mais je vois bien que vous êtes caporal... Moi, je serai appelé dans un peu moins d'un an.

Jacques tendit la main, ébauchant un pas de retraite, mais le garçon poursuivit :

— Vous êtes en Algérie, sûrement?

— Oui.

— Dans quoi?

— Chasseurs à pied.

— Vous êtes en perm, vous avez de la veine. J'ai mon cousin qui devait venir, mais y paraît que les perms sont supprimées.

— Je suis en convalo.

— Blessé?

— Non... Malade.

Le regard du garçon s'était éclairé, mais une ombre de déception passa dans ses yeux dès que Jacques eut répondu qu'il était malade.

Jacques se dirigea vers la porte en disant :

— A un de ces jours, et merci encore.

L'employé le suivit.

— On sait jamais, dit-il, vous aurez peut-être la chance de trouver une voiture.

— Sûrement pas, dit Jacques, je prends par la traverse.

8

— Vous avez tort, y peut toujours passer une voiture.

Sans se retourner, Jacques leva le bras, agitant la main en signe d'adieu. Il cria encore :

— Merci bien!

Il entendit vibrer la vitre de la porte que l'employé refermait. Il traversa la salle d'attente sans un regard vers le bureau d'où l'employé devait le suivre des yeux à travers le grillage.

Il n'avait pas pu lui répondre que, s'il prenait la traverse, c'était pour être certain de faire la route absolument seul. Il ne savait même pas pourquoi il tenait à monter à pied vers le village. Il n'avait rien prévu. Rien, et surtout pas ce matin d'hiver retrouvé dans le bureau sale. Il avait posé le pied sur le quai de la gare, et le pays lui était tombé dessus comme une averse qui crève.

S'éloignant de la lumière, il marchait sur le gravier de la cour, et son pas emplissait la nuit.

Derrière les hauteurs invisibles, l'aube demeurait immobile, prête à couler des premiers contreforts du Revermont vers la Bresse par la dégringolade des vignes et des taillis. Mais il fallait connaître pour savoir. Tout restait à deviner, car le jour en était encore à chercher une faille à la jointure du plateau et d'un ciel gris à peine brossé de quelques lueurs.

Il avait plu durant trois jours. Les voyageurs l'avaient dit, et la nuit le répétait. Elle sentait l'eau. L'air lavé était pareil à du beau linge étendu dans le calme qui succède au rinçage tumultueux de l'averse.

Jacques quitta le gravier pour s'engager sur le goudron, et ce fut presque le silence. Jacques s'arrêta. Et ce fut le vrai silence. Celui où il n'y a que la respiration des choses endormies. Il écoutait, tendu vers ces riens qui font l'épaisseur de l'air. C'était bien le pays. Il le respira jusqu'à sentir l'intérieur de sa poitrine se glacer. Alors, il retint son souffle.

Il avait souvent revu la gare par la pensée, et la route et les falaises avec le village perché sur son éperon, mais sans éprouver le désir de s'y attarder.

Ce pays avait souvent coulé en lui, mais il avait imposé silence à sa respiration de terre et de vent. Il avait voulu de toutes ses forces en tuer le souvenir comme il tentait à présent d'effacer d'autres visions d'un passé plus proche. Car tout se confondait, tout se mêlait dans sa tête. Sur ce fond de coteaux et de falaises qu'il devinait beaucoup plus qu'il ne le voyait, sur cette lueur que le ciel tirait lentement de la terre, un autre monde se dessinait en transparence. Un passé dont les vagues venaient mordre sur le présent commencé à l'instant où il avait pris pied sur le quai de la gare. Le soleil, les ombres dures, le ciel d'émail écrasant au-dessus des djebels. Le blanc de l'hôpital. Des murs blancs. Des draps blancs. Des meubles blancs. Des infirmiers vêtus de blanc.

Il se remit à marcher. Sur le revêtement de la route, ses semelles de caoutchouc faisaient un bruit sourd qui allait devant lui sans rien rencontrer.

Le monde était de grisailles, imperméable à la lumière. L'eau épaisse de la nuit repoussait encore celle du jour, et c'est à peine si le ciel se détachait de cette cassure du plateau où se plante le village.

Jacques s'arrêta encore pour fixer ce point de la falaise où il devait monter. Trois angles noirs laissaient deviner des toits, mais nul détail n'apparaissait.

Il hésita. Sa gorge venait de se nouer soudain. Un frisson courut le long de son dos. Il lui semblait à présent qu'un espace infini le séparait encore de son village, et qu'il était venu là pour se perdre dans cette zone d'ombre pareille à une terre de marécage.

2

L'aube était toujours figée. Il y avait pourtant un bon moment que Jacques avait quitté la route pour s'engager dans le chemin de traverse. La clarté incolore qui s'installait peu à peu laissait deviner les prés en pente et les premières vignes. Sur les replats, le sol inégal de cette ancienne voie romaine se creusait d'ornières dont la boue collait aux chaussures. A certains endroits, les épines et les ronces des talus permettaient à peine le passage d'un homme.

Du temps où son père l'accompagnait jusqu'à la gare, cette traverse était entretenue d'un bout à l'autre. A présent, seule la partie basse devait encore servir à quelques vignerons. Dès qu'il eut coupé la route entre le tournant de la Meularde et celui des Boissières, le chemin devint sentier.

Jacques s'arrêta. Il regarda autour de lui et, de nouveau, il se sentit comme empoigné par ce qui l'entourait.

— Le poids de Dieu.

Il murmura ces mots et c'est tout juste s'il reconnut le son de sa voix. Il eut un ricanement. Son père lui avait souvent répété : « On peut l'appeler Dieu si on veut. Personne ne sait ce que c'est. Mais ça existe. Un jour tu le sentiras. Tu sauras qu'il y a quelque chose de plus fort que toi. Qui te domine. Ça peut aussi bien te montrer le chemin à suivre que te barrer la route. Ça peut te foutre par terre ou t'aider à te relever. Tu rigoles, mais tu verras. Un jour ça te tombera dessus comme le vent. »

Son père lui avait dit cela plusieurs fois. Et toujours dehors, en plein champ. Dans la solitude des terres. A des heures inquiétantes d'orage ou de crépuscule.

Il voulut encore rire, mais sa gorge était serrée. Il frissonna et se dit qu'il avait marché vite et que ce devait être le froid du matin sur sa transpiration. Il fit quelques pas puis s'arrêta de nouveau.

Est-ce que c'était vraiment le pays qui l'avait empoigné à la descente du train? Qu'est-ce qui le clouait là, dans ce petit jour sans force, dans cette aube qui ne parvenait pas à se désengluer de la nuit? Comme une main sur la nuque. Une main lourde. Enorme.

Son mal allait-il le reprendre? Il lui parut un instant que le sang battait plus fort à ses tempes et que revenait cet élancement parti de sa nuque pour venir buter derrière ses yeux. Il posa son sac, monta sur le talus en s'aidant d'un vieux piquet où pendaient des fils de fer détendus. Toute la barrière déglinguée grinça comme un oiseau enroué.

Jacques respira profondément plusieurs fois.

A présent, c'était l'aube. Elle rampait entre ciel et terre.

D'une roche en surplomb, un vol de martinets s'élança en zigzag. Ils montaient puis plongeaient pour briser soudain leur chute et repartir d'un coup d'aile avec un cri pointu.

— Ils volent haut, c'est signe de beau temps.

Une fois encore, Jacques fut surpris par sa voix. Il avait besoin de s'entendre parler, et il n'osait pas. Sa voix faisait tache sur le concert de l'aube. Elle était pareille aux quelques lumières de la gare et des maisons dispersées de Nanchille qui se trouvaient à présent assez loin derrière lui, en contrebas. Leur lueur était déjà plus sale que celle du ciel. Il reprit son sac et monta jusqu'à l'endroit où le chemin se hausse pour passer une hernie du coteau. A ses pieds, par-delà les vignes, quelques bois, la rivière et ses peupliers, il découvrait Maléria. Une trentaine de maisons tassées l'une contre l'autre dans une boucle de la Guivre. Là aussi les lumières étaient une blessure ouverte dans cette grisaille. Comme pour répondre à son souhait, les lampes des rues qui formaient une espèce d'équerre tordue s'éteignirent d'un coup.

Jacques regarda les quelques fenêtres dont l'orangé moins agressif se fondait mieux avec la cendre des murs et des vieux toits. Il murmura :

— C'est déjà mieux.

Et sa voix lui parut moins insolite.

En amont du village, la Guivre sautait coup sur coup trois petits barrages qu'on entendait grogner. L'eau fut soudain plus claire et les rives plus nettement tracées. Jacques se tourna vers l'est. Le ciel écartait des nuées molles qui se teintaient de rose et de mauve. Elles se détachaient à regret des cimes boisées et, lentement, elles obliquaient vers le sud encore sombre.

Il n'y avait toujours pas le moindre souffle d'air. L'univers demeurait suspendu entre une nuit déjà repoussée jusqu'à l'autre rive de l'immense plaine, et un jour qui hésitait à se montrer.

Rien ne vivait. Rien sur la route. Rien sur la plaine. Jacques leva la tête pour chercher le vol de martinets. Rien. Le ciel bas, épais. Il imagina un instant ce qu'on devait voir de ce ciel. Lui. Minuscule. Seul. Trois fois rien au flanc de ce coteau. Lui vivant et tout le reste mort. Il se trouvait à mi-hauteur entre le fond de la vallée et Castel-Rochère. La masse de la falaise était noire. Les arbres de crête et l'angle des toitures étaient noirs. Un poids terrible sur sa gauche. Ecrasant. A droite, la dégringolade. Au fond, la Guivre semblait remonter vers sa source, partir de Maléria pour s'enfoncer dans la reculée où l'ombre demeurait.

Jacques s'approche de l'endroit où le chemin s'enfonce entre deux murs de pierres sèches. Son regard se trouve au ras du sol. Il se courbe un peu, fait quelques pas, se relève. Devant lui, d'autres soldats marchent. Il y a le radio, écrasé sous le poids de son appareil dont l'antenne vibre lorsqu'elle accroche une tige de ronce. Devant le radio, c'est le grand Bergeron long et osseux, flottant dans ses treillis. Celui-là, ils l'ont baptisé Cureton parce qu'il était dominicain à l'Arbresle. Devant le cureton, le lieutenant Lamy. Jacques se retourne. Tout le monde suit. Pierrot, sac-à-vin, un mécano de Toulon; Jo les carreaux, le laveur de vitres parisien; La Glu, un boulanger alsacien dont personne n'est foutu de prononcer le nom. Jacques trébuche contre une saillie de la roche. Le radio se retourne et souffle :

— Silence, Bon Dieu!

Jacques s'arrête. Il regarde derrière lui. Il y a bien une arête rocheuse qui barre l'ornière. Il a réellement trébuché. Il a réellement senti la courroie de sa mitraillette lui scier la nuque. Il a réellement entendu grogner le radio!

Il posa son sac et s'adossa au mur. Ses mains se portèrent à son crâne. Il enleva son béret qu'il jeta par terre. Ses paumes écrasaient ses tempes. Les dents serrées, les lèvres tremblantes, il dit sans crier, un peu sur le ton d'une prière :

— Non! Non je ne suis pas fou... Je veux pas être fou. Je suis pas fou... Pas fou.

Il se laissa glisser lentement. Les pierres rugueuses accrochaient son blouson. Il s'assit sur ses talons, il croisa ses bras sur ses genoux, il tourna la tête pour regarder vers le bas, puis vers le haut. Rien. Personne.

— Mais non, tu n'es pas fou. Tu sais, les gens qui sont vraiment malades ne le savent jamais.

14

Tes nerfs ont craqué. C'est arrivé à des milliers de types comme toi... Ce n'est même pas une question de courage, tu peux me croire. Les nerfs, ça ne se commande pas. Tu as été très fatigué, mais ça va nettement mieux. Après ta convalo, ça ira tout à fait bien. Faut essayer de faire le vide. Voir des filles, des copains, penser à rien.

La voix du docteur était douce. Il la retrouva comme un baume.

Il demeura encore un moment accroupi, puis il ramassa son béret qu'il mit dans son sac avant de se redresser en regardant tout autour de lui, comme s'il eût redouté d'être surpris ainsi.

3

Les deux murs s'arrêtaient net pour faire place à deux haies vives. Il y avait encore quelques mètres de chemin, puis c'était le bois. Une voûte sombre s'ouvrait. Le chemin longeait à couvert le pied de la falaise jusqu'à cette faille où il grimpait pour retrouver la nouvelle route à quelques pas du village. Jacques imaginait ce parcours humide, traversé de ravines et de sources. Il ralentit le pas.

Il allait se décider à plonger sous le couvert lorsqu'il sentit passer sur son visage un coup d'air plus vif. Il s'arrêta et retint sa respiration. Le regard tourné vers le haut de la falaise, il n'eut pas longtemps à attendre. Là-haut, sur le plateau, derrière le village, le vent de l'aube approchait. Il rampait, fouinant partout à la manière des chiens renifleurs de sentiers. Il devait s'attarder à visiter les bas-fonds, traquant les brumes jusque sous les halliers.

C'était le vent du Levant, celui qui s'avance en tirant le jour derrière lui. Il fait la place. Il débusque les restes de nuit accrochés à la terre. Son père lui avait appris à le connaître et à l'aimer en affirmant qu'il n'annonçait que les bonnes journées.

Au-dessus, les arbres s'agriffaient à la pente raide. Ils cherchaient prise dans la terre avare des éboulis. Ils formaient un épais bourrelet écrasé par la roche en surplomb qui portait les premières maisons. Il fallait savoir qu'un village se tenait en équilibre là-haut pour comprendre que le vent miaulait en s'écorchant aux angles des toitures. Enfin, il y eut un gémissement du rocher et de la forêt. Parvenu à la cassure du plateau, le vent venait de basculer dans le vide. Il tomba sur les arbres. Un remous sonore s'écrasa contre la falaise, puis le ruissellement commença. Bousculé, travaillé par-dessous, le taillis se mit à vivre. Les buissons, les haies s'inclinaient. Le pelage luisant des friches frémissait.

Libre et un peu fou, le vent de l'aube dévalait vers la plaine.

Jacques en aspira de longues goulées. Il était tout chargé d'odeurs mouillées. Il chantait clair et sa musique emportait la plainte de la terre et le grognement de la rivière. Déjà il atteignait les larges espaces de blé vert par-delà les voies du chemin de fer. De longues vagues d'argent couraient d'un bord à l'autre des champs pour s'arrêter contre les talus.

Le ciel aussi se mit en mouvement et le soleil sortit de terre.

En moins d'une minute, il se passa tant de choses que Jacques eût aimé regarder partout à la fois. La crête des Malpertuis frangée de feu. La roche blonde et les bois de Bersaillon fumant sous les rayons qui les prenaient en enfilade. Les hauts de Saugéria embrasés et couchant leurs ombres bleues sur les embouches. La brume surprise, effilochée qui cherchait refuge dans les plus bas recoins de la vallée. Et puis le vent. Le vent partout, jusque sur les gours de la Guivre. Le vent s'entortillant autour des peupliers avant de filer vers l'ouest encore gris.

Seuls les bois et la falaise de Castel-Rochère demeuraient dans l'ombre sous leur crête écrasée par le feu du ciel, mais plus rien n'appartenait à la nuit : cette ombre devenait lumière.

A mesure que Jacques regardait, à mesure que chantaient en lui ces noms de lieux et de villages, il lui semblait que son corps se détendait, que l'air qu'il respirait devenait plus léger.

Il reprit sa route. L'ombre du bois l'enveloppa. Autour de lui, au-dessus, sous ses pas tout bruissait. Entre les branches et les troncs, alors que le soleil n'avait pas encore atteint les feuillages, déjà la lumière vivait.

4

Dès après le virage, Jacques déboucha dans le plein soleil. L'angélus se mit à sonner. Le vent portait l'odeur des étables au réveil. La traite était commencée et l'on devait sortir le fumier.

Jacques demeura un instant dans l'ombre de la première façade. C'était une grande bâtisse abandonnée que les ronces envahissaient. Il écouta. Le son des cloches couvrait les autres bruits extérieurs, mais son sang roulait des galets énormes d'un bord à l'autre de sa tête.

Lorsqu'il avait pris la décision de venir, il avait écrit au cafetier pour le prier d'ouvrir la grange et de poser les clefs de la maison dans la cache. Il avait dit qu'il arriverait de nuit. Il s'était trompé. Il avait toujours pris ce train pour partir. Et, bien sûr, c'était toujours de nuit. Ainsi, chaque fois qu'il l'avait accompagné en pareille saison, son père avait accompli le trajet du retour au soleil levant. Cette idée fut en lui un instant, immobile, puis le quitta sans qu'il eût rien trouvé à en penser. Il devait à présent traverser le village déjà éveillé. Dans un moment, les uns porteraient le lait à la fruitière, les autres sortiraient les bêtes. Plus il attendrait, plus il courrait le risque de rencontrer du monde.

Il balança son sac de son épaule droite à son épaule gauche, lança un regard en direction de la grande rue et se remit en route. Il savait que personne ne lui demanderait rien. Il n'aurait qu'à saluer ceux qu'il croiserait, c'était tout. Et pourtant, la peur de rencontrer du monde le tenaillait.

Il prit à droite par la rue des Roches. Le vent et les oiseaux chantaient dans le parc du Vernet. Deux corbeaux s'envolèrent au ras du mur bordant le précipice et plongèrent dans le vide, harcelés par les martinets. Malgré le vent qui tirait en direction de la plaine, une forte odeur de charogne montait du ravin. Sans s'approcher pour regarder le dépotoir, il entendit la voix de son père.

— Pays civilisé... Promis au tourisme... Hygiène...

Durant toute son enfance il l'avait entendu maugréer contre cette pourriture qui enlaidissait le village. Il pensa simplement : « La pourriture vit plus longtemps que les hommes. »

Près de la forge, des pierres de taille et des laves de toiture étaient empilées. On avait crépi une façade et il restait sur place des échelles, des plateaux, des tubes d'échafaudage et une brouette de maçon renversée sur un tas de sable. Les volets étaient fermés. « Le vieux Bachelier est mort. Les neveux ont dû vendre sa baraque et tout son fourbi. » Il continua. Devant l'*hôtel de la Falaise*, trois chiens qu'il reconnut vinrent le flairer sans grogner. Il s'arrêta pour les caresser, mais repartit très vite lorsqu'il entendit grincer un portail de grange. Un peu plus loin, il aperçut Ferdinand Rougeot au fond de son écurie. Le vieux qui parlait à ses vaches était trop occupé pour se soucier de la rue. Il avait branché un tuyau percé au robinet d'étable, et l'eau coulait dans la rigole, lavant le purin qui suintait de la conche à fumier.

Jacques arriva en vue de sa maison sans avoir rencontré personne, mais, à présent, il se disait que si le cafetier n'avait pas apporté les clefs, il allait se trouver dehors. Il devrait attendre, puis monter jusque sur la place. Un instant paralysé par cette peur, il se mit à courir vers le portail. Il eut juste le temps de constater que le pan du toit donnant sur la rue était couvert de mousse et que les carreaux de la fenêtre éclairant la montée d'escalier étaient cassés.

Sa main tremblait lorsqu'il souleva le ticlet. Le portail s'ouvrit. Jacques entra, referma derrière lui et demeura immobile, le dos contre les planches, les jambes tremblantes. Son souffle était précipité comme après une longue course; la sueur ruisselait sur son visage et sa chemise glacée collait à sa peau.

En face de lui, c'était un autre portail à deux battants pareil à celui de la rue mais qui donnait sur le jardin. — Quelques rais de lumière filant entre les planches disjointes éclairaient une voiture à quatre roues, deux charrues, une herse dressée contre le mur, des outils et des bottes de paille. Tout était là, immobile. Rien ne vivait que ces lames de lumière sans cesse en mouvement à cause du vent qui secouait les tilleuls du jardin.

Jacques fixait ce portail sans oser traverser la grange. Il eut envie de crier. D'appeler. Il lui semblait que sa mère allait venir soigner les lapins, que son père ou le vieux valet entrerait pour préparer la voiture. Il tourna soudain la tête à gauche. Là, derrière cette cloison de briques, c'était l'écurie. Il venait d'entendre la jument. Il en était certain. Il avait reconnu le bruit sourd du bat-flanc. Est-ce qu'ils étaient tous morts en laissant la jument? Mais où étaient les morts et les vivants dans ce village? Qui avait-il rencontré au long des rues? Est-ce que le vieux Rougeot qu'il avait cru apercevoir au fond de son écurie était mort ou vivant? Il revit le tuyau crevé et il lui sembla qu'il pissait rouge dans la rigole à purin. Etait-ce le sang du vieux et celui de ses bêtes qui coulaient là? Et depuis combien d'années, combien de siècles?

Il lâcha son sac qui fit sur le sol un bruit pareil à celui d'un corps qui tombe. Sa main droite empoigna sa chemise qu'elle tira en avant comme pour l'arracher de sa poitrine en feu. Un peu d'air frais coula entre le tissu et sa peau trempée.

Il respira. Il fit effort pour s'affermir sur ses jambes et s'écarta de son appui. Il traversa la grange, suivant de la main la ridelle de voiture. Enfin, debout tout près du deuxième portail, il hésita encore. Il n'osait pas se retourner. Une force invisible s'était installée dans la grange et le poussait aux épaules. Il souleva le ticlet qui forçait un peu dans la clenche, et il dut pousser fort à cause des herbes qui avaient envahi la cour. Il fit seulement quelques pas pour atteindre le trottoir de dalles le long de la maison. Il n'avait pas besoin d'aller plus avant. Il ne tremblait plus. Il venait de comprendre que tout était bien mort. Et ce qui témoignait de la mort des êtres, c'était ce jardin plus vivant que jamais. Le jardin était un roncier. Un fouillis de verdure plus haut qu'un homme et que le vent agitait sous le soleil jouant à travers le branchage des deux tilleuls.

La broussaille pétrie de remous envahissait tout. Elle venait déferler jusque sur les dalles. Le cafetier avait dû se frayer un chemin pour atteindre la cache. Des tiges déjà fanées traînaient le long du mur. Jacques avait souvent revu cette maison par la pensée, mais c'était un spectacle qu'il n'eût jamais imaginé.

La surprise le libéra de son angoisse.

Dans l'angle de la façade et du mur de clôture, il y avait un petit toit de tôle ondulée sous lequel, autrefois, on plaçait les bouteilles de gaz. Il allait s'approcher de la cache aux clefs lorsqu'il remarqua une forme rousse allongée sous le petit toit. Il avança lentement. C'était un grand chien couché sur le flanc. Le vent qui rebroussait ses poils lui donnait une apparence de vie.

Aussitôt, l'idée de la mort lui revint, mais sous une autre forme. Il sentit monter en lui une terrible envie de rire. Mais le rire ne creva pas et Jacques se tourna vers la porte de la cuisine. Est-ce qu'il n'allait pas découvrir d'autres cadavres? Des cadavres de voitures dans la grange, un cadavre de chien dans la cour, des cadavres d'hommes et de femmes dans la maison. Elle avait des siècles, cette bâtisse. Si tous ceux qui avaient vécu sous son toit s'y étaient donné rendez-vous, elle devait être pleine jusqu'à la gueule. Il sursauta et fit demi-tour d'un bloc. Le chien avait bougé. Il se levait péniblement sur ses pattes qui tremblaient un peu. Jacques constata qu'il tremblait lui aussi sur ses jambes et son envie de rire le reprit. Mais le chien, tout d'abord hésitant, se mit à gronder en montrant les dents. Le poil roux de son échine se hérissait. Il recula un peu, l'œil mauvais, les jarrets fléchis, prêt à bondir.

— Ça va pas, dit Jacques; tu te crois chez toi?

Le chien continua de gronder. Jacques avança d'un pas, la main tendue, mais le chien grogna plus fort.

— Allons, fit Jacques, fais pas le con. T'as une bonne gueule... Et t'es chez moi. J'aime mieux te voir vivant que mort, même si t'as un sale caractère.

Le chien s'arrêta de grogner et Jacques pensa au paquet de petit-beurre qu'il avait acheté dans le train avec un sandwich caoutchouc dont il n'avait mangé qu'une bouchée. Il chercha son sac. En un instant, il revit la gare, l'employé, le chemin, ses haltes puis enfin la dernière dans la grange. Il se sentit envahi de honte en pensant à la peur qui l'avait cloué sur place, le dos au portail. Il courut chercher le sac. Lorsqu'il revint, le chien plus curieux qu'effrayé avait déjà fait la moitié du chemin. Jacques lui tendit le sandwich, mais le chien recula et se remit à grogner. Jacques mit un genou à terre, la main toujours tendue. Le chien se tut et allongea le cou. Sa truffe vivait. La langue passa trois fois sur ses babines.

— Tiens... Allons, viens... Si tu le veux, faut venir le prendre... Du jambon, tu dois pas en bouffer tous les jours.

Les yeux du chien s'étaient adoucis, mais il se bornait à flairer de loin. Le beau regard brun allait du pain au visage de Jacques.

— A te voir, tu dois pas être tout jeune. Et t'as le sommeil lourd. Tu t'es réveillé au flair, hein? T'es sourd comme trente-six pots!

Le chien commença de remuer la queue. Ses oreilles cassées se soulevaient un peu et sa truffe se plissait à chaque aspiration. Jacques continua de lui parler doucement sans chercher à avancer.

— Les clébards du patelin, je les connaissais tous. Toi, t'es pas d'ici. T'es trop vieux pour être né après mon départ. Tu serais paumé que ça m'étonnerait pas. Le chien fit un tout petit pas. Sa queue s'arrêta de battre, puis recommença. Jacques avança légèrement la main et, d'une détente, le chien mordit le pain. Dès que Jacques eut lâché prise, il fila le long du mur de clôture, s'arrêta après avoir parcouru une dizaine de mètres, fit face à Jacques et s'allongea pour déchirer le pain mou qu'il tenait sous ses pattes.

Jacques tira de son sac le paquet de biscuits, en sortit un qu'il se mit à grignoter en s'approchant du chien. Dès qu'il eut avalé le pain et le jambon, le chien se leva et se mit à regarder Jacques d'un œil intéressé, inclinant la tête à droite et à gauche, battant les herbes de sa queue.

— Alors, c'est bon?

Comme s'il eût compris, le chien lança un petit jappement aigu qui contrastait avec sa grande taille.

— Qu'est-ce que tu veux dire? Que tu as encore faim?

Le chien fit les deux mètres qui les séparaient l'un de l'autre et, cette fois, lorsque Jacques se baissa pour lui donner à manger, il ne chercha

24

pas à se dérober. Au contraire, non seulement il se laissa caresser, mais, lorsqu'il eut croqué son petit-beurre et que Jacques se fut relevé, il se dressa contre lui, miaulant comme un chat amoureux de son maître.

— T'as du culot, mon vieux. Tu voudrais tout bouffer à présent... T'es un bon vieux. Je te donnerai le reste plus tard.

Tout en parlant, Jacques revenait vers la maison. Il parlait au chien, mais sans savoir ce qu'il disait. Car il regardait cette porte de bois où la peinture s'écaillait. Il allait ouvrir. Il allait entrer. Avec ce chien peut-être. Ce chien inconnu. Inconnu? Qui pouvait savoir? Des noms de chiens passèrent dans sa tête. Les chiens de son enfance. Ceux du village et ceux qui avaient habité cette maison. Est-ce que ce vieux rouquin n'était pas la réincarnation de ces chiens-là? D'où venait-il? Pour quelle raison avait-il choisi cette maison?

Jacques se retourna. Le long du mur de clôture, le chien avait tracé un étroit sentier dans les ronces et les hautes herbes. C'était la preuve qu'il venait là depuis longtemps. Il devait entrer par ce trou qui se trouvait à l'extrémité du mur de séparation. Mais, de l'autre côté, c'était la maison des Vercheron. Depuis plus de dix ans que les vieux étaient morts, le notaire recherchait les héritiers. Personne n'y venait jamais. Le jardin devait être une friche pire que celle qu'il avait sous les yeux. Et la maison? Contenait-elle des morts, elle aussi?

Jacques sentit revenir son envie de fuir, mais la présence du chien qui se frottait contre sa jambe le rassura. Celui-là était bien vivant. Et c'était peut-être bon signe que de le trouver ici, gardien naturel de cette maison sans vie.

Il marcha jusqu'au creux du mur où l'on cachait les clefs. Elles étaient là? Il les prit et serra dans sa main le métal glacé. Il fit trois pas, s'arrêta devant la porte, caressa le poil du chien, rêche comme du crin de matelas. Lentement, il fit tourner la clef dans la grosse serrure qui grinçait, passa le seuil qu'il n'avait pas franchi depuis plus de trois années.

5

La maison sentait le moisi comme une mauvaise cave. Jacques laissa son regard s'habituer à l'obscurité, puis il gagna la fenêtre qu'il ouvrit. Lorsqu'il poussa les volets, tout un réseau de toiles d'araignées se déchira. La lumière inonda la cuisine, éclairant le sol carrelé où l'humidité marquait chacun des joints. Une épaisse couche de poussière recouvrait la toile cirée de la longue table. C'était la même chose avec un peu de moisissure verdâtre sur le buffet, la cuisinière, les bancs, la maie à pieds tournés et les chaises paillées. Le chien qui flairait chaque recoin ne cessait de s'ébrouer en éternuant.

Il faisait froid. Le dos à la fenêtre ouverte sur le jardin, Jacques sentait le mouvement de l'air. La fraîcheur humide venait à lui comme pour interdire cette pièce à l'air plus sain et déjà tiède du dehors.

A l'entrée des tombeaux, on devait éprouver une sensation identique.

— C'est le souffle des morts.

Tant qu'il avait parlé au chien, sa voix ne l'avait pas surpris. A présent, elle l'effrayait de nouveau. Elle n'était plus la même. Elle lui parvenait comme écrasée par le silence de cette maison où seuls vivaient le piétinement du chien et ses éternuements répétés. Il se demanda pourquoi il avait pensé au souffle des morts, mais cette idée lui parut naturelle. Depuis que le cercueil de sa mère avait quitté la maison, la porte était close. L'air qu'il respirait, c'était peut-être le dernier soupir de sa mère. Très bas, il murmura :

— Pauvre maman.

Ces deux mots l'avaient souvent traversé depuis quelques mois, mais sans raison vraiment précise. Simplement parce que le souvenir de sa mère était en lui et faisait surface pour des riens. Il contemplait cette pièce où il avait vécu près de vingt ans, où sa mère avait passé la plus grande partie de son existence, et il ne retrouvait rien parce que les murs et les objets sont différents sans la chaleur de la vie. Cette cuisine était morte en même temps que sa mère. Il venait d'y entrer, d'ouvrir la fenêtre au vent du matin, mais rien ne redonnait vie à ce qui dormait sous la poussière.

Son souvenir était loin de ce qu'il découvrait là. Ce qu'il gardait au creux de sa mémoire sensible avait une odeur de vie tranquille, de propreté, de douce chaleur.

Il se sentit soudain d'une étonnante lucidité. Avec beaucoup de calme, il se dit qu'il avait eu tort de venir ici. Il avait adressé procuration au notaire, tout pouvait être traité hors de sa présence. Sa première idée avait été de ne pas revenir, et puis, brusquement, il avait changé d'avis. Pour rien. Simplement pour récupérer quelques souvenirs qu'il lui déplaisait de voir tomber entre des mains étrangères. Il avait eu tort, assurément. Il allait refermer la fenêtre et la porte, reprendre son sac et s'en aller. Pour être certain de ne rencontrer personne, il irait au bout du jardin, se laisserait glisser le long du mur en s'agrippant au lierre comme il faisait autrefois, il dévalerait par les terrasses boisées, puis regagnerait la gare à travers champs et vignes. Il imaginait ce départ avec calme.

Il sortit sur le seuil et respira l'air qui continuait de tournoyer entre les murs du jardin. Les oiseaux se battaient dans les tilleuls et les coqs chantaient dans le village. Il rentrait pour fermer les volets, lorsqu'il entendit les pattes griffues du chien monter l'escalier de bois.

— Oh! chien rouge, qu'est-ce que tu fais là-haut? Y a rien à bouffer. Allons, viens vite, on va s'en aller... Allons, chien...

Il allait répéter « chien rouge », mais il retint le dernier mot. Il murmura simplement :

— Mais non. C'est pas possible.

Puis il chassa cette idée de sa tête et grimpa l'escalier pour obliger le chien à descendre. Deux fois au cours de la montée, il dut passer son bras sur son visage pour se débarrasser des fils de la Vierge tendus d'une cloison à l'autre.

En atteignant le palier, il vit que le chien engageait son museau dans l'entrebâillement de la porte qui ouvrait sur la chambre de ses parents. Il s'approcha pour tirer le chien, mais, en même temps, il revit cette chambre, pensa à ce départ qu'il venait d'imaginer et se dit qu'il ne pouvait pas s'enfuir ainsi sans être allé jusqu'au cimetière.

Le chien grognait, poussant toujours la porte qui forçait sur le plancher. L'idée que quelqu'un pouvait être là traversa l'esprit de Jacques qui se reprit aussitôt en se disant que c'était grotesque. Il dut forcer de l'épaule en soulevant la porte, car l'humidité avait déformé les lattes du parquet de chêne.

Aussitôt à l'intérieur, le chien se mit à quêter, reniflant et grognant. Jacques avait fait deux pas et s'était arrêté. Un peu de jour filtrait entre les lames des persiennes. L'odeur était la même que dans la cuisine, et pourtant, Jacques eut le sentiment que cette pièce sentait vraiment la mort.

C'était là, sur cette descente de lit sans doute, que l'on avait trouvé sa mère inanimée. Il avait souvent relu la lettre du cafetier et des phrases lui revinrent en mémoire :

« Elle n'a certainement pas souffert. Elle a dû se sentir mal. Elle aura voulu se lever. Elle est tombée. Le docteur a dit que c'était une congestion cérébrale et qu'elle a dû passer en quelques instants... »

En quelques instants, toute cette maison avait sombré de la vie dans la mort. Des générations de vie, de chaleur et puis, d'un coup, le vide. Le vide qui était devenu ce silence, ce moisi, cette obscurité de tombeau.

Lorsque le chien s'allongea pour flairer sous le lit, Jacques eut envie de le chasser. C'était peut-être l'endroit précis où sa mère avait expiré. Mais le chien s'éloigna pour aller renifler l'armoire.

Jacques soupira. Il sentit qu'il ne pouvait plus s'en aller. Il ouvrit la fenêtre et les persiennes. Comme en bas, les toiles craquèrent et les araignées filèrent vers les fentes du mur où elles disparurent. Une large bouffée de vent coula vers l'intérieur, pareille à un torrent limpide dévié vers un étang.

Devant l'armoire, le chien grognait. Jacques le rejoignit en demandant :

— Qu'est-ce que tu veux? Y a rien pour toi. Rien du tout... Allons, viens!

Comme le chien grattait de la patte contre le noyer, Jacques ouvrit les deux battants. Aussitôt, il eut un mouvement de recul. Tout remuait. Les vêtements pendus semblaient habités, le linge empilé sur les rayons se soulevait. Le chien posa ses pattes sur le rebord et aboya très fort. Jacques se reprit. Il eut un rire forcé qui sonna drôlement.

— Tais-toi, dit-il. C'est des loirs... tu vois bien. Mais Bon Dieu, y en a une tripotée.

D'instinct, Jacques avait repéré la canne de son père suspendue au chambranle de la porte. Il se précipita, l'empoigna et revint vers l'armoire. Les loirs avaient disparu. Les uns cachés derrière des piles de draps, les autres dans les manches ou les poches des vêtements accrochés à des cintres, sous le rayon. Jacques leva la canne pour taper sur les vêtements, mais son geste resta en suspens. Il venait de se voir frappant sa mère ou son père. Il se raidit contre cette image, et, aussitôt, une autre s'imposa. Tout un commando de soldats français débusquant à coups de bottes et de crosses les habitants d'un village algérien. Des vieux. Des vieux comme l'avaient été ses parents.

Il ferma les yeux. Il s'entendit de nouveau appeler « chien rouge » et il se raidit davantage en soufflant :

— Non... Non... C'est de la connerie.

Son bras était retombé lentement. Sa main était crispée sur la canne qu'il regarda. C'était un simple bâton de coudrier que son père avait écorcé. Le haut était lisse et patiné. Le lacet de cuir était moisi et marqué par le clou rouillé auquel il avait été suspendu.

Il allait tuer avec ce bâton taillé par son père qui respectait la vie. Son père qui méprisait les chasseurs, qui détestait tous ceux qui tuent bêtement, pour leur plaisir sauvage, pour satisfaire leurs instincts meurtriers. Les mots lui revenaient, mille fois entendus. La voix vibrante du père emplissait la maison morte.

Le père est là. C'est lui qui tient la trique et la lève pour menacer un chasseur d'oiseaux. Le père maudit celui qu'il appelle assassin, bête sanguinaire, graine de guerrier.

Jacques allait tuer dans cette chambre et avec cette canne! Ses mains se mirent à trembler. Il fit sortir le chien qui continuait de grogner et il tira la porte. Sur le palier, il respira pour tenter de se reprendre. Le médecin lui avait dit : « Quand ça ne va pas, imposez-vous de longues respirations. Obligez le calme à descendre en vous. »

Pensant au médecin, il ajouta : « Médecin militaire. » Et son regard tomba sur son pantalon de soldat.

Il était entré dans cette chambre ainsi vêtu, il

31

avait failli tuer dans cette chambre. Est-ce qu'il était vraiment revenu ici pour insulter son père? Pour l'obliger à sortir de son tombeau?

Sa honte le calma plus vite que ses exercices respiratoires. Il gagna sa propre chambre. Sans prendre la peine d'ouvrir la fenêtre, sans regarder ce qui l'entourait, il tira des vêtements de l'armoire, prit une chemise et un pantalon qui puaient l'humidité et il se changea, jetant en boule dans un coin cet uniforme qui, depuis une minute, s'était mis à lui brûler la peau.

Changes clothes

Obsessed with death.

Fells shame that he tried
to hill with the cane of his
father who was always
against blood sports

6

Jacques était resté longtemps assis par terre, le dos au mur, à caresser le chien et à lui parler. Avec ses vieux vêtements retrouvés, il portait sur lui l'odeur de la maison. Il la respirait à petits coups, pour s'y habituer et avec la vague impression de s'enfoncer lentement dans le domaine silencieux des morts.

Le calme avait fini par revenir en lui, peut-être aussi à cause de ce vent de plus en plus fort qui apportait du village les bruits et les odeurs de la vie.

Jacques avait décidé de rendre visite au cafetier. Il était sorti, suivi du chien qui, tandis qu'il montait la rue des Carriers, trottinait autour de lui, s'arrêtant pour lever la patte tous les dix mètres et rejoignant au triple galop.

A l'angle de la Grande Rue, Jacques regarda du côté de la fruitière. Quelques hommes bavardaient, assis sur le rebord de la fontaine, leur bouille à lait sur le dos ou leur remorque chargée de bidons à côté d'eux. Ils répondirent au salut qu'il leur adressa de loin puis ils se remirent à parler. Il eût été naturel de traverser pour aller leur serrer la main, mais Jacques ne put s'y résoudre.

La salle du café était vide et il gagna le magasin d'épicerie attenant. De la cuisine, Désiré Jaillet l'appela :

— Entre jusqu'ici.

Jacques descendit les deux marches de pierre usée, le chien toujours sur ses talons. Comme s'il l'eût quitté la veille, Désiré lui serra la main en disant :

— Salut... Ça va?

— Ça va. Et vous?

— On fait aller... Tu arrives?

— Non. Je suis venu par la micheline de quatre heures. J'ai laissé ma valise à la gare, quand vous descendrez...

— Je vais aller au pain. T'auras qu'à venir avec moi, on passera la prendre. Mais avant, faut tout de même casser une petite croûte.

La porte de la cave s'ouvrit lentement et la femme du cafetier parut. D'une main, elle tenait un litre d'huile figée et, de l'autre, elle serrait contre son ventre une grande jatte de fromage de cochon. Elle était aussi courte et ronde que son mari était long et sec.

— Mon Dieu! fit-elle... Mon pauvre petit, te voilà donc revenu!

Elle posa sur la table ce qu'elle portait, puis, s'étant essuyé les mains à son tablier bleu à fleurs blanches, elle s'approcha de Jacques et se haussa sur la pointe des pieds pour l'embrasser. Ses yeux étaient embués et son menton lourd tremblait.

— Ta pauvre maman, dit-elle. Qui aurait cru qu'elle s'en irait si vite... Et toute seule... Mon Dieu... Mon pauvre petit... Mon pauvre petit.

Jacques sentit l'émotion le gagner. L'émotion et la crainte aussi avec le regret de n'être pas parti après avoir vu le jardin. A présent, on allait parler des morts. Tout reprendre. Essayer de revivre les mois écoulés. Il avait oublié quelle place tiennent les morts dans un village pareil et qu'il est naturel de raconter leur départ durant des années. C'est que, pour les vivants d'ici, chaque départ est un événement avec d'interminables prolongements. Est-ce qu'il en allait de même pour les habitants des villages algériens? Le bruit des avions et l'éclatement des bombes emplirent sa tête quelques instants, puis le silence revint. Un silence gêné qui s'installait entre eux trois, seulement meublé par le ronronnement d'un énorme réfrigérateur qui vibrait avec un bruit de tôle. Désiré s'en approcha et frappa un grand coup sur la porte du plat de la main. La vibration cessa.

— Drôle de méthode pour réparer la mécanique, dit Jacques.

Le cafetier se mit à rire.

— Tu vois, ça réussit pas trop mal. C'est la grille qui est desserrée, mais faudrait le tirer pour resserrer les vis, et il est toujours plein jusqu'à la gueule.

— Vous voulez que je vous aide?

— Pas pour le moment. On va casser la croûte et on descendra... Tiens, Yvonne, donne à boire.

La petite femme au visage triste et au regard doux parut sortir d'un rêve. Elle fit un pas à droite, puis repartit sur sa gauche pour prendre deux verres sur l'égouttoir de l'évier.

Les deux hommes s'étaient assis face à face de chaque côté de la table recouverte d'un lino brun qui portait de nombreuses entailles et des traces de brûlures. Yvonne leur donna des assiettes, des couteaux et des fourchettes, puis elle sortit du placard un bocal de petits oignons au vinaigre.

— Tu les aimes toujours? demanda Désiré.

— Oui, dit Jacques. Et voilà un bout de temps que j'en ai pas mangé.

— Alors, sers-toi.

Jacques coupa une tranche dans la jatte et prit quelques oignons. Désiré lui donna du pain. Les bruits de la table tenaient toute la place. Jacques savait qu'Yvonne allait parler. Adossée à l'évier, elle regardait tantôt par la fenêtre tantôt en direction des hommes. Ce qui était là, entre eux, invisible et muet, pesait comme un bloc de glace. Le chien qui avait dû faire le tour du magasin revint et posa son museau sur la table.

— Tu l'as ramené de là-bas? demanda Désiré.

— Non, il était dans la cour quand je suis arrivé. Vous le connaissez pas?

— Non. Mais l'autre jour, le père Corlieu m'a raconté qu'un grand chien fauve lui avait pris une poule. Le temps de décrocher son fusil et le clébard avait filé.

— Il gardait la maison. C'est sûrement un bon chien. Il est vieux et sourd. On a dû le perdre.

— Tu sais, avec les paysans, un chien qui va aux poules...

— Quand on les nourrit, observa Jacques, y vont pas aux poules.

Désiré eut un petit rire.

— Voilà que tu parles exactement comme faisait ton père, dit-il.

Jacques soupira et lança un regard en direction d'Yvonne qui ébaucha un sourire.

— On va lui donner le restant des nouilles, dit Désiré.

Yvonne retourna fouiller dans son placard et en sortit une casserole qu'elle posa sous l'évier. Tambourinant de la queue contre la machine à laver, le chien se mit à manger.

— Merci pour lui, dit Jacques.

— Y a pas de quoi. Il est pas le premier à venir relaver mes gamelles. Tu le sais bien. Ici, c'est la maison du Bon Dieu pour les bêtes comme pour les gens.

Désiré se tut, versa à boire, puis remarqua :

— Mais toi, tu m'as l'air d'avoir perdu l'appétit.

Jacques s'excusa par un mensonge en disant qu'il avait mangé très tard dans la nuit. Sa gorge demeurait serrée par la crainte de ce qu'allait dire Yvonne. Il n'osait plus la regarder. Qu'est-ce qu'il était venu foutre là? Il eût donné n'importe quoi pour se trouver aux cinq cents diables. Pour échapper à ce regard où la pitié, le chagrin, et les reproches muets se mêlaient. Yvonne se déplaça.

36

Il la vit sans la regarder. Elle se racla la gorge, remua une bassine, ramassa la casserole que le chien avait nettoyée, puis elle dit :

— Qu'ils ne t'aient pas laissé venir pour enterrer ta pauvre maman, tout de même, c'est terrible!

Jacques leva la tête pour répondre, mais Désiré le devança :

— Il nous l'a écrit. De toute manière, il serait arrivé après les obsèques.

— Tout de même, à notre époque...

Il y eut un silence. Jacques se dit que la conversation pouvait peut-être en rester là, et pourtant, ce fut lui qui reprit la parole.

— Ici, on ne s'en rend peut-être pas compte, mais c'est tout de même la guerre, et on fait pas toujours ce qu'on veut.

— En 39, quand mon père est mort, c'était la guerre aussi. Et mon frère, qui était soldat dans le Nord, est tout de même arrivé le matin de l'enterrement.

L'indignation faisait trembler la voix d'Yvonne dont le regard avait perdu sa douceur.

— Faut comprendre, dit Jacques. On était en opération. On est resté deux jours sans liaison. Quand le P.C. a pu nous appeler, c'était trop tard. En mettant les choses au mieux, je serais arrivé trois jours après les obsèques.

Il hésita. Il avait cessé de manger. Il but une gorgée de vin frais, puis, sans qu'on lui demande de poursuivre, il reprit :

— J'aurais pu venir quand même... Je sais... Mais qu'est-ce que vous voulez, arriver comme ça, la maison vide et tout... Je ne sais pas comment vous dire, mais j'ai pas pu.

Les derniers mots avaient eu du mal à passer sa gorge serrée. Yvonne dut sentir qu'il était au bord des larmes. D'une voix de nouveau douce et qui tremblait légèrement, elle dit :

— Mon pauvre petit, ça n'est pas pour te faire

des reproches, mais ta pauvre maman, s'en aller comme ça... Ici, bien des gens n'ont pas compris.

Elle se tut et Jacques eut envie de crier qu'il se foutait des gens, mais il se retint. Comme toutes les timides, à présent qu'elle était lancée, Yvonne irait au bout. Il le comprit lorsqu'il l'entendit reprendre d'une voix plus nette.

— Tu sais, au moment de ton départ, déjà...

Elle fut interrompue par la sonnette de l'épicerie. Jacques soupira.

Yvonne gagna le magasin, et, dès qu'elle eut monté les deux marches, Désiré se leva en disant :

— Allons-y.

Ils sortirent par la porte qui donne directement sur une ruelle où se trouve la remise. Avant d'ouvrir la vieille 203 grise, le cafetier dit :

— Faut pas lui en vouloir... Elle aimait tant ta mère que ça lui a fait un choc. Et cet enterrement sans personne de la famille que des cousins qu'on connaît même pas, ça faisait une drôle d'impression, tu sais.

Il se mit à décharger des caisses de bière et d'eau minérale qui étaient restées à l'arrière de sa voiture. Jacques l'aida. Le bruit qu'ils faisaient en tirant les casiers dont les clous grinçaient sur la tôle les empêchait de parler. Lorsque ce fut terminé, Désiré demanda :

— La maison, comment elle est?

— Très humide et assez sale.

— Au début, j'allais ouvrir de temps à autre. Mais faudrait y être tout le temps. Je suis trop pris et l'Yvonne a jamais voulu y mettre les pieds. On dirait qu'elle a peur.

Il accrochait la bâche arrière. Quand il eut terminé, il leva la tête et parut surpris lorsque ses yeux trouvèrent ceux de Jacques.

— Qu'est-ce qu'il y a? T'as l'air tout drôle, d'un seul coup.

Jacques se reprit et bredouilla :

— Mais non... pas du tout.

— Qu'est-ce que j'ai dit? Que ma femme avait peur d'aller là-bas? Qu'est-ce que tu veux, les femmes...

— Mais non, répétait Jacques, pas du tout.

Ils étaient là, face à face, dans la pénombre de la remise. Sans même savoir pourquoi il parlait ni vers quoi il allait, Jacques ajouta :

— Le jardin, c'est une friche.

— Naturellement.

— Ce que je ne comprends pas, c'est que des gens aient pu visiter sans ouvrir les fenêtres.

Il avait vraiment parlé sans savoir ce qu'il disait, mais, aussitôt le dernier mot lâché, il fut désemparé. Désiré avait changé de couleur. Son regard bleu devint du métal glacé. Il dit simplement :

— Visiter!

Et le mot siffla comme une flèche aux oreilles de Jacques qui baissa la tête.

— Qu'est-ce que tu parles de visiter?

Cette fois, c'était une question et Jacques releva la tête. Il pensa un instant que la terre allait s'ouvrir sous ses pieds. Il allait disparaître et tout serait terminé. Ses lèvres remuèrent à peine.

— J'ai reçu une lettre du notaire... C'est vendu... Je viens pour débarrasser.

Jacques baissa de nouveau la tête. Désiré eut un long soupir, comme s'il se fût vidé de sa force, puis Jacques l'entendit murmurer.

— Ah ben, merde!... Ça alors... Si je m'attendais...

7

Jacques avait pris place à côté de Désiré dans la vieille camionnette dont la bâche déchirée claquait contre les portants. Durant tout le trajet, il avait fixé la route qui défilait devant lui, virage après virage. A plusieurs reprises, il avait senti que Désiré lui jetait un coup d'œil, mais le voyage s'était effectué sans un mot.

Arrivé au passage à niveau, au lieu de s'engager dans la cour de la gare, Désiré obliqua sur sa droite pour arrêter la voiture devant le café. Il ouvrit la portière en disant :

— J'ai chaud. On va boire une bière.

Jacques descendit. Désiré eût parlé de se jeter sous le train qu'il l'aurait sans doute suivi avec la même docilité. Il n'était plus qu'un corps sans volonté. Désiré contourna la voiture et le rejoignit en ajoutant :

— Faudrait que je me décide à changer de bagnole. Elle tient plus, mais j'y suis attaché. Ça m'emmerde de la foutre à la casse.

Ils entrèrent dans la longue salle déserte et Désiré gagna la table la plus éloignée de la porte. Le soleil pénétrait par une large baie. Le cuivre du comptoir et le bois patiné des tables luisaient. Une fille d'une douzaine d'années vint les servir et s'en alla.

Silence.

Désiré but une gorgée, reposa son verre et s'accouda, le menton dans ses mains, le regard planté dans les yeux de Jacques. Il laissa passer encore une éternité avant de dire :

— Moi, je suis assez con pour m'attacher à une vieille guimbarde, mais toi, même une maison, ça ne te fait ni chaud ni froid.

Jacques était à peine gêné par ce regard dur et fixe. Il se tassait sur lui-même. Il se sentait noyé peu à peu par un engourdissement qui montait le long de son corps comme une eau épaisse. Il eût aimé rester là. Se figer. Attendre il ne savait quoi. Même les propos de Désiré ne l'atteignaient plus.

— Tu es libre, naturellement. Et même libre de m'envoyer bouler en me disant que je me mêle de ce qui ne me regarde pas. Mais enfin, tes parents...

Il s'arrêta. Jacques devina qu'il avait buté sur le mot amitié. Il ne broncha pas. Désiré se redressa, but encore une gorgée et changea de ton pour ajouter :

— On ferait mieux de s'en aller... Pourtant, tout à l'heure, j'ai eu l'impression que tu avais besoin de parler.

Il attendit quelques secondes, puis, comme Jacques demeurait muet, il se tourna en direction de la cuisine. Il allait appeler la serveuse lorsque Jacques dit :

— Peut-être, mais c'est pas toujours facile.

Désiré reprit place à table. Jacques but quelques gorgées. La bière était fraîche et amère.

— Je sais, fit Désiré. Et pourtant, tu te gênes pas avec moi.

— Je ne sais pas si vous pouvez me comprendre.

— J'ai déjà compris bien des choses.

— Peut-être, mais il y a aussi ce que personne ne sait...

Il s'arrêta. Tout était là, en lui, prêt à déborder. Après cet engourdissement, il retrouvait la

41

surface. Il était comme fouetté par un air vif. Il éprouvait une immense envie de tout dire. D'aller au bout. Mais par quoi commencer? Après le vide, c'était la bousculade. Et puis, il sentait bien que ce qu'il allait dire n'était nullement ce qu'attendait Désiré qui patientait, interrogeant du regard.

Jacques but encore un peu, puis il commença par une question.

— Est-ce que vous croyez qu'on peut vivre dans une peau comme la mienne?

La main sèche de Désiré traversa la table comme une bête rapide et se posa sur son poignet.

— Petit, tu as fait des conneries, mais je ne dirai pas comme certains que... que tu as fait mourir ta pauvre mère. Non non, sincèrement, je ne le crois pas. Elle s'était faite à cette idée. Elle est morte comme ça. C'était une femme usée. Elle avait soixante-trois ans, mais, par la peine endurée, elle avait plus que ça.

— Ce qui l'a tuée, dit Jacques, c'est de voir mourir la terre. La terre des Fortier qui était devenue la sienne. J'ai bien compris, va. Et ça revient au même. Parce que si la terre est morte...

— Mais non...

Le cafetier tenta de l'interrompre, mais le garçon éleva la voix pour continuer.

— Si la terre est morte, c'est parce que mon père n'était plus là... Et lui, vous savez bien ce qui l'a tué.

Il s'arrêta, à bout de souffle. Il sentait la sueur mouiller sa nuque. Il avait parlé très fort et Désiré lança un regard inquiet vers la porte battante qui s'ouvrait à côté du bar. Un poste de radio diffusait des chansons et Désiré sembla rassuré.

— Ceux qui te critiquent, je ne leur dis rien. J'ai pas envie de me brouiller avec la moitié du pays, mais des jeunes qui restent à la terre, je n'en connais pas des masses. Alors, personne n'a rien à redire.

Jacques l'interrompit :

— Il ne s'agit pas de ça. Ceux-là, je les emmerde. Mais moi, si je suis devenu ce que je suis, je sais bien d'où ça vient.

Le cafetier avait envie d'intervenir, ça se sentait, mais il ne trouvait pas ses mots. Jacques comprit qu'il devait regretter de l'avoir amené là. Il avait voulu le faire parler de cette vente, pas du reste. Mais c'était par le reste que Jacques devait commencer.

— Désiré, je sais que c'est justice, mais j'ai déjà payé cher, vous savez, très cher.

Et il se mit à raconter. Lentement d'abord, avec des hésitations, puis plus vite, comme si une eau endormie en lui se fût soudain réveillée. Il parla de son départ et de la mort de son père sans s'y attarder parce que, sur ce point-là, Désiré en savait déjà long. Il parla davantage du lavage de cerveau, de ce que le régiment appelait hypocritement « des classes » ou encore « une instruction ». Puis il en vint à l'Algérie, à la beauté un peu rude de certaines régions qui lui avaient souvent rappelé son propre pays. Il dit aussi la pauvreté, la misère des gens. Et là, comme si le grand gel eût soudain pris dans toute son épaisseur l'eau bouillonnante de sa mémoire, il s'arrêta.

Il y eut un silence épais, que ne troublaient ni le poste de radio trop lointain ni le grésillement d'une guêpe prisonnière entre la vitre et le rideau.

Désiré attendit un bon moment avant de murmurer :

— C'est pas tout... Et le plus dur, c'est toujours ce qui nous reste en travers de la gorge.

Jacques répondit par une question :

— Ici, est-ce qu'on sait réellement ce qui se passe en Algérie?

— On sait ce que disent les journaux. Moi, je ne lis que ceux de la région. De temps à autre, on ramène un pauvre gars. La semaine dernière, c'était un jeune de Bletterans... Mais l'autre jour, il y a deux curés du Haut-Jura qui se sont arrêtés pour dîner. Ils ont laissé un journal : *Témoignage chrétien.* Je l'ai lu. Et ça disait beaucoup plus que les autres.

— Quoi?

— Il y aurait eu des massacres de civils dans des villages. Des tortures... En quelque sorte, un peu comme ce que les Fritz faisaient par ici du temps de l'occupation.

— Et qu'est-ce qu'on en pense?

Désiré eut un haussement d'épaules.

— Pas grand-chose, fit-il. Je crois bien que la plupart des gens s'en foutent.

Jacques respira lentement, pour se donner de la force. Puis, se penchant par-dessus la table et prenant à plein le regard de Désiré Jaillet, il dit à mi-voix :

— Vous savez qu'en m'engageant, j'ai tué mon père... Moi, je le sais. Et je sais aussi ce qu'il était. Il s'était battu toute sa vie contre les gens qui tuent. Il s'est foutu les trois quarts du pays à dos parce qu'il avait le respect de la vie et qu'il méprisait les salauds. Eh bien moi, tel que vous me voyez, je n'ai pas tué que lui. Je suis un assassin, Désiré... Je suis devenu un de ces salauds qu'il détestait tant.

Le cafetier baissa les yeux. Il souleva son verre puis le reposa. Il eut un geste las et finit par dire :

— Tu n'y es pour rien. La guerre, c'est toujours comme ça.

— Non! D'abord, je suis parti volontaire... Et puis, l'an dernier, ils ont arrêté un étudiant appelé qui était avec nous et qui refusait de marcher. On sait pas ce qu'il est devenu... Moi, j'ai jamais eu le courage d'en faire autant.

— Tu n'es pas le seul.

Jacques comprit que Désiré disait n'importe quoi et simplement pour tenter de le calmer.

— Je me fous des autres. Je suis responsable

de moi. Et si les autres peuvent avoir l'excuse de l'ignorance, moi je ne l'ai pas. Les autres n'ont pas eu un père comme le mien.

— Tu avais dix-huit ans...

— Et alors? Ça n'excuse rien. Et ça n'empêche pas de porter ce que je porte aujourd'hui... Aujourd'hui que je suis peut-être un assassin d'enfants.

— Tais-toi donc...

A présent, c'était Désiré qui se trouvait gêné. Il se tortillait sur sa chaise. Il sortit quelques pièces de sa poche et, comme il s'apprêtait à frapper le verre pour appeler, presque brutalement, Jacques lui empoigna la main.

— Vous avez voulu que je parle, faut m'écouter... Je suis fou, Désiré. A l'hôpital, j'étais chez les dingues. Neuropsychiatrie, ça s'appelle. Commotionné par une explosion de mortier. Oui. C'est vrai. Mais c'est seulement la goutte qui a fait déborder le vase.

— Si tu étais fou, ils ne t'auraient pas laissé sortir.

— Je suis guéri. Pour eux, bien sûr. Guéri de l'explosion, mais le reste, c'est autre chose! Les villages bombardés, incendiés, criblés de balles. Les portes défoncées. Les pieds dans le sang comme vous diriez le purin dans nos rues. Le sang des bêtes, des femmes, des hommes, des vieux, des gosses... Ça, Désiré, il y a pas une seule drogue qui puisse le guérir... Bon Dieu que ça fait mal!... Surtout quand on a eu un père comme le mien... Parce que lui, depuis qu'il est mort, vous pouvez croire qu'il m'a jamais lâché d'une semelle. Jamais!

Jacques laissa la main de Désiré, qui fit tinter son verre. La jeune fille vint encaisser et regagna la cuisine d'où arrivaient quelques bruits de casseroles et une bonne odeur de vin cuit.

— Je comprends, dit Désiré, mais tu as bientôt fini.

— Fini? Mais ces choses-là...

Le cafetier l'interrompit :

— Je sais, je dis une connerie... Mais enfin, la terre, c'est du solide. On peut s'y accrocher. Ton idée de vendre, tu m'as rien dit à ce sujet...

Jacques soupira longuement :

— Mon pauvre Désiré, au point où j'en suis. Comme j'en avais marre de tout, j'ai donné une procuration au notaire. A présent, c'est vendu. Il n'y a plus à revenir dessus.

8

Durant le retour, ils n'avaient rien dit. Peut-être à cause des efforts qu'il avait dû faire pour parler, Jacques se sentait vide, à bout de forces, mais libéré aussi de ce qui l'avait poursuivi durant une partie de la matinée. Il était assez lucide pour sentir que ce n'était que provisoire, et pourtant, par moments l'espoir insensé lui venait d'un avenir définitivement plongé dans ce vide où il se sentait bien.

Désiré le ramena chez lui. Lorsqu'ils entrèrent dans le jardin, Jacques éprouva du plaisir à retrouver le chien tout frétillant de joie.

— Celui-là, remarqua Désiré, il t'a déjà adopté. Je suis certain que dès qu'il nous a vus monter en voiture, il a rappliqué ici.

Désiré entra dans la maison en disant :

— Faut tout ouvrir. Ça fera des courants d'air, mais il suffira de caler les fenêtres.

Jacques était gêné de voir un étranger pénétrer avant lui dans les pièces encore closes, mais soulagé de n'avoir pas à briser lui-même ces toiles d'araignées qui étaient comme des scellés posés sur son passé par le silence des saisons mortes.

Le soleil et le vent entraient derrière eux pour chasser les odeurs de moisi et la fraîcheur humide.

On eût dit qu'un hiver tenace s'était acagnardé

entre ces murs pour passer tout le printemps dans le silence de la maison.

— C'est terrible, répétait Désiré, ça ne fait même pas un an et demi que c'est fermé... Bon Dieu, une belle maison comme ça, et qui avait toujours été entretenue, et soignée et tout.

Ils regagnèrent le jardin et Désiré montra les ronces d'un mouvement de menton.

— Et ça, est-ce que c'est pas triste à voir ? La nature va vite. Surtout dans une terre pareille... Quand je pense à ce que c'était autrefois !

Il fit quelques pas en disant qu'il devait rentrer pour préparer le repas, puis il se retourna pour ajouter :

— Bien entendu, tu viens à midi.

Jacques fit oui de la tête et remarqua, dans le regard du cafetier, quelque chose qui semblait dire : « Je n'y crois pas. Ça ne peut pas être fini. » Il y eut quelques secondes interminables, puis Désiré revint sur ses pas.

— Moi, fit-il un peu embarrassé, je ne sais pas très bien dire les choses. Mais pourtant, comme je te vois parti, dans quelques mois, quand tu se- ras libre, qu'est-ce que tu vas devenir, hein? Où iras-tu, si tu n'as plus rien à toi de solide?... Nom de Dieu, une maison, des terres, c'est quelque chose! On peut s'y accrocher. Ton père... Bon, je comprends ce que tu dois ressentir, mais juste- ment. C'est peut-être un moyen de... Enfin, son rêve, c'était tout de même de te voir là. C'est peut-être un moyen...

Non, il ne trouverait pas le mot. Il répéta seule- ment que Jacques devrait comprendre, puis il par- tit brusquement, sans se retourner, et Jacques en- tendit claquer très fort le portail extérieur de la grange puis la portière de la voiture.

Resté seul, il alla s'asseoir de biais sur le bord de la fenêtre, le dos contre le montant. Là, il sen- tait sur lui le combat que se livraient l'air chaud du jardin et l'haleine froide de la cuisine.

Est-ce qu'un Désiré pouvait comprendre ce qu'il éprouvait ? Est-ce qu'un seul homme au monde était en mesure d'évaluer le poids de ce qu'il avait à porter ?

C'était vrai que ses cinq ans seraient finis en octobre, mais la guerre n'était pas terminée. Est-ce que Désiré pouvait se faire une idée de ce qu'elle était ?

Il voulut échapper aux visions que le mot lui imposait. Il se leva et s'engagea dans la sente tracée par le chien. Elle le conduisit jusqu'à cet effondrement du mur de clôture par où la bête arrivait, mais, plus avant, c'était le roncier. Pour atteindre la murette dominant l'immense vide de la plaine, il était nécessaire d'ouvrir un chemin. Jacques alla jusqu'à la grange, décrocha une faux, prit dans un coin une fourche et un croissant à long manche et attaqua la broussaille. Aussitôt, le chien voulut passer devant lui et il dut s'arrêter de couper pour ne pas le blesser. Il le repoussa en disant :

— Allez, reste derrière, chien rouge.

Il l'avait encore appelé Chien rouge et il eut un élan de colère contre lui. « Chien rouge », c'était l'indicatif radio de sa section le jour où ce mortier l'avait sonné! Et il fallait que le mot revienne!

— Fous le camp, hurla-t-il! Fous le camp, nom de Dieu!

Il leva son outil, mais le chien qui avait reculé d'un pas le regardait de ses bons yeux un peu surpris. Jacques lança le croissant dans les ronces et, se laissant tomber à genoux devant le chien, il le prit par le cou et serra sa tête bourrue contre sa joue. Sa main tremblait sur l'échine rousse. La queue du chien s'était mise à battre.

— Mon pauvre vieux... Mon pauvre vieux. Qu'est-ce que j'allais faire!

Jacques lutta un instant, puis il laissa crever un gros sanglot et se mit à pleurer.

Il fut longtemps les doigts crispés dans la toison du chien qui lui léchait le visage, lui posait ses grosses pattes sur les épaules et les bras. Il resta ainsi jusqu'au moment où le chien, pour jouer, se mit à grogner en mordant sa chemise. Alors là, encore secoué par des sanglots nerveux qui se mêlaient à son rire, Jacques étreignit le chien et se laissa rouler sur le côté. D'abord surpris, le chien entra vite dans le jeu, acceptant cette lutte, attaquant des pattes et de la gueule. Ils culbutèrent dans les ronces, insensibles aux épines, grognant l'un et l'autre.

La lutte dura longtemps. Lorsqu'elle cessa enfin, ils demeurèrent un moment côte à côte, le souffle court. Jacques avait les mains et le visage en sang, sa chemise était déchirée sur son épaule qui saignait aussi. Le chien se léchait une patte. Jacques le caressa doucement, puis il alla chercher dans son sac le paquet de petits-beurre qu'il vida sur le trottoir devant la cuisine. Il emplit également une cuvette d'eau fraîche où le chien vint boire avant même de flairer les gâteaux.

Jacques enleva sa chemise, puis, tandis que le chien était occupé à manger, il se remit à l'ouvrage.

Il taillait à grands coups dans les ronces avec une espèce de rage qui décuplait ses forces. Il lui semblait qu'avec la sueur qui coulait de sa peau, un peu du mal qui le brûlait sortait de lui.

Il avait ouvert le sentier face à la porte de la cuisine et tirait droit en direction de la murette totalement invisible et qui limitait le jardin du côté du vide.

Plus il s'éloignait de la maison, plus le roncier était fourni, et Jacques comprit que c'était là un témoignage du combat que sa mère avait dû mener avant de s'écrouler, à bout de forces. Dans les carrés les plus proches, quelques traces de culture demeuraient. Des rames de haricots couchées ou cassées par le poids des liserons, du cerfeuil monté en graine, de l'oseille qui filait pour trouver le jour. La terre avait encore ces ondulations qui marquent les sarclages et les buttages. Ici, un plant de pommes de terre dont les longues fanes dégénérées portaient quelques fleurs minuscules, plus loin les asperges redevenues sauvages tenaient tête au chiendent et aux orties.

Passé la petite allée de traverse bordée de dalles, c'était la jungle. Un entrelacs très dense où l'outil taillait de larges pans. De jeunes sycomores et des frênes atteignaient déjà plus d'un mètre de haut. Le sorbier et les sureaux que le père conservait en bordure du vide pour attirer les oiseaux occupaient tout un carré autrefois réservé aux fleurs annuelles. Jacques le contourna en pensant que les nids devaient y être nombreux.

Il travailla plus d'une heure sans s'arrêter autrement que pour changer d'outil, affûter une lame et se passer l'avant-bras sur le front.

Il traça ainsi une sente comme devaient en ouvrir les explorateurs, mais là, il savait où il aboutirait. Et, lorsqu'il eut atteint la murette qui borde le jardin vers le sud-ouest, il s'assit sur la pierre déjà tiède, les jambes pendantes, face au vide. En dessous de lui, à quatre mètres, après l'à-pic du rocher, commençait un autre fouillis plus dense encore. Autrefois, il y avait eu là des vignes en terrasses. Abandonnées depuis plusieurs générations, elles avaient fait place à un taillis où personne ne coupait depuis la mort de son père. Les frênes et les acacias les plus hauts commençaient à masquer la vue sur la plaine. Plus près, toute la partie de Maléria bâtie sur la rive droite de la Guivre se trouvait cachée. En direction de Saint-Germain et de Bletterans, la brume de chaleur commençait à monter, grise et lumineuse. Il fixa longtemps cet horizon mouvant. Il s'obligeait à regarder là, mais il savait son obstination stupide. Il finit par tourner la tête vers la gauche, s'attachant à chaque détail, prononçant à mi-voix le nom de chaque village, de chaque coteau, de chaque bois.

A mesure que son regard remontait le cours tortueux de la rivière, la lumière devenait plus forte. L'horizon plus proche, fermé par l'autre rive de la reculée, donnait aux choses des contours plus nets. Il semblait que le vent eût nettoyé toute cette vallée encaissée et chassé vers les monts du Mâconnais ce qu'elle avait transpiré durant la nuit. L'air y était d'une étonnante transparence.

Une nouvelle parcelle du coteau des Ecouvettes avait été défrichée et plantée en vigne. Malgré la distance, il eût été possible de compter les piquets. Jacques s'épongea le front. La sueur lui coulait des sourcils, mais ce n'était pas ce qui lui brouillait la vue. Il le savait, et il dut se raidir pour regarder enfin vers l'entrée du Puy Roussot. A travers la buée qu'il avait devant les yeux, il ne découvrit d'abord que le ruissellement de la lumière sur une pente où se mêlaient la verdure et la rouille. Puis, lorsque sa vision se fut éclaircie, il fixa son attention sur un petit toit brun qui émergeait des hautes herbes. La vigne avait déjà disparu et la baraque était pareille à une épave charriée par un torrent. C'était là-bas comme ici. Là-bas où son père avait tant peiné. Là-bas où son père l'avait emmené tout enfant pour lui enseigner le travail de la vigne et tenter de lui faire partager son amour de la terre.

Le vent et le soleil donnaient vie à cette friche où apparaissait de loin en loin l'ombre plus dure d'un piquet incliné.

Rien. Il ne restait rien. En quatre années, la mauvaise herbe avait effacé les dernières traces de plusieurs générations de labeur. Lui, le soldat, le volontaire pour ailleurs, il avait également tué ça. Il avait tué jusqu'au souvenir des vieux. Son œuvre à lui, c'était ça. Là-bas : une œuvre de mort par sa présence. Ici : une œuvre de mort par son absence.

Le chien qui l'avait rejoint sauta sur la murette et posa sa bonne grosse tête sur son épaule. Sans quitter des yeux ce coin de terre où tout redevenait flou, où tout ondulait comme secoué de tangage, il caressa le chien en murmurant :

— Pauvre vieux, toi aussi, j'aurais pu te tuer...

Et un frisson glacé monta le long de son dos moite.

9

Jacques entra chez Jaillet par la porte qui donne directement dans la cuisine. Une bonne odeur de viande rôtie montait du four de la grosse cuisinière. Manches retroussées sur ses bras secs aux veines saillantes, Désiré hachait, sur une planche creuse comme une jatte, du persil et de l'ail. Il leva la tête, puis ses mains s'immobilisèrent.

— Qu'est-ce qui t'arrive, tu t'es battu?

Jacques se passa la main sur le front.

— Non, j'ai débroussaillé un peu.

— Eh bien, mon vieux! On voit que tu as perdu l'habitude.

— J'ai buté contre une dalle, et je suis tombé dans les ronces.

Le cafetier se remit au travail. Quand il eut terminé, il passa son doigt de chaque côté de la lame qu'il s'en fut rincer sur l'évier. Comme Jacques demeurait planté devant la table, il dit :

— Ce soir, tu mangeras avec nous. Mais le midi, c'est guère possible. Je voulais pas te laisser seul à une table, je t'ai mis ton couvert avec Auguste Petetin et le père Thibaud.

Désiré dut voir dans les yeux de Jacques que la perspective de ce repas l'effrayait un peu, car il ajouta :

— Tu sais, si l'Auguste a envie de te dire ce

qu'il pense, il te le dira aussi bien si tu te trouves à l'autre bout de la salle. Et même, ça le gênerait pas de venir te le dire à la cuisine.

Jacques ne répondit pas. Il eût aimé acheter n'importe quoi et s'en aller manger sur la murette du jardin, mais c'était impossible. Il était prisonnier de l'amitié que lui témoignaient les Jaillet. Il traversa l'épicerie où Yvonne était occupée à faire choisir des crayons à deux gamins, puis il entra lentement dans la salle du café. Tout au fond, une longue table était mise qui portait une dizaine de couverts. Beaucoup plus près de la porte, en pleine lumière du jour, M. Thibaud et l'Auguste Petetin étaient face à face. A côté de l'Auguste, un couvert et une chaise. Jacques s'avança et serra la main aux deux hommes avant de prendre place. M. Thibaud dit de sa voix grave et traînante :

— Voilà un revenant.

Et Auguste ajouta :

— Par exemple! Te voilà bien arrangé!

Jacques dut recommencer son explication et son mensonge. Les deux hommes riaient. Auguste toussa, redevint grave pour rallumer sa pipe et pour dire :

— Sûr que si tu veux tout remettre en état, tu n'es pas au bout de tes peines.

— C'est bien vrai, dit M. Thibaud, les terres ont souffert.

Il y eut un silence. La sonnette de l'épicerie tinta. Dehors les enfants s'éloignèrent en riant. Jacques observait les deux hommes. M. Thibaud très grand et un peu voûté s'accoudait à la table, les mains croisées au-dessus de son assiette. Son crâne chauve luisait. Son visage rouge aux traits lourds était dans l'ombre. Il semblait fixer avec attention son verre à demi plein de vin rouge. Auguste Petetin s'était adossé au mur, un coude sur la table et l'autre sur le dossier de sa chaise. Il avait toujours le cheveu dru et fourni, mais la peau brune de son visage maigre était un tissu de rides. Sous ses paupières mi-closes, son œil luisait, noir, plein d'ironie. Il eut un hochement de tête, retira sa pipe d'entre ses lèvres minces et se mit à parler :

— Oui, je le disais encore hier, en remontant par le Puy Roussot : si ton père revenait, malheur! Il ferait une drôle de tête... Parce que, faut bien l'admettre, il faisait du sacré vin, le Rémi Fortier. On pouvait se trouver en désaccord avec lui pour certaines choses, mais question de travail : chapeau! C'était un homme qui aimait sa terre. Quand il s'est éteint, j'ai même demandé à ta pauvre mère de me vendre les parcelles qui sont à toucher les miennes. Elle m'a dit : Auguste, tant que je serai de ce monde, la terre des Fortier restera aux Fortier. Oui. Elle me l'a dit! Peut-être qu'elle se croyait d'aller jusqu'à ton retour. Qui sait? Elle m'a dit encore : j'espère que le jour où je m'en irai, vous ne serez plus en âge d'acheter. Elle se croyait plus forte qu'elle n'était... Et au fond, je n'en suis pas encore à vendre, mais j'en ai assez grand pour me faire vivre. Surtout depuis que ma femme n'est plus.

Il s'arrêta, inclina la tête pour rallumer sa pipe à son gros briquet de cuivre, puis, ayant tété deux fois, il reprit :

— Pas d'enfants, j'aurai toujours de quoi aller au bout... C'est pas tellement drôle, de finir tout seul, mais il y a des jours où je me dis que c'est peut-être aussi bien.

Il n'ajouta pas : aussi bien que d'avoir des enfants qui vous trahissent, mais Jacques n'avait pas à s'y méprendre.

M. Thibaud écoutait, hochant la tête ou buvant son vin à petites gorgées. Quand le vigneron s'arrêta, il dit seulement :

— Le monde évolue. Les jeunes, il faut les comprendre.

— Vous les comprenez, vous?

— J'essaie. Et comme j'en ai eu pas mal sous mes ordres...

Le vigneron eut un ricanement :

— Pas mal, fit-il, vous n'avez jamais eu que deux employés, dans votre gare!

— C'est exact, mais ça changeait souvent. On me donnait des jeunes à former parce que je les comprenais bien, et que j'aimais mon métier. Parfaitement. Et si je n'étais pas tombé malade, je n'aurais pas pris ma retraite à cinquante ans. Vous pouvez me croire.

Depuis des années que le vigneron et l'ancien chef de gare prenaient en tête à tête leur repas de midi, ils ne cessaient guère de se chamailler. Et pourtant, dès que l'un avait cinq minutes de retard, l'autre commençait à s'inquiéter. Jacques espéra un instant qu'ils allaient se quereller à propos des mérites de leurs métiers respectifs, mais M. Thibaud voulait à tout prix défendre la jeunesse.

— Moi, je vous dis qu'on a tort de juger la jeunesse en bloc. Ils ont peut-être plus de facilité que nous, mais demandez un peu à Jacques si la guerre qu'ils font est plus amusante que celles que nous avons connues.

Auguste Petetin leva les deux mains en disant :

— Oh là, oh là! Où allons-nous! Eh bien, dites donc, vous en avez de bonnes! Est-ce que quelqu'un l'aurait obligé à partir, par hasard?

— Vous n'allez pas lui reprocher de faire son devoir, tout de même! Qu'est-ce que vous avez fait en 16?

— J'ai fait comme les autres. Pas plus! Et je m'en serai bien passé.

— Peut-être, mais, comme les autres, ça fait plus de quarante ans que vous la racontez, votre guerre. Et le père de Jacques ne s'est jamais gêné pour vous dire qu'il vaudrait mieux se taire que d'en parler comme d'une partie de plaisir! Parce que lui, il n'était pas un ancien combattant comme les autres...

M. Thibaud était devenu écarlate. Même son crâne lisse se colorait. Il s'arrêta soudain, regarda Jacques, puis Auguste, puis son assiette en murmurant :

— Excuse-moi, petit, je ne devrais pas dire ça.

Soudain très calme lui aussi, le vigneron dit :

— C'est vrai, nous ferions mieux de nous taire.

Jacques comprit que M. Thibaud avait voulu prendre sa défense et qu'il s'était laissé emporter. A présent, redoutant sans doute de l'avoir blessé, il osait à peine le regarder. Mais non, Jacques n'était pas blessé. Au contraire, il eût aimé prendre la main de cet homme et le remercier de l'hommage qu'il venait de rendre à son père. Il hésita, puis, d'une voix dont la fermeté le surprit, il dit simplement :

— Ne vous excusez pas. Je sais ce que je suis... Je sais ce que j'ai fait.

Les deux vieux semblaient gênés. Jacques éprouva un instant le sentiment qu'il les dominait, et l'envie lui vint de leur crier que la guerre qu'il menait n'avait rien à voir avec celle de 14-18. Que ce n'était pas contre des soldats qu'il se battait, mais contre des femmes, et parfois des enfants... Il en eut envie, mais n'en trouva pas le courage.

M. Thibaud allait parler, mais, en même temps qu'Yvonne arrivait portant une soupière fumante, des ouvriers entrèrent, riant très fort. Ils saluèrent au passage et s'installèrent à leur table où ils continuèrent de bavarder et de rire.

— Ce sont des gens d'une entreprise de Mâcon. Ils sont après monter un hangar immense, sur le plateau, pour un éleveur de Passenans qui a acheté des embouches à la veuve Curnier...

Heureux de la diversion, le vigneron parlait, s'arrêtant seulement pour chaque cuillerée de soupe, donnant force détails sur les lieux, les matériaux, le travail, expliquant à qui avaient appartenu ces terres, remontant au déluge, égrenant des chapelets de noms et de dates. De loin en loin, M. Thibaud intervenait, posait une question qui relançait le récit ou l'amenait à bifurquer. Un long moment, Jacques écouta sans entendre vraiment. Ce qu'il n'avait pas osé dire lui restait sur le cœur et ravivait en lui des images de la guerre que ni les drogues ni son séjour à l'hôpital n'avaient pu effacer de sa mémoire. Il eut encore envie d'interrompre les vieux pour leur dire que s'ils parlaient ainsi de la terre, c'est qu'elle pouvait vivre en paix; que personne ne viendrait demain incendier le village, assassiner bêtes et gens. Une fois de plus, il garda le silence.

Le vigneron allait toujours. A plusieurs reprises, il se tourna vers lui pour le prendre à témoin parce qu'il évoquait un souvenir lié à une terre des Fortier. Jacques approuvait de la tête sans savoir de quoi il s'agissait. Et puis, peu à peu, les images qui le brûlaient s'estompèrent. D'abord bercé par les mots, il finit par en saisir quelques-uns comme s'il eût renoué avec une langue depuis longtemps oubliée. Il écouta plus attentivement, et il lui sembla bientôt que c'était un peu la terre qui parlait. La terre qu'il avait souvent entendue s'exprimer à travers les récits de son père. Certes, Rémi Fortier n'avait jamais été un homme comparable au père Petetin, mais, vignerons l'un et l'autre, ils avaient toute leur vie porté le même fardeau. Leur façon de raconter la terre en témoignait.

A présent, il était question de forêts et d'orage.

Le vigneron disait :

— Un matin, je m'en revenais par le bois Grigneloup, eh bien, vous me croirez si vous voulez, mais en une heure, l'orage avait sorti de terre des racines de chêne deux fois grosses comme ce litre. Des racines que j'avais seulement jamais vues affleurer le dessus...

Il poursuivit, mais Jacques cessa d'écouter. Il

voyait ces racines, et le mot sonnait en lui avec de profonds échos. C'était un mot qui revenait souvent dans le langage de sa mère, une femme de grand savoir, comme disait Désiré. Une femme qui avait étudié avant de décider de sa vie. Née entre la terre et la ville, d'un père marchand de bois, elle avait opté pour la terre en épousant un vigneron. En même temps que Rémi Fortier, c'était la vigne qu'elle avait épousée. La vigne qui avait usé sa santé fragile. Deux enfants, un garçon et une fille qui n'avaient pas vécu. Beaucoup de peine. Beaucoup d'espoir sans doute et de crainte avec la naissance de Jacques. Et la terre qui use jour après jour. Les racines, elle savait ce qu'elles représentent et qu'on ne les arrache jamais sans douleur. Elle l'avait dit à Jacques avant qu'il ne s'en aille. Les mots qu'elle avait prononcés remontaient, s'imposaient à lui. Et puis, presque aussi forte que les souvenirs engendrés par les mots, cette vision des racines offertes au soleil par la pluie d'orage. Est-ce qu'il n'avait pas, lui aussi, subi un pareil orage? Avait-il fallu cela pour qu'il découvre enfin l'existence de ses propres racines? Depuis son arrivée à la gare, est-ce que ce n'était pas toute la sève de cette terre qui s'était mise à bouillonner en lui?

Il avait ri lorsque sa mère lui avait dit qu'il se ménageait d'immenses souffrances. Il avait ri, et il était parti, talonné par la colère...

Quand le vigneron se tourna pour lui demander ce qu'il comptait faire du domaine, il eut un sursaut et le vieux dut répéter sa question. Jacques soupira, vida son verre pour se donner le temps de la réflexion puis, effrayé à l'idée d'annoncer à cet homme de la terre qu'il allait vendre, il bredouilla :

— Je ne sais pas... Tant que la guerre n'est pas finie... Que voulez-vous...

10

Bordée de peupliers, de trembles et de saules, la Guivre serpentait en pointillé de lumière au fond de la vallée. Elle était ce qu'il y avait de plus lumineux dans tout cet immense paysage. Le vent s'était arrêté durant l'heure de midi, et le temps se couvrait sans que l'on vît arriver un seul nuage. La transpiration de la terre s'élevait dans l'air immobile et formait une voûte de lumière sourde, pénible à regarder, qui pesait sur le village aussi bien que sur la plaine. Jacques était revenu s'asseoir sur la murette, torse nu, guettant pour le respirer le moindre souffle d'air. Car ici, on avait toujours vécu avec ce que sa mère appelait le frisson de la côte. Même par les temps les plus lourds, lorsqu'on arrivait à cette murette, on sentait monter le long de la roche un courant léger, à peine perceptible, mais qui était le signe que la terre continuait de respirer. C'était à peine s'il faisait frémir au passage les plus hautes feuilles de frênes et se balancer mollement les tiges aux graines déjà jaunes des avoines folles accrochées à la roche, cependant, il était là. Le retrouvant, Jacques s'aperçut que ce frisson était l'une des choses qui avaient tenu une grande place dans son enfance et que l'éloignement lui avait fait oublier. On croit que l'on peut emporter avec soi l'essentiel de son pays, mais cet essentiel est fait de mille détails infimes qui finissent par vous échapper un à un. En quelques heures, Jacques avait déjà retrouvé tant de détails oubliés, qu'il lui semblait à présent que tout un monde renaissait peu à peu qui finirait par revivre dans sa totalité.

Le chien roux s'était allongé derrière lui, l'échine contre la base de la murette. Il ne le voyait pas, mais, de loin en loin, il l'entendait soupirer dans son sommeil.

Insensiblement, Jacques se laissait aller, ses épaules pesaient plus lourd sur ses bras raidis. Ses mains appuyaient plus fort sur la pierre chaude, son dos se voûtait. S'il s'endormait ainsi, il risquait la chute, mais il savait qu'il ne dormirait pas. Simplement, il s'engourdissait, échappant de plus en plus au présent à mesure qu'il s'enfonçait dans ces années retrouvées. Aux vapeurs de la terre, s'ajoutait le flou de son rêve. Dans ce brouillard, des formes se mouvaient, des visages se dessinaient à chaque instant plus précis. De toutes ces silhouettes, la plus précise était celle de sa mère. Elle venait à lui en souriant. Nul reproche dans son regard clair, mais seulement une immense joie. Elle s'avançait, calme et heureuse de ce qu'il fût là, revenu pour elle, pour la terre aussi, pour les gens qu'elle aimait également parce que son cœur était assez grand pour lui permettre d'aimer son fils et les autres.

Jacques quitta la murette. Le chien le suivit. Tout paraissait se dérouler lentement, comme si la torpeur de l'air eût rendu difficile chaque mouvement. Jacques sentit que l'heure n'était pas encore venue d'entrer vraiment dans la maison qui continuait à suer sa fraîcheur. Il sortit et monta vers le haut du village.

Il était resté torse nu, jetant seulement sa chemise sur son épaule. A part quelques enfants qui jouaient devant la bascule, le village était aussi désert qu'au moment de son arrivée. Il paraissait même davantage endormi derrière ses volets tirés. Dans les rues, l'atmosphère était épaisse. Le soleil, tamisé par l'unique nuée couvrant le ciel d'un bord à l'autre, coulait partout une lumière sans ombres. Le chien ne trottinait plus, il s'attachait aux pas de Jacques, tirant la langue et soufflant.

A la ferme de la Croix, un tracteur attelé à un char plat sortait de la cour. Eugène Laborde conduisait. Sa femme et sa fille étaient assises sur le bord du plateau de sapin, jambes ballantes. Jacques les salua. Ils répondirent de la voix et du geste.

— Vous n'aurez pas froid sur le pré, dit Jacques.

— Non, sûrement pas, dit Eugène. Mais le travail commande... Si tu t'en ressens, on t'embauche!

— Pas aujourd'hui.

Eugène se mit à rire et accéléra. Longtemps Jacques entendit décroître le ronronnement du tracteur qui était le seul bruit de l'après-midi avec quelques chants d'oiseaux. Ce moteur prolongeait le rire de l'homme, un rire qui voulait dire : « Les courageux, on les connaît bien! Quand on laisse sa terre en friche pour s'en aller faire le zouave en Afrique, c'est pas pour s'en venir prêter la main aux autres. »

Le bruit s'éteignit tout à fait lorsque Jacques s'engagea sous les arbres qui bordent le chemin du cimetière. Il s'arrêta le temps de passer sa chemise et de la boutonner, puis il monta vers le vieux portail de fer forgé toujours entrouvert. A mesure qu'il approchait, un grand calme s'installait en lui. Il fut heureux de retrouver le cimetière tel qu'il l'avait toujours connu, avec ses grands arbres, son mur d'enceinte en pierre grise et moussue, ses tombes aux grilles rouillées et tordues, aux croix de pierre inclinées; avec son herbe envahissante.

Il lui sembla entendre son père : « Je ne connais pas un village dont le cimetière soit aussi mal entretenu, mais ça me plaît. C'est un peu comme si les morts étaient enterrés dans leurs champs. Moi, ce que je voudrais, c'est un simple tertre, que l'herbe et le temps feront disparaître. Quand on me cherchera, on dira, ça doit être par-là, mais personne ne saura plus reconnaître l'endroit. Seulement, c'est impossible. Chacun sa place sous terre comme dessus. Même une fois mort, on n'est jamais libre. »

Jacques avait toujours été frappé d'entendre son père parler des morts sur ce ton presque gai, tout à fait détaché, qui contrastait avec les lamentations des uns et les grosses plaisanteries des autres. Pour son père, le cimetière était un lieu de promenade comme les bois de Grigneloup et de la Croix-Grillot. Il l'avait souvent amené là, et, à travers les noms gravés sur les pierres, il lui avait un peu enseigné l'histoire du village, parlant d'hommes et de femmes morts avant sa naissance exactement comme s'il les eût fréquentés durant des années. En fait, il les connaissait à travers ce que les anciens lui avaient rapporté, mais aussi parce qu'il possédait un grand pouvoir de recréation. Avec son père, Jacques avait passé là des heures sereines. Et si, avant de franchir le portail, il avait pris soin de mettre sa chemise, ce n'était pas à cause de la présence de ses parents, mais par habitude, et pour ne pas faire parler les vivants.

La tombe des Fortier était tout au fond, adossé au mur, du côté où s'élèvent les ruines du vieux château que dévore peu à peu la verdure. Jacques s'en approcha, le chien toujours sur les talons. Les années avaient rongé la pierre grise, et à demi effacé les noms de ses grands-parents. Pour son père et sa mère, les inscriptions étaient gravées sur un rectangle de marbre blanc scellé sur le socle de la croix. Il lut à mi-voix :

— Rémi Fortier 1897-1956. Thérèse Fortier née Burtin 1898-1959.

Puis il se tut. Il regardait l'herbe haute, bonne à faucher, dont les tiges versaient sur la pierre. Il eut envie d'aller chercher un outil, mais il se souvint des paroles de son père. De plus, en entrant, il avait remarqué sur la droite quelques tombes autour desquelles on avait sarclé. Cela faisait tache. Ce n'était pas l'herbe qui paraissait sale, mais ces blessures terreuses, dans ce carré où la vieille pierre et les simples en fleur s'harmonisaient si bien.

Jacques avait perdu l'habitude de la prière, mais l'idée d'adresser quelques mots au ciel lui vint tout naturellement. Il regarda la lumière entre les grands arbres et chercha ce qu'il pourrait dire. Il ne trouva rien, et une grande amertume l'envahit. Avait-il seulement le droit de demander quoi que ce fût pour ces deux êtres qui avaient passé le meilleur de leur temps à l'aimer et qu'il avait conduits à la mort? Des obsèques de son père, il retrouvait toujours les mêmes images. Son arrivée. Le moment où il s'était trouvé face à face avec sa mère, à la porte de la cuisine. Sa mère qu'il avait toujours connue bonne et infiniment douce, sa mère raidie dans sa dignité, sans une larme, sans un sanglot, sans la moindre faiblesse. Il entendit sa voix calme, presque froide, difficilement reconnaissable : « Si tu veux entrer dans la pièce où repose ton père, tu iras quitter cet uniforme. » Lui, il avait murmuré « maman » en faisant un pas vers elle, mais elle avait eu un geste très sobre de sa main levée comme pour dire : « Arrête-toi, tout est inutile. » Il était allé changer de vêtements. Lorsqu'elle l'avait entendu descendre l'escalier, sa mère était sortie de la salle à manger en laissant la porte entrouverte. Elle avait dit : « Je te laisse avec lui. Si tu as quelque chose à lui dire. » La bière était encore ouverte. Le père y était allongé dans ce costume noir qu'il ne lui avait vu endosser que pour assister aux enterrements. Son visage maigre était beau, presque souriant. Jacques était resté un long moment immobile, puis, d'un coup, quelque chose avait crevé en lui. Un sanglot, des larmes, et il s'était penché pour embrasser ce front glacé en disant : « Papa. Papa. Je te demande pardon. » Et il avait pleuré longtemps. Des gens étaient venus. La nuit interminable. Les entrées et les sorties des voisins. La cuisine où l'on buvait du café en parlant à voix basse. La vieille chienne qui voulait entrer dans la chambre mortuaire et qu'il fallait repousser sans cesse. La vieille chienne, le seul être qui lui eût témoigné de l'affection durant ces deux journées et cette nuit. Chaque détail était en lui, mais, ce qui avait toujours tout dominé, c'était le regard de sa mère. Jusqu'au dernier instant, elle l'avait considéré comme un étranger. Et puis, au moment de son départ, elle s'était approchée de lui. Elle n'avait rien retrouvé de sa douceur, mais ses yeux moins durs semblaient refléter une grande pitié. Elle l'avait embrassé en serrant ses bras dans ses mains qui tremblaient. Elle avait dit : « Il t'aimait, tu sais. » Puis, après un temps : « Je prierai pour que Dieu, dans sa miséricorde, te pardonne et me donne la force de te pardonner. » Elle avait lâché ses bras et s'était retournée très vite. Jacques était sorti. Il était resté un long moment dans la grange pour pleurer, et il savait que, seule dans sa cuisine, sa mère pleurait aussi.

Et à présent il était là. Et il ne retrouvait pas ses morts davantage dans ce cimetière que dans leur maison. Ils étaient partis en lui laissant la maison et la terre. Et lorsque tout serait vendu, leur souvenir s'éteindrait comme celui de tous les vieux du village qui mouraient sans y laisser personne pour continuer leur tâche et perpétuer leur nom.

Jacques s'assit un moment sur le bord de la pierre grise. Le chien s'allongea à ses pieds. Qu'était devenue la vieille chienne de son père? Morte, bien sûr. Régulièrement, chaque semaine, il avait écrit à sa mère. Cent fois il avait demandé pardon, jamais il n'avait obtenu de réponse. Comme les sans-famille, il avait passé toutes ses permissions dans des centres d'hébergement ou chez des étrangers.

Et à présent, il était là. Tout seul. Tout seul devant ses morts, pour décider de sa vie.

11

L'après-midi demeurait immobile, enlisé dans sa torpeur. Et pourtant, lorsqu'il quitta le cimetière, Jacques commença d'éprouver une espèce de soulagement. L'air qu'il respirait avait une densité bien moindre, un effet presque vivifiant. Il marcha plus vite pour regagner la maison. Il poussa sans hésiter la porte de la grange, et il eut l'impression d'un instant déjà vécu. Il se dit que, peut-être, il venait d'entrer ici exactement comme il le faisait autrefois.

Au passage, il reprit la faux et le croissant. Quittant de nouveau sa chemise, il se mit à nettoyer devant la maison. L'humidité de l'air retenait sous les arbres et contre la façade chaude les parfums mêlés du sureau et du seringa en fleur. Dans un amas de liserons et de ronces, des taches rouges et blanches apparurent bientôt. Deux rosiers fleurissaient là qui avaient compté dans la vie de la maison. Sa mère s'en était toujours occupée avec beaucoup d'amour.

Il les dégagea en prenant soin de ne pas couper les tiges. Quelques fleurs trop ouvertes s'éparpillèrent en une pluie molle de pétales, mais d'autres à peine écloses demeurèrent ainsi que des boutons qui s'ouvriraient vite à la lumière. Il en couperait pour les porter au cimetière. Acheter des fleurs ne lui était pas venu à l'idée, mais porter à sa mère des roses de son jardin lui paraissait naturel. Lorsqu'il s'en prit aux herbes qui commençaient à grimper aux tiges de seringa, une neige fine se mit à tomber dont il respira le parfum. A mesure que sa besogne avançait, un travail identique s'accomplissait en lui. La lumière revenait. Il allait de l'avant, gagnant du terrain sur l'entrelacs des mauvaises herbes.

Il se démena ainsi durant plus de deux heures, entassant ce qu'il coupait au milieu du premier carré. De loin en loin, il se disait :

— Qu'est-ce que je fais? Pour qui je travaille? Ce n'est même pas moi qui brûlerai ce tas de saloperies à l'automne. Où est-ce que je serai, à ce moment-là?

Et il taillait pourtant dans le roncier, comme si sa propre ardeur lui eût donné de la force pour aller plus loin.

Vers le milieu de l'après-midi, il s'arrêta, s'épongea le front, hésita quelques instants puis, laissant ses outils contre le tronc du tilleul, il reprit sa chemise sur son épaule et, sans entrer dans la maison, il traversa la grange.

Le chien toujours sur ses talons, il prit par la place de l'Eglise et s'engagea dans le raidillon qui plonge vers le Puy Roussot.

L'idée était en lui d'aller jusqu'à la Fontaine aux Daims. Ça faisait un bout de chemin à travers les vignes dont beaucoup étaient en friche, les prés maigres et les bois sous la roche. A mesure qu'il dévalait, roulant sur la caillasse et s'accrochant des mains aux arbres qui bordent le sentier, il lui semblait qu'il pénétrait dans un marécage d'air boueux. La respiration devenait plus pénible. Le chien suivait, haletant.

A mi-côte, Jacques s'arrêta et se retourna le temps de regarder le village déjà loin derrière lui, perché sur son rocher où il semblait en équilibre, autant soudé au ciel épais qu'accroché à la terre ferme. Il laissa au chien qui s'était écarté pour flairer l'entrée d'un terrier le temps de le rejoindre, puis il se mit à longer le bois des Gulaires à sa lisière inférieure. Devant lui, des lézards partaient dans les hautes herbes, des oiseaux s'envolaient, c'était la seule vie avec une fumée blanche qui montait d'une haie, sur l'autre versant de la vallée. Elle s'élevait de quelques mètres à peine, puis coulait comme une eau de plâtre vers les prés bordant la Guivre. Là, elle s'étalait en un brouillard qui se mêlait bientôt à l'haleine grasse de la terre.

Il lui fallut une bonne heure, en marchant vite, pour atteindre la corne du rocher qui domine les prés bas et marque l'entrée de la reculée de la Pionnerie. La Fontaine aux Daims était dans le fond d'une crique que la falaise en surplomb dominait de toute sa masse. C'était un filet d'eau très pure, glacé en été et fumant comme une soupe par les temps de gros froid. Cette source suintait au pied du roc, s'infiltrait entre les pierres d'un éboulis, se ramassait au creux d'une rigole pas plus large qu'une ornière, et s'en venait pleurer dans une crevasse de rocher deux fois grande comme un cercueil.

Le chien, qui avait senti l'eau de loin, y fut avant Jacques et se mit à boire. Jacques le rejoignit, posa sa chemise, et, à genoux sur la roche, il but dans ses mains puis se mouilla le visage et le torse.

C'était bon, ce froid de l'eau qui ruisselait sur ses épaules et le long de son dos. A plat ventre, il plongea ses bras et sa tête dans le bassin, soufflant et s'ébrouant. Intrigué, le chien qui l'observait se mit à aboyer.

Dans cette reculée étroite, l'air est souvent pareil à un lac, chaud et épais en été, glacial et sonore comme le cristal en hiver, il paraît échapper aux caprices des heures et du ciel. Si le vent prend le val par le travers, il passe très haut, d'un seul bond d'une rive à l'autre, creusant à peine quelques remous qui n'ont jamais la force de plonger jusqu'au fond. C'est seulement lorsque le souffle vient de l'aval ou qu'il court sur le plateau dans le sens de la reculée que les rafales creusent de profonds sillons dans l'air immobile des bas-fonds.

Jacques se remémorait les propos de son père lorsqu'ils venaient ici reconnaître des coupes. Le père lui avait raconté qu'on appelait cette source la Fontaine aux Daims parce que, du temps où les daims remontaient encore du sud par les étés de grande sécheresse, ils entraient parfois dans cette reculée où les chasseurs les enfermaient pour les capturer ou les tuer. Et, ce qui n'était sans doute qu'une légende, ajoutait que la dernière fois qu'on en avait vu ici, ils étaient plus de cent que les chasseurs avaient abattus. Les derniers du troupeau s'étaient réfugiés là, près de cette fontaine, acculés à la roche, ils avaient fait front aux chiens, en éventrant plusieurs à coups de bois avant l'arrivée des chasseurs. Quand le carnage avait pris fin, l'eau de la fontaine était rouge, et il avait fallu les fortes pluies d'automne pour que la source retrouvât enfin sa couleur.

Cette histoire avait tant impressionné Jacques, que son père avait dû lui expliquer que c'était là une légende. Il en donnait pour preuve le fait qu'une sente très escarpée prenait à quelques pas de là, montait à travers un éboulis, et permettait d'accéder au plateau par une crevasse de la falaise. Elle était parfois bien plus raide qu'une échelle, mais le daim est agile, et le père disait que, par-là, tout le troupeau eût pu s'échapper sans que nul chien fût à même de le suivre.

Le père disait aussi que ce lieu, même s'il avait été le théâtre d'un drame, avait oublié la mort pour se vouer à la vie. L'eau qui sortait de terre à une température constante en toute saison entretenait ici une espèce de printemps éternel. Et ces mots que Jacques murmura plusieurs fois s'harmonisaient avec le bruit de l'eau coulant dans le bassin.

Il demeura un long moment assis sur la roche. Le vide peu à peu descendait en lui. Un vide où s'installaient le ruissellement de la fontaine et le chant des oiseaux.

Le chien, fourbu, s'était allongé contre la pierre fraîche. Plus rien ne semblait vivre, plus rien que cette eau.

Il devait y avoir longtemps que Jacques était là, immobile, le regard vague perdu vers l'entrée de la reculée lorsque, à quelques mètres du sentier, un oiseau vint se percher sur le rebord d'une roche. Sans le moindre mouvement Jacques porta son regard vers lui, et, aussitôt, son cœur se serra. Noir et luisant, presque aussi gros qu'un merle, l'oiseau avait le croupion et les côtés de sa longue queue blancs. Un peu raide, il remuait sans cesse, observant autour de lui, farouche, prêt à l'envol. Jacques le reconnut sans hésiter. C'était un traquet rieur, celui qui niche dans les trous de rocher et construit à l'entrée de son refuge un petit mur de cailloux. Cet oiseau-là, il l'eût reconnu entre mille. Le chien remua, et, aussitôt, l'oiseau plongea de son vol saccadé et disparut. Jacques libéra l'air qu'il avait gardé dans ses poumons. Il lui sembla que son sang se remettait à circuler, mais, aussitôt, il sentit renaître la douleur qui partait de sa nuque pour lui serrer le crâne. Il se leva, reprit dans ses mains de l'eau glacée et s'y plongea le visage, mais il savait que rien ne chasserait ce que l'oiseau avait fait naître en lui.

Déjà son père était là, dressé devant lui dans sa colère.

Le père est là, et la peur l'empoigne. Sa première peur, sans doute. Quel âge a-t-il? Neuf ans peut-être. C'est jeudi. Il vient de rentrer. Avec un camarade, ils sont descendus sous la roche. Ils ont guetté longtemps cet oiseau dont son camarade avait repéré le nid. Ils ont guetté comme de vrais chasseurs et, lorsque l'oiseau est sorti, ils ont tiré au lance-pierres tous les deux. Qui a touché? Impossible de le savoir, mais c'est lui qui rapportera l'oiseau car son ami est un habitué. La colère du père. Et ce nom : traquet rieur. Ce nom qui ricane, qui craque, qui dit que l'oiseau était fait pour la joie. Le désespoir du père qui lui a si souvent expliqué qu'il est absurde de tuer. La mère intervient. « C'est un gamin. » Jacques n'a jamais entendu son père prononcer un mot plus haut que l'autre lorsqu'il s'adresse à sa mère. Mais à présent, c'est contre elle qu'il tourne sa colère. Elle l'excuse. Elle le soutient. Elle veut donc qu'il devienne pareil aux assassins qui peuplent le pays. A tous ces cons qui tuent pour le plaisir. A cette vermine qui ne respecte rien! C'est la première fois que Jacques entend son père crier ainsi et prononcer des mots pareils. Le père lui arrache le lance-pierres que son copain lui a donné, il le brise. Ses mains sont un étau. La colère fait de lui un autre homme. Il jette le lance-pierres dans le feu et il sort en claquant la porte. Après son départ, avec beaucoup de douceur, la mère explique. Elle parle de l'amour de la vie. Elle dit que le père a souffert. Mais Jacques n'écoute pas. Il n'écoute que le feu qui vient de dévorer son lance-pierres. Demain, à l'école, il racontera tout à son copain. Et le copain répondra : « C'est un fou. Tout le monde te le dira. » Et Jacques ne giflera pas ce gamin qui insulte son père. Plus tard. Il pensera souvent à cette gifle retenue par peur de n'être pas un garçon comme les autres.

Le traquet rieur, une espèce qui se fait de plus en plus rare. Un oiseau fragile, sauvage, qui sait que l'homme est dangereux.

Jacques avança sur le sentier. Il vint jusqu'à la roche où l'oiseau s'était perché. Il regarda, mais nul trou ne pouvait abriter un nid.

Il se tourna vers le fond de la reculée où déjà

73

l'ombre montait de la terre. Le ciel pesait. Le ciel était de plus en plus lourd. Est-ce que, comme ce matin, il allait être repris par la peur? La voix du père revint : « Un jour, tu le sentiras. »

Alors, Jacques se mit à courir sur le sentier, en direction du soleil qui déclinait vers la plaine.

12

Jacques courut un moment sans rien voir. Il luttait contre des visions de guerre qui alternaient avec celles du traquet rieur posé sur la table de la cuisine, une goutte de sang caillé au bout du bec.

Ce soir, le monde était sans oiseaux. Sa seule présence près de la fontaine avait tué le dernier traquet de la création. Il n'y avait plus de place pour aucun oiseau rieur dans un pays où les morts étaient plus nombreux et plus forts que les vivants. Qu'avait-il vu de vivant depuis son retour? Un chien rouge. « Chien rouge. Ici, Chien rouge. Je vous reçois cinq sur cinq. » La voix du radio le poursuivait. Elle bondissait d'un rocher à l'autre comme un traquet rieur.

D'un coup, pareil au déferlement de la foudre, il y eut un énorme rire qui roula jusqu'au fond de la reculée et que l'écho des falaises amplifia encore. Un rire qui parlait. Qui répétait inlassablement les mêmes mots : « Des morts plus vivants que les vivants... Des vivants plus morts que les morts. »

A bout de souffle, Jacques s'arrêta. Aussitôt, l'écho se tut. Le rire sonna encore un peu en lui, puis le silence revint.

Jacques se reprit un peu et s'efforça de respirer lentement. Derrière lui, le traquet fit rouler quelques graviers sous ses pattes nerveuses. Jacques eut un sursaut et se retourna. Le chien arrivait, péniblement, la langue pendante et le souffle court.

— Mon pauvre vieux, je t'avais oublié, toi.

Il le caressa et le laissa reposer un moment. C'était étrange, ce calme que lui apportait cet animal. Dès qu'il paraissait, Jacques se sentait mieux. Il pensait « chien rouge », ça l'agaçait, mais il retrouvait son calme. Il sentait monter en lui une vague d'affection, comme si cette pauvre bête eût représenté tout ce qu'il était encore capable d'aimer vraiment.

Lorsque le chien eut retrouvé son souffle, Jacques reprit sa route. Il était parvenu à chasser les images de guerre et de mort en s'imposant de regarder seulement son village vers lequel il remontait par le chemin de vignoble qui rejoint le sentier du Puy Roussot. Avec le soir, la lumière jaunissait. Le vallon qui sépare le roc où se perche Castel-Rochère du coteau planté de sapins et de feuillus formant l'autre rive du Puy se teintait de violet. L'ombre y coulait déjà tout un large pan de mystère où la vie s'apprêtait à plonger dans le sommeil. Vers la gauche, le gris du ciel s'ouvrait au ras de la plaine pour laisser ruisseler sur les terres lointaines une lumière tamisée. Le soleil encore très haut ne perçait pas vraiment, mais on le devinait au centre d'un pan de ciel pénible à regarder.

Lorsqu'il atteignit l'endroit où le sentier commence à monter aussi dru qu'un escalier de grenier, Jacques s'arrêta de nouveau.

Il ne voyait plus de Castel-Rochère que quelques maisons plantées au bord du roc. Sentant que le soleil allait enfin percer, il attendit. Le chien s'était couché en rond au milieu du sentier, sur un replat pas plus large qu'une chaise. A droite du sentier, il y avait une levée de pierres où Jacques s'assit. Il n'eut pas longtemps à attendre. Ce fut d'abord une fissure très mince qui s'ouvrit, par où une pluie de lumière tomba, tirant de l'ombre une parcelle de plaine piquetée de peupliers. Puis, dans le ciel uniforme, tout autour de cette blessure de feu, des traînées violettes se dessinèrent, soulignées çà et là par des lueurs orange. Déjà les deux lèvres ourlées d'or s'écartaient, reculant devant l'assaut de la lumière. Tout au fond de la Bresse, les monts du Mâconnais apparurent, ligne sombre tracée sur un fond de clarté. Devant eux, la terre fumait comme un océan de lave. Ici, c'était toujours le calme et le silence, mais tout indiquait que le vent, qui était arrivé de l'est au soleil levant, s'en revenait avec le couchant. Il malaxait les masses d'ombre et de lumière, creusait de longs corridors dans la buée qui montait de la Bresse; il approchait en s'appuyant sur les terres pour mieux soulever le ciel.

Il y eut encore des hésitations, des reculs du soleil, mais, très vite, ce fut le triomphe de la lumière. Plus rouge de minute en minute, le ciel s'éleva, haussant ses nuages comme si le soleil eût soudain décidé d'imiter le vent et de rebrousser chemin.

Jacques dut lutter contre une envie soudaine de courir à travers prés et vignobles à la rencontre de la lumière. Il se vit d'un coup immense, écartant les bras et embrassant tout cet immense horizon. Il se vit couché sur cette terre, et la prenant à bras-le-corps, l'étreignant comme une femme.

Face à cette averse de feu, face à ce vent qui arrivait enfin jusqu'à lui, il respira profondément. Ce soir était comme un matin d'espoir, comme l'aube d'un jour qui promettait monts et merveilles. Il y avait, dans cet instant, la manifestation d'une force secrète, mystérieuse, dispensant à la fois l'angoisse et l'espérance.

Il avait suffi de ce retour du vent pour que la journée se métamorphose au seuil de la nuit. Et le monde soulagé respirait. On le sentait en observant la plaine où tout recommençait de vivre. On l'entendait en écoutant la forêt qui chantait comme jamais Jacques ne l'avait entendue chanter.

Car, derrière lui aussi cette aube du soir continuait son chemin. Et le vent s'engouffrait dans la reculée. Il l'emplissait de sa vie tumultueuse. Il débordait enfin sur le plateau où on l'entendait reprendre sa course et chercher son souffle avant de s'élancer à l'assaut des montagnes.

Seul au cœur tiède de cette combe, Jacques regardait la plaine. Il se saoulait de cette lumière inondant ce quartier de terre déployé devant lui, entre la falaise de Castel-Rochère et le dos vivant de feuillages et de vent du bois des Chaseaux. Il ne découvrait que cela, et pourtant, c'était tout le pays qu'il voyait en suivant par la pensée la course du vent.

Un instant, il eut envie de quitter le sentier, de s'élancer à travers bois en direction de l'est. Il eut envie de suivre ce vent et d'aller, comme lui, faire le fou sur les terres à demi nues qui fuient d'une murette à l'autre jusqu'à la région des premiers lacs où commence une autre escalade. Il eut envie de cette course sans but et pourtant, après avoir regardé une fois encore le brasier qui continuait de flamber à l'ouest comme un immense feu de broussailles, ce fut en direction du village qu'il reprit sa marche.

La lumière avait accentué les reliefs, le vent avait nettoyé l'atmosphère, et, devant lui, les ceps et les bois se dessinaient, aussi durs dans les ombres que dans la lumière.

« Un jour, tu le sentiras. Tu ne sauras peut-être pas quel nom lui donner, mais ce sera lui. Tu le reconnaîtras à sa force. Il te fera ployer l'échine, ou bien il t'enlèvera comme une plume pour te porter très haut. » La voix du père revenait, mais calme, pas du tout effrayante. Elle était une compagne de marche qui égrène des mots pour le plaisir de leur musique. Des mots que l'on écoute sans y prêter attention mais qui s'installent en vous et renaîtront à l'instant où le soleil changera de couleur, où la nuit emportera le jour, où la pluie chantera autrement.

Jacques allait, et peu à peu, à cause de cette voix pleine de tendresse, il lui semblait que cette heure du soir avait changé quelque chose à l'univers tout entier.

Jacques se retourna pour chercher son chien. Rien. Il appela, il siffla, mais il savait que le chien entendait très mal et que, de plus, le vent emportait ses appels dans la mauvaise direction. Il allait redescendre, lorsqu'il vit apparaître le poil fauve que la lumière rasante rendait plus rouge encore. Le chien montait péniblement, et, dès qu'il aperçut Jacques, il s'arrêta et s'assit au milieu du chemin. Jacques l'appela du geste et de la voix. Le chien hésita, reprit sa marche, mais ses pattes semblaient sur le point de se dérober sous son poids.

— Pauvre vieux, j'ai marché trop vite. Et toi, c'est comme si t'avais quatre-vingt-dix ans. Allons, fais un effort.

Voyant que Jacques repartait, le vieux chien se releva, fit une vingtaine de mètres puis se coucha de nouveau. Jacques revint à lui, le caressa un peu, puis le prit dans ses bras et continua l'escalade.

13

Il faisait encore grand jour et le ciel commençait à se nettoyer lorsque Jacques atteignit le
haut du raidillon. Il posa le chien qui trottina
jusque devant l'église pour lever la patte contre la
grille du monument aux morts.

— Te voilà tout requinqué, dit Jacques, et à
présent, c'est moi qui suis crevé.

Sa chemise lui collait à la peau et chaque
souffle de vent était une gifle froide.

Il courut chez lui et monta directement dans sa
chambre pour y prendre une autre chemise. Le soleil déjà bas glissait sa lumière sous les feuillages
des tilleuls et inondait la pièce d'une clarté de
foyer où vivaient des vols de moucherons. L'odeur
de renfermé stagnait encore, mais beaucoup
moins forte, et la pièce était un peu comme il
l'avait connue jadis, avec, simplement, un air d'attendre quelque chose ou quelqu'un. Il tira une
chemise beige à petits chevrons qui se trouvait
au-dessus d'une pile. Dans son armoire, tout son
linge était parfaitement repassé et rangé. Ici, aucune bête n'était entrée et c'est à peine s'il y avait
un peu de poussière. Sur le rayon qui se trouvait
à hauteur de ses yeux, entre un carton à chaussures contenant des mouchoirs et une pile de ser-
viettes-éponges, il remarqua une liasse de papiers.
Il la prit. C'était le papier quadrillé que sa mère

utilisait pour son courrier. Toutes les feuilles étaient pliées en quatre, et son cœur se serra lorsqu'il reconnut l'écriture de sa mère. Il s'approcha de la fenêtre, déplia la première feuille et commença de lire :

« Mon Grand. J'ai bien reçu ta lettre du camp où tu es arrivé pour finir d'apprendre cet affreux métier. Je m'attendais bien à ce que tu parles de ton pauvre papa, mais ce que tu en dis me montre assez que je ne me trompais pas en pensant que tu n'as pas compris. Tu me demandes pardon de l'avoir tué, mais ce n'est pas ce qu'il attend de toi. Ton repentir et tes larmes ne le ramèneront pas sur cette terre. Je veux dire : sur sa terre, celle qu'il a tant aimée et qu'il a voulu garder propre et saine pour toi. Ce qu'il attend, ce que j'attends avec lui, c'est que tu regrettes d'être devenu VOLONTAIREMENT ce qu'il méprisait le plus au monde : un soldat. Entre ton père et moi, il n'y a jamais eu qu'un seul point de divergence : j'allais à l'église et lui n'y mettait les pieds que pour les enterrements. J'ai respecté sa volonté en ne l'y conduisant pas avant de le mener au cimetière, mais je sais qu'il était profondément chrétien. Au sens le plus noble de ce terme. Entre ton départ et la date de sa mort, je t'ai écrit souvent. J'ai essayé de te faire sentir ce qu'il éprouvait, de te faire mesurer sa douleur, mais, parce que tu lui ressembles au moins pour ce qui est de l'orgueil, tu n'as rien voulu comprendre. Je sais que ton engagement ne te permet pas de revenir en arrière, mais un mot de toi exprimant un peu de repentir et de lucidité eût peut-être changé bien des choses. Je ne t'ai jamais dit que, le lendemain de ton départ, il m'avait demandé de ne pas t'écrire. Il avait dit : « Il n'est plus mon fils, et, puisque tu crois en Dieu, il ne doit plus être le tien. » Je t'ai écrit en cachette. Je crois qu'il s'en doutait. Il a dû se jouer une comédie assez cruelle. Je ne t'en dis pas plus aujourd'hui. Je ne t'enverrai pas cette lettre tant que tu n'auras pas compris, car il est absolument nécessaire que tu comprennes seul. Je ne désespère pas, car je reste, malgré tout, ta maman qui n'a plus que toi à aimer. Je prie pour toi jour et nuit. Je ne t'enverrai pas de lettre. A présent qu'il me voit, je ne puis plus rien lui cacher. »

Jacques leva la tête. Il avait dû faire un effort considérable pour aller au bout de ces deux feuillets qui s'achevaient ainsi, sans signature.

Il voulut prendre une autre lettre, mais ses mains se mirent à trembler et sa vue se brouilla. La chambre et ce qu'il voyait par la fenêtre n'étaient plus qu'une eau rouge où flottaient des ombres violettes. Il resta un moment ainsi, tout plein des mots qu'il venait de lire et que lui répétait la voix douce de sa mère. Elle était devant lui, assise au bout de la longue table de cuisine où elle s'installait toujours pour faire ses comptes et son courrier. C'était l'hiver. Elle écrivait. De temps à autre, elle levait les yeux et regardait la neige sur le jardin. Mais déjà ce n'était plus le jardin qu'elle voyait. La friche avait commencé son œuvre. La mère disait :

« La terre. Cette terre qu'il te conservait. Cette terre où il espérait que tu finirais par revenir... »

Jacques descendit, serrant dans sa main les lettres qu'il n'avait pas encore lues. Il emprunta la sente qu'il avait ouverte dans les ronces et gagna la murette. Le soleil n'était plus qu'à quelques minutes de la terre. Toute l'immense plaine était un brasier où s'étiraient des ombres presque aussi brûlantes que les lumières.

Il regarda vers la vigne. Celle de l'entrée du Puy Roussot, où la marée des ronces faisait tanguer le toit de la baraque. Tout à l'heure, en revenant de la Fontaine aux Daims, il l'avait vue sous un autre angle. Il avait eu envie de faire le détour, mais il s'était dit que s'il devait y aller, il fallait que ce soit un matin, à l'heure où son père s'y rendait.

Les lettres étaient dans sa main et l'envie folle le prit de les jeter dans le vide. De détruire ce qui le torturait. De brûler cette maison qu'embrasait déjà le couchant. De se jeter dans ce brasier.

Ce que contenaient ces lettres, il le savait. Il avait mille fois fait taire cette voix qui lui criait : « Tu as tué ton père, tu as tué ta mère. Tu t'es engagé pour punir ton père qui voulait faire de toi un paysan. Qu'est-ce que tu voulais être? Un professeur? Pour enseigner quoi? Le crime, peut-être? Tu avais tout raté. Si tu avais travaillé avec davantage de courage, si tu avais réussi tes concours, ton père se serait plié à tes désirs. Il aurait accepté la mort dans l'âme, mais il aurait accepté tout de même parce qu'il t'aimait encore plus que sa terre. C'est lorsqu'il a compris que tu serais un raté qu'il t'a mis le marché en main : revenir avec lui ou te débrouiller seul. Mais la dernière des choses qui eût pu lui venir à l'esprit, c'est ce que tu as fait. Il t'a crié son indignation et son mépris, la colère t'a gagné. Tu n'as pas trouvé la force de museler ton orgueil imbécile et tu t'es engagé pour le punir. Pour être plus fort que lui! »

Il s'était éloigné de la murette. Debout au milieu du jardin, il se contraignit à lire. Il n'avait pas assez de calme pour aller d'un bout à l'autre des feuillets. Il piquait des phrases au hasard. Lisait surtout ce qui était souligné.

« Tu m'écris et pourtant je suis toujours à espérer de toi la lettre qui n'arrive jamais... »

« Je continue d'espérer qu'un jour, tu comprendras que même lorsqu'ils sont où est ton père et où je vais à grands pas, les êtres pleins d'amour sont prêts à pardonner... »

« C'est dans la peine et la douleur que se trouvent toutes les possibilités de rachat... »

« Un père est comme Dieu, il peut tout pardonner pourvu que le repentir soit sincère... »

La mère avait souvent souligné tout ce qui évoquait un pardon possible. Elle revenait souvent à cette pensée d'une lettre de lui qu'elle imaginait.

Il replia les feuillets et courut jusqu'à la maison. On voyait encore très clair dans la chambre de ses parents. La lueur qui montait du sol éclairait surtout le plafond et le pan de mur au-dessus du lit. Là, il y avait un crucifix de plâtre où un rameau de buis bénit était fiché derrière la croix. A cause de l'ombre qui s'étirait, à cause de cette lumière irréelle, Jésus semblait un bûcheron portant un arbre sur son dos en plus de sa croix. Jacques tomba à genoux à côté du lit, à l'endroit qu'il pensait être celui où sa mère était morte. Luttant contre les larmes qui brûlaient ses yeux, le regard fixé sur le crucifix, il se mit à prier.

S'adressant à son père et à sa mère beaucoup plus qu'à cette image du Seigneur, c'est avec les mots qui montaient de sa douleur qu'il leur demanda de lui donner la force qu'il lui faudrait pour mériter leur pardon.

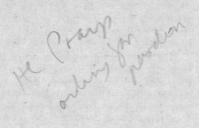

14

Jacques resta longtemps agenouillé, le coude
sur le lit, la tête posée sur sa main. Il ne priait
plus, mais l'écho de sa prière continuait d'aller en
lui, pareil à celui des torrents au fond des reculées. Peu à peu, l'écho s'amenuisa et finit par se
taire. Jacques se leva. Sa tête bourdonnait à
peine.

Il sortit. Un ciel violet montait de la murette
noire jusqu'au noir des feuillages. Le chien suivit
Jacques qui prit le chemin du café. Il croisa plusieurs personnes qui revenaient de la fruitière. Il
les salua sans émotion. Il lui semblait que ce soir
était pareil à tous ceux de son enfance et que
rien, dans ce village, n'avait changé.

Il entra chez Jaillet par la cuisine. Désiré émin-
çait des oignons et sa femme coupait du fromage
en fines lamelles dans une soupière à moitié
pleine de pain. Désiré regarda le chien et dit :

— Celui-là, il a trouvé son maître.

Il lança une couenne de fromage que le chien
avala aussitôt.

— Une vraie poubelle, dit Désiré en riant.

Jacques écoutait, regardait, souriait, mais tout
se passait hors de lui, un peu loin. Il eût été incapable d'expliquer ce qu'il allait faire et il fut
presque surpris d'entendre sa propre voix demander :

— Est-ce que je peux téléphoner?

— Naturellement, dit Désiré.

— Vous avez l'annuaire?

— Celui du Jura?

— Oui.

— Sur le buffet.

Jacques feuilleta l'annuaire, décrocha le combiné et demanda le numéro. Ce fut la femme du notaire qui répondit d'une voix sèche pour dire que l'étude fermait à six heures du soir et que, de toute manière, Maître Chabrier était en voyage. Il ne rentrerait que le lendemain soir. Si Jacques était pressé, il pouvait venir vendredi matin, à l'ouverture de l'étude, Maître Chabrier le recevrait certainement.

Jacques remercia et raccrocha.

— Tu as du culot, dit Désiré, d'appeler le notaire à une heure pareille.

Jacques fut surpris. Quelle importance pouvait avoir une question d'heure? Est-ce que ça pouvait compter à côté du reste? A côté de tout ce qui venait de s'installer en lui et qui le faisait se mouvoir dans ce monde des hommes comme porté par une force sur laquelle il n'avait aucun pouvoir?

— Désiré, est-ce que vous pourrez me conduire chez lui vendredi matin?

— Tant que c'est pas aux heures des repas, tu peux me demander tout ce que tu voudras... Mais qu'est-ce qui t'arrive? Tu as l'air tout chose.

D'une voix parfaitement calme, Jacques dit :

— Je ne veux plus vendre.

Il y eut un silence. Le robinet de l'évier se mit à goutter dans une casserole et ce bruit prit une ampleur étonnante. Désiré regarda sa femme, puis Jacques, puis encore sa femme, puis de nouveau Jacques. Et à mesure que ses yeux allaient, son visage passait de la plus grande surprise à la joie, la joie incrédule, puis la joie qui fait pétiller le regard et rire toutes les rides.

— Qu'est-ce que tu dis?

— J'ai décidé de tout garder. La maison, les terres, le matériel, les outils... enfin tout, quoi!

A mesure qu'il énumérait, Jacques sentait aussi la joie l'envahir. C'était un peu comme s'il eût appris la nouvelle.

Yvonne et Désiré semblaient s'interroger encore. Le cafetier hochait la tête, et sa femme murmurait :

— Si je m'attendais... Si je m'attendais... Mon Dieu, ta pauvre maman... Mon Dieu, si elle était là!

Yvonne fit brusquement demi-tour, gagna son évier où elle se mit à gassouiller en remuant très fort une casserole, et Jacques comprit, au mouvement de son dos et de sa nuque, qu'elle pleurait à gros sanglots.

— Ça alors, dit Désiré, pour une nouvelle, c'est une nouvelle... Mais qu'est-ce qui t'a pris, tout d'un coup?

Jacques baissa les yeux, puis, les relevant, il regarda Désiré bien en face et dit :

— Je vous l'expliquerai plus tard, Désiré. Plus tard.

Le cafetier haussa les épaules.

— Je suis un con, fit-il. Il n'y a rien à expliquer.

Il se tut un instant, un peu gêné, puis, soudain inquiet il demanda :

— Tu es certain que le notaire n'a pas signé d'engagement? Tu lui as tout de même bien envoyé une procuration?

— Bien sûr. Mais j'ai sa lettre. Il me dit que les gens seront ici mardi prochain pour la signature. Puisque normalement je devais y être aussi, la procuration, ça ne veut plus rien dire.

— Tu auras dépensé des sous pour rien.

— Ça alors, je m'en balance.

Yvonne était descendue à la cave et Désiré dit :

— Tu as vu?... Tout de même... Elle aimait

bien ta mère, tu sais. Et ton père, il lui faisait peur, mais elle l'aimait bien aussi.

Yvonne remonta. Ses yeux étaient rouges, mais elle souriait. Comme elle avait les mains vides, Désiré demanda :

— J'aimerais bien savoir ce que tu es allée chercher à la cave?

Elle eut un haussement d'épaules et un petit rire encore mal assuré pour répondre :

— Tais-toi donc, imbécile!

— Tu aurais pu monter une bouteille, ça s'arrose, et ça t'aurait donné une contenance.

Ils se mirent à rire tous les trois, et Yvonne cria :

— Grand bête, tu iras la chercher, cette bouteille! Tu la choisiras mieux que moi!... Le jour où je m'en irai, je me demande si tu accuseras le coup.

Jacques les observait. Il était heureux de leur bonheur autant que de la joie qui se gonflait en lui comme un chat pelotonné au coin de l'âtre.

— Dis donc, demanda Désiré, est-ce que tu serais seulement capable de retrouver toutes les parcelles?

Jacques revit le Puy Roussot. Il l'avait traversé tout à l'heure sans penser à cela, mais d'autres plantées que celles de son père étaient en friche, et les limites n'étaient guère faciles à définir.

— Ma foi, dit-il, ce n'est pas absolument certain.

— T'inquiète pas, l'Auguste Petetin connaît ça comme le fond de sa blague à tabac.

Désiré avait fini d'émincer ses oignons, il prit la planche et alla les verser dans un faitout, sur la cuisinière. Un grésillement monta et une bonne odeur emplit la cuisine. Désiré remua un peu avec une spatule de bois, puis, se retournant, il demanda :

— Ton père t'avait bien appris à tailler?

— Naturellement.

— Alors, tu sais, quand on connaît déjà la taille, le reste, c'est une question de courage et de jugeote. Et puis, les vieux seront toujours là pour te donner conseil. De voir s'en aller à l'abandon les meilleures vignes du pays, ça leur fait peine.

Tout en parlant, Désiré s'était rapproché de la table. Yvonne alla vers la cuisinière et dit :

— Parti comme te voilà, mieux vaut que je m'occupe du manger.

— Si tu veux. D'autant plus qu'il n'y a que la soupe à faire. Le reste est à réchauffer.

Les deux hommes se mirent à parler des terres, du travail, de la cave, du matériel qu'il y avait sous la remise et dans la grange. Ils passèrent même en revue ce que Désiré, dont le beau-père avait possédé quelques vignes, conservait encore et donnerait à Jacques. A mesure qu'ils parlaient, la joie que Jacques avait apportée avec lui se muait en une espèce de sérénité, de bonheur tiède parcouru de loin en loin par une flambée plus vive ou assombrie par l'évocation des disparus.

Lorsque la sonnette du café retentit, sans se déranger, Désiré cria :

— C'est vous, Auguste?

— Qui veux-tu que ce soit? Le pape?

— Venez jusque-là.

Auguste Petetin arriva. Le soir, il était seul pensionnaire et les clients de passage étaient rares les jours de semaine.

— Ce soir, on mange tous ici, dit Désiré. Et on a quelque chose à arroser... Je vais aller enlever le bec-de-cane du café et celui de l'épicerie, comme ça, s'il y a du passage, ils iront se faire cuire un œuf plus loin.

Lorsque l'Auguste Petetin apprit la nouvelle, ses lèvres se mirent à trembler et une larme perla au coin de son œil. Il se moucha pour pouvoir s'essuyer les yeux, et il dit simplement :

— Ça, c'est une nouvelle!... Bon sang, c'est une sacrée nouvelle!

Il y eut un silence avec des raclements de gorges. Auguste fut obligé de se moucher encore, puis la conversation reprit. Elle les mena bien au delà du repas, et, lorsqu'ils se séparèrent, ils avaient défriché toutes les terres des Fortier, replanté ce qui demandait renouveau, et déjà rentré la première récolte de ce vin jaune pareil à celui dont ils venaient de vider deux bouteilles.

Ils avaient accompli tout ce travail, et un grand bonheur paisible s'était installé sur le pays.

15

Le vent s'était assoupi. Sa marche était plus lente, avec des pauses, des hésitations, des petits moments de récréation sous un arbre ou entre deux murs. Il devait mettre longtemps pour arriver jusqu'ici, depuis le fin fond de la plaine.

De son lit, Jacques l'écoutait. Rentré vers minuit, il s'était couché à la lueur d'une torche électrique que Désiré lui avait prêtée en disant :

— Tu sais qu'il n'y a plus de lumière. L'E.D.F. est venue couper. On aurait dû les prévenir pour qu'ils te redonnent le courant.

Jacques s'était allongé tout habillé et, fenêtre grande ouverte sur le jardin, c'était davantage avec le vent qu'avec les bruits de la maison qu'il vivait.

Du ciel chargé de la journée, il ne restait que quelques nuages maigres. Lorsqu'il en passait un devant la lune, la clarté qui baignait le feuillage du tilleul diminuait à peine.

Tout de suite après s'être couché, peut-être à cause du vin, Jacques avait sommolé quelques minutes. Mais, à présent, c'était le vin qui le réveillait. Il entendait son père disant :

« C'est le roi des vins, mais je n'en bois jamais le soir, il me tiendrait debout toute la nuit. »

Jacques se contraignit à rester allongé un moment, regardant le jeu de la lumière froide dans les feuilles, puis, n'y tenant plus, il se leva, enfila ses chaussures et descendit.

Bien que la porte fût restée ouverte, le chien n'était pas entré. Il dormait sur la dalle du seuil et Jacques l'enjamba sans le réveiller.

Le vent apportait des bouffées de fraîcheur, mais le fond de l'air restait tiède. Jacques marcha jusqu'à la murette et c'est seulement lorsqu'il y parvint que le chien, qui avait dû être touché par son odeur, se leva et le rejoignit.

— Tu es un fameux gardien, dit Jacques.

Le chien se dressa, monta sur la murette et s'assit à côté de lui.

De la plaine où les lampes des villages brillaient comme des étoiles tombées dans des creux d'ombre, le souffle de la rivière montait, mêlé à la respiration du vent. De loin en loin, un éclat de lune marquait le cours de la Guivre.

Jacques savait qu'il ne parviendrait pas à trouver le sommeil. Il caressa le chien et il dit :

— Si on y voyait assez, je continuerais de nettoyer, mais tout de même, je risquerais de couper des choses qu'il faut laisser.

Alors, comme si l'heure eût été vraiment à la promenade, tout naturellement, il sortit en disant :

— Viens, on va jeter un coup d'œil sur le plateau.

Il traversa le village où seules les lampes des rues étaient encore allumées. Il allait d'un bon pas, du pas d'un homme qui sait où il va et qui est certain de s'avancer en direction de la joie. Le vent arrivait dans son dos, à peine plus rapide que lui, mais plus irrégulier d'allure et moins assuré de son chemin. Ce devait être un vent que ce mauvais printemps dont tout le monde se plaignait n'avait pas eu loisir de mener à son terme. Il avait la légèreté et l'insouciance des vents de demi-saison, et ce retard sur le calendrier ne le faisait pas presser l'allure. Il était de la même race et du même caractère que ces chiens qui ne savent pas aller sans s'arrêter tous les dix pas pour flairer un buisson et en faire trois fois le tour. Jacques lui coupa un peu la route par le travers lorsqu'il emprunta, au sortir du village, la vieille sente qui contourne le Puy Roussot par le haut et mène directement au bois de sapins. Là, le vent s'amusait moins. Pris entre les versants, il grognait en s'enfilant sous les résineux où la lune semait des papillons de lumière d'autant plus clairs que la masse des arbres était plus sombre.

Le chemin entamait à peine la corne du bois pour s'y adosser et monter droit sur le plateau. Jacques traversa cette zone d'ombre et, dès qu'il eut dépassé le dernier arbre, il déboucha sur le replat. La lune éclairait ce quadrillage d'embouches séparées l'une de l'autre par des murettes de pierre sèche. Quelques buissons, quelques arbres, une haie çà et là, c'était tout ce que le vent trouvait sur son passage. Alors, moins distrait, il filait un train plus régulier et s'en allait vers ce monde lointain de rochers et de forêts qui se confondait avec le bas du ciel où la lumière était plus cendrée.

Jacques s'arrêta. Il avait pris le chemin qui était l'une des promenades favorites de son père lorsque la saison lui laissait quelques loisirs. Le père disait toujours : « Le plateau, c'est pour l'hiver. Pour se dérouiller les jambes, pour se décrasser les poumons et le cerveau. »

On était loin de l'hiver, mais, avec la lune, il y avait sur cette terre presque nue, quelque chose de dur qui rappelait la saison morte.

Le chien avait retrouvé toute sa vigueur et s'en allait quêter jusque sous les ronciers.

Coupant à travers une large pâture, Jacques fila droit vers la crête. L'image lui revint aussitôt de son père marchant là, dans la neige fraîche, sous un ciel de suie, alors que la bise grinçait en s'accrochant aux épines noires et aux barbelés. Il y avait très longtemps de cela, mais l'image lui était restée de cet homme sombre avançant devant lui pour faire la trace. C'était son père qui lui avait appris à couper droit pour atteindre l'arête à l'endroit précis où, échancrée sur quelques mètres, la forêt laisse accès à une roche en promontoire. « C'est de là qu'on voit le mieux le village, disait le père. Et j'ai remarqué que c'est le seul endroit d'où je puisse découvrir toutes mes terres en étant sur l'une d'elles. »

En effet, le rocher faisait partie d'un bois qui dégringolait le versant et qui appartenait aux Fortier depuis plusieurs générations. De là, on dominait les vignes, et, lorsqu'on se tournait en direction du plateau, on avait devant soi deux parcelles en équerre qui avaient toujours fourni le fourrage pour le cheval. Jacques les regarda. Elles étaient propres parce qu'il avait donné aux Mercier la premission d'y amener leurs bêtes. Plusieurs fois, il fit un tour complet sur lui-même, en se donnant le temps de tout examiner. Il retrouvait sa terre. Il en avait conscience, et, debout dans le vent et la lumière dure de la lune, il se sentait fort et lucide comme il ne l'avait jamais été. Aujourd'hui, il était devenu un autre homme. Ou, plus exactement, il avait laissé faire surface à l'homme qu'il était et qu'il s'était acharné à museler. Enfant, il avait appris la terre avec son père dont les gens du pays disaient qu'il était fou parce qu'il respectait la vie, mais dont ils s'accordaient à louer le savoir. Ce que d'autres détenaient d'instinct ou par tradition sans jamais chercher à l'analyser, le père de Jacques l'avait approfondi. Il avait su mener de front sa découverte naturelle de la terre et ce que les livres pouvaient y ajouter. Pour beaucoup, il était l'homme qui pouvait bien faire ses vignes et qui savait également, bien mieux que personne, se débrouiller avec la paperasse.

Cet homme-là, Jacques ne l'avait pas toujours compris. Il l'avait aimé et admiré parce qu'il était son père et qu'il le voyait parfois plus grand que les autres, puis, un jour, il s'était dressé face à lui et il l'avait perdu. Ici, il le retrouvait. Fixant son ombre sur le rocher, il crut un instant y voir se dessiner l'ombre de son père. Il était grand et large comme lui, un peu moins sec peut-être, mais avec ce cou trop long et ce nez en bec d'aigle dont le père disait en riant qu'il était le signe que les Fortier avaient une excellente vue.

Jacques s'approcha du bord, et son ombre se cassa pour disparaître dans le vide. Regardant loin devant lui, il se sentit envahi de vertige face à cet espace infini où la terre et le ciel se mêlaient, puis son regard plongea pour s'enterrer au creux obscur de la reculée.

Il s'éloigna du vide. Il chercha le long de la murette un coin abrité et se coucha sur le côté, le dos contre les pierres. Un coude en terre et la joue au creux de la main, il laissa son regard filer au ras du sol jusqu'à ce point de l'horizon où les cendres de lune étaient un gros reptile tout palpitant de vie, allongé à la limite de la terre et du ciel.

A présent que la marche et l'air de la nuit avaient jeté un peu de fraîcheur sur le feu du vin jaune, il sentait sa joie se troubler.

Avait-il encore le droit d'être heureux?

Suffisait-il de décider qu'il reviendrait à cette terre pour que lui soit acquis le droit au bonheur?

Ce mot réveillait invariablement en lui la voix de son père : « Petit, tu comprendras un jour qu'il faut souvent aller contre la sottise des gens dont on veut le bonheur. Car il n'y a de bonheur possible que dans la paix. Et pour leur faire comprendre ça, c'est un sacré travail! »

Avec son père, il avait plusieurs fois rendu visite à un nommé Pablo. Un réfugié espagnol qui vivait solitaire avec un vieux cheval dans une maison des Brulis, à l'écart du village. C'était le seul homme avec qui le père pût parler de la guerre sans que naisse une dispute. C'est que la guerre avait tout pris à Pablo. La maison des Brulis, Jacques l'avait aperçue en montant. Elle était noyée sous la verdure. Abandonnée depuis la mort de cet homme qui haïssait la guerre et que personne, excepté le père de Jacques, n'avait réellement compris.

Avec l'Espagnol, le père parlait des gens qu'il admirait le plus. Il lui apportait des ouvrages de Romain Rolland ou des textes sur Gandhi. Il lui donnait aussi des journaux et des prospectus qu'il recevait d'un petit homme qui s'appelait Louis Lecoin et dont il parlait avec une espèce de vénération, rappelant toujours que le vieux Louis avait passé la moitié de sa vie en prison uniquement parce qu'il était pacifiste. C'était pour le père un motif de colère. Ces années de prison totalisées par Lecoin démontraient que les gouvernants étaient pourris et que la politique des partis n'était qu'une vaste foire d'empoigne. Le père distribuait les tracts de Lecoin aux gens du village qui devaient les déchirer sans les lire. Il avait expliqué à Jacques que tout cela n'était pas de la politique, mais un combat pour la paix du monde et le bonheur des hommes. Comme le vieux Louis, le père se plaçait bien au-dessus de ces partis où il ne voyait que corruption. Un jour, le père avait même pris le train pour Paris. Il avait rendu visite à cet homme et il en était revenu avec davantage d'admiration encore. C'était un voyage qui avait éclairé sa vie. Il n'avait vu de Paris que la gare de Lyon, le métro, une rue triste avec la façade d'un grand hôpital, et un immeuble gris où Lecoin occupait trois pièces du quatrième étage. Il évoquait ce moment avec une grande émotion que Jacques retrouvait aujourd'hui en découvrant enfin ce qu'avait pu être la douleur du père, sa déception après tant de luttes.

Suffisait-il de reprendre les terres pour mériter

le pardon de celui qui s'était battu pour la paix?

Jacques demeura longtemps arrêté par cette idée qui le torturait. Puis il en vint à imaginer sa propre peine. Parce qu'il avait honte de la joie qui l'avait traversé, il se jura de n'accepter que les satisfactions qui lui seraient accordées par son travail. Il saurait se faire payer très cher le droit à la joie. Son pardon, il ne pouvait l'obtenir qu'à coups de pioche. Et, dans la brume qui précède le sommeil, il se vit minuscule, luttant seul contre l'envahissement de ronces plus grosses que des lianes et plus hautes que des arbres. Il se vit regagnant sa terre pied à pied, et jetant dans ce combat tout ce qu'il pourrait trouver en lui de force et d'amour.

16

Lorsque la fraîcheur tira Jacques de son sommeil, l'aube n'était pas loin. Les étoiles scintillaient encore, mais le bas du ciel pâlissait, découpant dans un gris délavé la silhouette des buissons.

Un instant, Jacques demeura allongé sans bouger, cherchant ses camarades.

Personne! Les copains l'avaient laissé tomber en plein djebel. Il allait crever là, comme une bête. Il allait être pris et torturé.

Il y eut, en lui, un élancement de peur. Mais, en même temps qu'il reconnaissait le chien couché à deux pas, il retrouva sa terre et le spectre des djebels s'évanouit.

Tout le pays rentra en lui, ce lopin de plateau qu'il découvrait là et le reste, tout le reste retrouvé la veille et qui avait dormi au fond de son sommeil.

Il se leva en s'étirant. La bonne tiédeur qui était restée sous ses vêtements s'en alla, et un frisson le parcourut des reins à la nuque. Il fit quelques mouvements désordonnés et sautilla un peu pour faire circuler son sang.

Sous le ciel sans nuages, la brume légère qui dormait sur le plateau était déjà imprégnée de clarté. Jacques sentit qu'il abordait une journée de joie. Elle venait vers lui. Derrière cette ligne floue de l'horizon fait d'une vapeur qui mêlait des restes de nuit au matin naissant, elle était encore loin et déjà là, pourtant. Avant de se montrer vraiment à la terre, elle mettait en lui une bonne chaleur qui le remuait tout entier.

Il sentait dans tout son corps une espèce de bouillonnement qui le poussait comme l'avait poussé le vent du soir. Cette force étrange semblait suinter à la fois du sol et du ciel.

Il respira l'air froid et résista au désir violent de courir sur le plateau à la rencontre de la lumière.

Il devait reprendre le chemin du village, et il le fit, en se forçant à mesurer son pas, en cherchant à accorder sa démarche à ce calme fait de lumière à naître et du chant des oiseaux dans les sapins.

Il marcha vers le bois, coupant à travers prés, empruntant d'instinct le chemin que son père lui faisait prendre au retour des promenades.

Lorsqu'il eut atteint la lisière noyée d'ombre, il la suivit à la recherche d'un passage. Les ronces et les clématites avaient poussé, envahissant une bande de terre qui marquait la frontière entre une embouche et les premiers arbres. Il découvrit un endroit où la broussaille était moins haute. Il enjamba, puis descendit sur le tapis d'aiguilles glissantes. Le chien dévala devant lui. Il le rejoignit dans un chemin de coupes, dix mètres plus bas.

Ici, c'était encore la nuit, avec seulement, de loin en loin, une pâle trouée d'eau trouble.

Le chemin rejoignait celui qu'ils avaient emprunté pour venir, ils le suivirent jusqu'au village. Là, c'était l'odeur tiède des étables. C'était déjà la vie des hommes et des bêtes qui sont leur bien. Un autre monde, en quelque sorte, mais qui lui parut chargé de promesses et plus chaud, plus amical que la veille, à la même heure, lorsqu'il était arrivé.

Aujourd'hui, il n'atteignait pas le village en marchant à la rencontre du soleil, il venait de l'est. Il était le messager du jour. Il allait devant la lumière dont il avait guetté le premier signe sur ce plateau qu'elle doit traverser avant d'aborder aux rives habitées par les hommes.

Il pensait à cela, et il lui semblait que c'était important. Des cent cinquante âmes vivant là, il avait été le premier debout, probablement, et, en tout cas, le premier à savoir que le jour allait se montrer.

Dès qu'il commença d'apercevoir l'estuaire de la reculée, il comprit que ce matin serait de ceux que son père aimait tant et dont il parlait toujours avec émotion. La reculée était pleine à ras bord. Une nappe très dense prolongeait la terre à hauteur du village, et Jacques savait qu'au moment précis où le soleil sortirait, un coup de vent filerait au ras du plateau pour plonger de sa rive rocheuse dans cette mer de brouillard. Il marcha plus vite pour être chez lui au moment du spectacle. Il entendait son père : « Faut être là au bon moment. Ça ne dure pas longtemps! »

Et il y fut.

Il venait à peine d'atteindre la murette du jardin lorsque tout commença. Il se dit que le soleil l'avait attendu.

Debout sur les pierres, il éprouvait le sentiment d'ordonner le spectacle parce qu'il pouvait prévoir, seconde après seconde, ce qui allait se passer.

D'abord le ciel soudain embrasé. Une immense lueur d'or. Et puis le vent. Un murmure à peine perceptible qui grandit, devient régulier, approche, s'égratigne aux toitures et atteint enfin la rive. Alors, le plongeon. Mille bras fous dans un pétrin. Les vagues et les remous se bousculent, et tout ce qui monte plus haut que le bord prend feu.

Mais il y a un mouvement dominant. Le lac de brouillard qui dormait jusque-là, comme retenu à l'embouchure de la reculée par un barrage invisible, a rompu les digues. Lentement, irrésistiblement, il se met à couler. Il devient fleuve et s'étale sur la plaine. Déjà Maléria est submergé. Le clocher émerge un moment, se cache, réapparaît pour être enfin recouvert par une lame plus haute que les autres. Et le flot blanc à peine bleuté gagne du terrain. Le niveau baisse dans la reculée, découvrant les rochers dorés, les bois luisants pareils à des algues. Vers la plaine, tout disparaît, tout s'efface, et la brume rejoint celle que la nuit a fait monter des terres basses, là-bas, en direction de la Saône.

Ce qui se déroule sous ses yeux, Jacques l'a vu souvent, autrefois, lorsque son père le tirait du lit pour l'emmener à la vigne, mais, ce matin, il regarde avec une telle intensité qu'il lui semble que jamais encore cette reculée n'a eu un réveil aussi noble. Sa respiration a une telle puissance, qu'on pourrait croire qu'elle est vraiment un personnage encore engourdi de sommeil mais qui va se lever pour dominer le reste du monde.

Dans cet affaissement du roc, quelque chose de mystérieux décide d'un mouvement de la brume, de la lumière, de l'ombre, du vent qui fait que tout un vaste univers se métamorphose, que la terre change de visage sur des centaines de kilomètres carrés, que toute la Bresse disparaît, que la vallée de la Saône déborde de nuages gris pour que la reculée se réveille et offre au soleil ses falaises, ses forêts, ses prés, ses vignobles, ses villages et cette rivière minuscule dont on perçoit à peine le souffle ténu.

Jacques n'a pas bougé. Est-ce qu'il continue de respirer? Est-ce que son cœur bat toujours? Paralysé par ce moment qu'il voudrait arrêter pour le contempler encore, il ne pense pas. Il *est* ce moment, et il est en même temps que les milliers, les millions d'aubes semblables que des générations d'hommes ont vécues ici.

Il ne pense pas, mais il est habité de tout un

essaim de souvenirs qui s'étaient cristallisés dans sa mémoire sensible et que vient de réveiller cette aube de son pays.

Alors, seulement, il comprend que tout peut encore être tenté et que ce matin venu là pour lui seul, chargé du souvenir à la fois amer et doux des années mortes, va déboucher sur un jour qui sera le début d'une autre vie.

17

La maison avait besoin d'un bon nettoyage, mais Jacques se dit qu'il le ferait un jour de pluie. En réalité, et sans qu'il voulût se l'avouer vraiment, il avait un peu peur des souvenirs. Ce passé qu'il avait tenté d'oublier, qu'il avait renié en partant et si souvent repoussé lorsqu'il venait le harceler dans sa solitude des nuits de garde, aujourd'hui, il le redoutait. Et ce passé dormait dans cette maison où sa mère était morte en son absence.

La terre aussi, se souvient. Elle est ce que l'ont faite les saisons et les hommes qui l'ont travaillée, mais les années récentes s'y trouvent mêlées à l'empreinte des siècles lointains et ce mariage donne une seule force, une seule saveur. Et puis, c'était aussi la maison que Jacques voulait protéger en continuant de nettoyer le jardin et la terrasse. Une année encore, et les ronciers atteindraient la toiture, le lierre se glisserait sous les tuiles et les laves. En regardant le toit, il constata que les chéneaux étaient pleins de feuilles et de mousse. L'herbe poussait dans les gouttières. Une branche du tilleul avait cassé des tuiles. Il faudrait les remplacer et élaguer l'arbre. C'était une chose que le père surveillait constamment. Après sa mort, la mère avait continué, mais elle ne trouvait pas toujours des hommes pour ce genre de besogne.

Jacques décida d'en finir avec la cour, le jardin et la terrasse. Travaillant là, il jouirait de cette journée, il la suivrait pas à pas et retrouverait mieux que dans la maison cette présence de la terre dont il savait qu'elle était l'essentiel.

Il restait à débroussailler, et il reprit ses outils. Ici, on avait toujours fait les légumes pour la famille et pour l'ouvrier, du temps qu'il y en avait un à demeure. Et ses parents n'avaient jamais fumé ce terreau qu'avec des produits naturels. Il ferait comme eux. Tout ce qui pousse peut être engrais, il suffit de donner aux tiges le temps de pourrir. Le temps, il le prendrait. Il décida de transporter ce qu'il arrachait ou coupait dans la première des fosses à fumier qui se trouvaient au pied du mur de clôture. Il fallait donc commencer par la dégager et il s'y employa. En une heure, il s'était ouvert un chemin et avait nettoyé les alentours des deux fosses. Comme elles étaient à moitié pleines, il entreprit de vider la première en lançant dans l'autre ce qu'elle contenait encore. A la fourche, puis à la pelle, il besognait, s'arrêtant de temps à autre pour s'éponger le front et regarder le ciel que la chaleur faisait vibrer comme une tôle mince et luisante. De l'humus remué, montait une fraîcheur qui sentait fort la fermentation. Même cette pourriture racontait la vie. Les couches successives témoignaient des saisons et des travaux. Tout avait pris une couleur sombre, d'un brun presque noir, mais, malgré cela, chaque élément était reconnaissable. Le fumier du cheval avec la paille de blé dont chaque brindille se dessinait au moment où la fourche détachait les blocs luisants, le marc de raisin plus rouge où les grappes restaient visibles, de la sciure de bois, du crin de cheval et de la cornaille; des cendres en traînées grises, grasses comme de la glaise mais piquetées de charbons noirs. Il y avait de tout parce que le père savait que rien ne doit être perdu et que plus on mélange, plus on a de chances de donner au sol une nourriture riche et équilibrée. A mesure qu'il découvrait, Jacques voyait se dérouler les images des années dont la marque ne s'était pas effacée. Les vendanges, le pressoir, l'alambic, le cheval dans l'écurie, la mère apportant ici tous ses déchets putrescibles et le père arrosant la fosse par temps de sécheresse pour que le travail secret des ferments ne soit jamais interrompu.

Les vers de terre grouillaient par grappes, les mille-pattes remontaient le long des parois de ciment, des salamandres noires tachetées de soufre montraient leur ventre orangé et Jacques entendait son père crier à un valet : « Ne tue pas ça! Ne tue rien. C'est ce qui fait l'équilibre. La terre est vivante, laisse-la vivre, nom de Dieu! »

Alors, Jacques les prenait sur sa pelle et les lançait dans l'autre fosse en disant à son tour :

— Cette terre est vivante. Peut-être la plus vivante du pays parce que personne n'y a semé de pesticides, personne ne l'a empoisonnée.

Il se promit de rechercher les livres que son père avait achetés et qui traitaient de ces problèmes. Il ne les avait jamais lus, il avait même ri de voir son père s'attacher à ces questions qui lui semblaient alors dérisoires. Aujourd'hui, il savait que son père avait vu juste : « Un jour, le monde sera un désert. Les terres pas plus vivantes que le goudron des routes, et on ne saura quoi faire pour leur redonner vie. »

Il se souvenait de ses camarades d'école qui lui disaient que son père était un vieux fou d'aller faucher les orties au bord des chemins pour les ramener dans son jardin. Il avait ri avec les autres, parce que ça faisait bien d'être contre les vieux qui veulent toujours vivre avec un siècle de retard. Et pourtant, il avait appris depuis que le ferment d'orties est ce qui fait le meilleur compost.

— Pauvre vieux, murmura-t-il, s'il était là ce

matin, il n'aurait pas besoin d'aller au bord des routes, les orties sont venues toutes seules dans son jardin.

Il y en avait par touffes et tout le long des murs. Jacques en avait déjà fauché, et il faucherait le reste qu'il répartirait par couches pour faire pourrir ce qu'il allait entasser dans la fosse.

Vers les neuf heures, il s'arrêta et s'assit sur la murette pour casser la croûte. Il avait de la charcuterie et un morceau de pain que Désiré lui avait donnés la veille, et il avait du vin mis en bouteilles par son père. Il ne s'était pas attardé à la cave. Elle faisait partie de la maison dont elle était probablement le cœur. Il savait que le jour où il en ouvrirait la grande porte donnant sur la grange, ce serait pour y descendre sa première vendange, et il pensa qu'à ce moment-là, peut-être, son père lui pardonnerait. Mais il restait beaucoup à faire. Bien qu'il eût la volonté de s'accrocher au moment présent et de vivre cette journée avec tout ce qu'elle pouvait lui apporter de réconfort, il savait qu'il aurait encore à attendre. Au terme de ce congé, il devrait reprendre sa valise et aller au bout du chemin où il s'était avancé volontairement. Cette pensée était en lui, mais assez calme, pour le moment, à cause de son travail et de cette détente qu'il s'accordait en contemplant l'immensité de la plaine où la chaleur du jour avait dispersé le brouillard. Les transpirations blanches de la nuit avaient fait place à la brume de chaleur qui miroitait sous la lumière crue. Au pied des coteaux, les villages et les routes vivaient, avec leurs bruits de moteurs et les éclairs de nickel des voitures. Mais tout cela n'était présent que pour lui rappeler qu'il se trouvait au sommet du roc, en un lieu privilégié où il était encore permis d'échapper à ce que l'époque avait de trop agressif.

Il venait de reprendre son travail lorsque Désiré arriva :

— Oh là! fit-il, tu n'y vas pas de main morte! Ça fait plaisir à regarder.

Jacques marcha à sa rencontre.

— Si j'avais le temps de retourner tout ça, dit-il, l'été ferait un peu crever les mauvaises racines, et la terre serait moins sale à mon retour.

— C'est humide, avec un gros motoculteur, tu en viendrais à bout dans ta journée.

Jacques hésita, puis il dit :

— Le motoculteur, ça n'aurait pas tellement fait plaisir à mon père.

— Je sais, mais tu n'as pas de cheval, et si tu veux travailler, tu seras bien obligé d'y venir. Aujourd'hui, pour trouver des bras, c'est fini. Et quand on sait s'en servir, un motoculteur n'a jamais abîmé la terre. Si tu n'avais à travailler que ce jardin, je ne dis pas, mais quand tu attaqueras les vignes...

Jacques ne répondit pas. Il savait que Désiré avait raison, mais son propos venait malgré tout de faire passer une ombre sur ce qu'il avait commencé de retrouver là. Le cafetier dut le comprendre, car il dit :

— Tu devrais aller voir Pierre Mignot. Il fait la culture biologique. Il a des résultats. Et il dit que c'est ton père qui lui a mis ça en tête. N'empêche qu'il est bien obligé de faire avec des machines... Tiens, lui, il te prêterait certainement son motoculteur.

Désiré fit avec lui le tour du jardin. Au bord du vide, il s'arrêta et dit :

— Tu vois, entre les autres paysans et ton père, la différence, c'était pas seulement dans le mode de culture, dans le respect de la vie et l'instruction, c'était aussi dans la manière de regarder le monde. Il était comme sa maison, il n'avait qu'un œil sur le village. Certains disaient même qu'il vivait le dos tourné. Et c'était un peu vrai. Seulement, lui, il savait regarder vers le large et vers la reculée. Et je crois bien qu'il était le seul. Au fond, c'est bien vrai que ton père n'était pas un homme comme les autres... Et c'est bien vrai aussi qu'il n'était pas toujours facile à suivre.

Après le départ du cafetier, Jacques reprit son travail. Il allait comme une brute, il attaquait les herbes avec une espèce de colère qui décuplait ses forces. La douleur même qui, par moments, lui enserrait les reins et les épaules, la brûlure de ses mains, la sueur de ses yeux, les éraflures des épines, tout le poussait de l'avant. Dès qu'il était tenté de s'arrêter, il se répétait des passages des lettres de sa mère. Alors, le visage de son père apparaissait, creusé par la fatigue, marqué par cette volonté qui l'avait habité toute sa vie, le poussant à mener droit son chemin sans jamais s'accorder la moindre trêve. Les souvenirs revenaient. Des détails oubliés de ces luttes qu'il n'avait pas toujours comprises mais dont le sens, aujourd'hui, lui apparaissait sans aucune ambiguïté. Par-delà ce labeur acharné, c'était toute une conception de l'homme et de sa dignité que représentait ce vigneron dur et intransigeant.

Vers la fin de la matinée, tout le jardin était débarrassé. Jacques finissait de transporter à lourdes fourchées ce qu'il avait coupé, lorsqu'il entendit grincer la porte de la grange. Pierre Mignot était là, poussant un gros motoculteur rouge et blanc. Jacques s'avança. Ils se serrèrent la main. Il y eut un silence avec un échange de regards où passait beaucoup d'amitié grave. Désiré avait dû expliquer à Pierre ce qui s'était passé. Pierre montra le jardin et dit :

— C'est bête d'avoir fait à la main, cet engin peut aussi débroussailler.

— Ça ne fait rien. Ça m'a fait du bien.

— C'est possible.

Ils se regardèrent encore, puis Pierre dit :

— Désiré est venu parce qu'il avait peur que je te reçoive mal... Au fond, il avait peut-être raison.

Il marqua un temps. Jacques sentit que ce que

108

Pierre avait à dire n'était pas facile. Il allait parler pour essayer de l'aider, mais Pierre l'en empêcha d'un geste et reprit :

— Tu sais, ton père, c'était quelqu'un. Je l'ai toujours admiré. Et au fond, c'est lui qui m'a appris l'essentiel de ce que je sais.

Ils avaient marché en parlant, et Mignot s'arrêta devant la première des fosses qui débordait d'herbes coupées.

— Je vois que tu as compris. Si ton père voyait ça, je crois qu'il serait content.

Arrivés à la murette, ils regardèrent la plaine, puis les coteaux à leurs pieds et Mignot parla du travail. Il n'avait que huit ans de plus que Jacques, mais il avait passé toute sa vie à la terre, et c'était important. Il ne l'avait quittée que pour son service militaire. Lorsqu'il évoqua ce temps, il marqua une pause et Jacques sentit que, là encore, son camarade se trouvait gêné.

— Tu peux y aller, lui dit-il, sur ce plan-là aussi, j'ai compris.

Mignot soupira profondément et dit :

— D'autres ont fait pire que toi. Mais moi, quand je suis parti, ton père m'a dit : « Essaie de te salir le moins possible. » Et je me souviens qu'il a rigolé en disant : « Mais si tu revenais avec le moindre bout de galon, c'est que tu aurais accepté le système, et tu remettrais pas les pieds sur mon paillasson. » C'était façon de parler. Les paillassons, ici...

Il essayait de plaisanter, mais il dut sentir à quel point Jacques était torturé, car il redevint grave et, posant sa main sur son épaule, il dit :

— Je peux presque prétendre que je l'ai connu mieux que toi. Question d'âge. Alors, il y a une chose que je peux te dire : au fond, il est certainement mort en pensant à toi. En pensant que tu finirais par comprendre. Par revenir. Et parce que c'était un homme plus intelligent que la plupart

109

des autres, il a dû se dire que tu souffrirais... Je sais pas si tu me comprends bien... Pour toi, c'est sûrement terrible, ces deux vieux qui sont partis comme ça, mais tu comprends, ce qui compte...

Il s'arrêta. L'émotion le tenait, et il n'avait pas l'habitude des discours. Il essaya encore de s'excuser en disant qu'il n'était qu'un paysan maladroit, mais qu'il avait cru comprendre bien des choses.

Jacques l'interrompit. Lui aussi sentait l'émotion le gagner. Il regarda Pierre et il dit simplement :

— Je suis content que tu sois venu, tu sais... Je suis content.

Il y eut un long moment de ce silence tout vibrant des mille cris de la terre et du village. Les arbres bourdonnaient d'insectes. Tout était vie en ce milieu du jour où l'on sentait la belle saison s'avancer dans toute sa plénitude.

Ils écoutèrent ensemble, puis Pierre se remit à parler des terres. Et il en revint très vite au Puy Roussot et à ces vignes des Fortier dont certaines jouxtaient les siennes.

— Ça me faisait de la peine de les voir comme ça, mais je préférais encore les sentir en friche plutôt que de les voir tomber entre les mains de gens qui allaient y foutre du chimique en veux-tu en voilà. Quand on fait ce genre de culture, il suffit que les voisins poussent sur les traitements, et on est emmerdé.

Il se mit à rire en ajoutant :

— Aujourd'hui, c'est moi que les autres traitent de cinglé. Et je n'ai pas autant de poids que ton père. Mais je m'en fous (son visage s'éclaira). Depuis quelques années, je recommence à voir des coccinelles dans mes vignes. Et, dans les champs, un tas d'insectes qui avaient disparu.

Il se tut, regarda encore les parcelles qui s'étalaient à leurs pieds, puis se tournant de nouveau vers Jacques, lentement, avec gravité, il dit :

— Mais si tu reprends les terres, on sera deux.

110

On pourra s'aider. Et moralement, on sera bien plus forts.

— Je les reprendrai, dit Jacques.

Pierre Mignot était plus petit que lui, large et épais, brun de poil, la peau hâlée et l'œil noir. Une moustache mince ourlait sa lèvre lourde. Un pied sur la murette, il avait posé sa main droite sur son genou, doigts écartés. Jacques regarda cette main. Elle était trapue, musclée et velue jusque sur les phalanges. Des veines saillantes soulevaient la peau griffée par endroits. On voyait battre le sang.

Jacques hésita un moment avant de présenter ses paumes ouvertes en disant :

— Regarde.

— Vingt dieux, dit Pierre, te voilà arrangé!

Des ampoules avaient claqué, la chair était à vif et, en plusieurs endroits, le sang se mit à couler lorsque Jacques étendit les doigts.

— Ça peut te paraître ridicule, dit-il, mais tu peux pas savoir comme je suis heureux. J'ai laissé tomber la terre, alors elle se venge. Elle veut m'éprouver. Elle a raison.

Ils revinrent près de la maison et Mignot mit en marche son motoculteur pour montrer à Jacques comment il devait procéder.

— Dommage que j'aie du foin à retourner tantôt, sinon, je serais venu te donner la main.

— Non, il faut que je le fasse seul. C'est important.

— Peut-être, dit Pierre.

Ils parlèrent encore du chien que Mignot avait vu plusieurs fois avant l'arrivée de Jacques, puis ils sortirent. En montant chez Jaillet, Jacques fit un détour pour accompagner Pierre. Avant de le quitter, il demanda :

— Tu penses avoir fini à quelle heure, avec ton foin?

— Vers les cinq heures.

— Et après?

— Tu as réfléchi? Tu veux un coup de main?

— Non, mais si tu avais un moment, j'aimerais faire le tour des terres avec toi. Les limites, tu les connais mieux que moi.

Mignot eut un bon sourire. Jacques sentit que sa demande le touchait infiniment.

— Pour des choses de cette importance, dit Pierre, un moment, on s'arrange toujours pour le trouver, et c'est jamais du temps perdu.

18

Midi avait dévoré la moitié de la plaine. On distinguait à peine les ruines du château d'Arlay; puis tout se brouillait, le bas du ciel collait aux terres lointaines.

Désiré avait dû parler des projets de Jacques au cantonnier, car tout le monde le regardait d'un autre œil. Les saluts étaient plus francs, avec des sourires qui signifiaient que tout allait bien. Jacques comprit que si les gens du village s'étaient souvent trouvés en désaccord avec son père, paysans avant tout, ils avaient dû partager sa détresse le jour où il avait vu son garçon abandonner la terre.

Il entra chez Jaillet par la cuisine où Désiré avait suspendu le store de perles.

— C'est le signe que l'été est là, dit Jacques.

— Oui, je n'ai pas voulu le mettre plus tôt. J'attendais que le beau temps soit bien accroché.

Il y avait partout un petit air de gaieté, et Jacques pensa que c'était peut-être lui qui le transportait à la semelle de ses souliers. Il alla flairer au-dessus des casseroles.

— Te voilà bien curieux, dit Yvonne. Est-ce que tu as faim, au moins?

— A dévorer la baraque.

— Tant mieux.

— Et mon chien aussi.

— Il y a trois litres de soupe pour lui. Et c'est pas de la flotte, tu peux me croire!

Désiré posa sous l'évier une grande gamelle émaillée. Le chien se mit à manger. Jacques traversa l'épicerie pour gagner la salle de café. Les ouvriers n'étaient pas encore là, mais l'ancien chef de gare et l'Auguste Petetin se chamaillaient déjà. Jacques s'arrêta avant d'entrer, pour le plaisir de les écouter.

— Si le soleil tient, disait l'Auguste, dans trois jours il y a des jaunottes.

— C'est trop mouillé.

— Pas sous les bois.

— Allez donc y voir.

— Justement, j'y suis allé ce matin.

— Moi, je vous dis que c'est trop froid.

— Pas sous les bois.

— Il a trop plu.

— Il a plu, d'accord, mais c'était pas de la pluie.

— Je sais pas ce qu'il vous faut!

— Non, pas de la pluie à mouiller. Des averses, mais pas de la pluie.

— Allez voir dans les terres.

— Dans les terres à plat, peut-être, mais pas sous les bois, surtout dans les pentes... Il paraît qu'elles valaient un prix fou, ce matin, au marché de Lons.

— Quoi donc?

— Les jaunottes, je vous dis! De quoi parlons-nous?

— Elles venaient sûrement d'Italie.

— Qu'est-ce que vous en savez?

Le ton montait. Un étranger eût pu croire que les deux hommes allaient en venir aux mains, mais Jacques savait qu'il en était ainsi de leur amitié depuis des années. Un pareil dialogue pouvait se prolonger jusqu'à la fin du repas, bondissant d'un sujet à l'autre et toujours agressif ou entrecoupé de petits rires narquois. Jacques eût aimé les écouter encore sans se montrer. Il lui semblait soudain que c'était là un des visages de cette vie du village où le moindre petit fait prenait l'importance d'un événement, parce qu'il en fallait très peu pour qu'une minute fît saillie sur la monotonie des jours. C'était cela, la paix. Cette paix qu'il avait oubliée; cette paix dont il avait souhaité s'éloigner parce qu'elle lui paraissait sans relief. Un moment, le mystère de la ville l'avait fasciné et c'est ce que son père n'avait pas admis. C'est que le père connaissait le vide que dissimule le spectacle superficiel des grandes cités. Aujourd'hui, non seulement Jacques avait connu les villes, mais aussi la guerre. Il savait le prix d'une minute de paix. Il savait le prix de chacun de ces éléments insignifiants en apparence et qui constituent l'existence d'un village comme le sien.

La porte de l'épicerie s'ouvrit et, sans se retourner pour voir qui arrivait, Jacques entra dans la salle de café. Aussitôt, la conversation s'arrêta et les deux hommes l'accueillirent avec des exclamations.

— Ah! le voilà bien!

— Tu as tout de même posé la faux.

— Il paraît que tu t'y es mis sérieusement.

— Est-ce que tu sais encore faire?

Jacques n'osa pas leur montrer ses mains. Ce n'était pas la peur de les entendre rire qui le retenait, mais une espèce de pudeur. Avec Pierre, il avait eu cet élan spontané parce qu'il l'avait entendu parler de son père, des terres, de tout ce qui pouvait le porter vers lui. Il avait éprouvé une certaine fierté et un certain bonheur à lui montrer ces meurtrissures de l'outil, un peu comme s'il eût partagé avec lui ce qu'il possédait de plus précieux. Car c'était précieux! La brûlure était là, bien présente, sans cesse entretenue par le moindre geste tirant sur la peau. Le seul fait d'échanger une poignée de main avec les deux vieux l'avait obligé à serrer les dents pour ne pas grimacer. C'était là, et c'était une source de joie. Chaque fois que la douleur poussait plus profond sa lame acérée, Jacques pensait à ses parents et à toute cette terre qu'il avait à sauver.

Le repas en compagnie des vieux coula rapidement dans la joie, les querelles de rien, mais aussi, pour Jacques, les longs moments d'absence.

Dès qu'il eut regagné la maison, il s'imposa de lire dans leur totalité les lettres de sa mère.

Ce fut un long moment de douleur sourde. A présent, il ne se révoltait plus. Il entendait chaque mot, chaque phrase et toujours prononcés par la voix calme de sa mère. Car le ton des lettres ne se haussait jamais à la colère. Il y avait une dignité, une sérénité, et, vers la fin, un détachement plus émouvant que les cris et les larmes. Les derniers feuillets étaient d'une écriture à peine moins assurée. Les phrases plus courtes laissaient transparaître comme un essoufflement. Sans doute, les derniers mois, la mère avait-elle déjà senti que la mort s'approchait lentement de sa maison solitaire et qu'elle ne tarderait pas à entrer. Cette présence lui donnait la certitude qu'elle ne recevrait jamais la lettre qu'elle avait espérée si longtemps. Le ton perdait un peu de son calme dans une seule page, et parce que la mère s'accusait :

« J'ai retrouvé une photographie où tu es avec ton oncle Emile. Tu dois avoir dix ans et tu as sur la tête son vieux képi. Dieu sait si j'aimais mon frère et combien j'ai souffert le jour où ton père s'est fâché avec lui. Mais sans doute avais-je eu grand tort de t'envoyer en vacances si souvent chez lui. Ton père me le disait. Il savait qu'Emile était resté avec des idées d'autrefois, de cocarde, de colonies, de campagnes et de tout ce qui est un danger. Je suis très en colère contre moi. Je suis peut-être à l'origine de tout. Mais toi-même ne saurais m'en donner l'assurance parce que ce sont des choses qui entrent dans le cœur des enfants et y font leur chemin de malheur sans qu'il

116

y paraisse. Je suis ici à attendre que tu trouves enfin les mots qu'il faudrait dire pour que ton pauvre papa t'accorde son pardon, et c'est peut-être moi qui devrais l'implorer. Emile n'était pas un mauvais homme, mais il portait en lui ce que d'autres y avaient semé. Il ne savait pas. Moi, je savais, parce que ton père m'avait fait découvrir la vérité, et c'est peut-être moi qui suis responsable. »

Jacques comprit que, cette lettre-là, sa mère avait dû hésiter beaucoup avant de se résigner à la conserver. Il eût aimé lui répondre, lui crier qu'elle s'était accusée à tort. Que la graine semée par l'oncle Emile n'avait pas eu le temps de germer. Le fait qu'il se fût engagé n'était en rien lié à ses souvenirs de l'oncle Emile. Il avait accompli cette sottise dans la colère, et surtout, surtout pour punir son père. Et c'était bien là ce qu'il avait de plus lourd à porter. Pauvre maman qui s'accusait! Qui se croyait coupable!

Dans une autre lettre, la mère écrivait ceci que Jacques lut plusieurs fois :

« Le sang versé par Jésus tout au long de son chemin de douleur emporte peu à peu sa vie ter-restre, mais, en même temps, il donne naissance à notre vraie vie, celle où nous est offerte une chance de le rejoindre au royaume de son père. Plus je pense à cela, plus je me persuade qu'il est impossible que tu ne trouves pas un jour le che-min de cette vraie vie qui te conduira, toi aussi, au royaume où ton pauvre père doit continuer de t'attendre. »

Bien après qu'il eut achevé sa lecture et repris son travail, la voix de sa mère demeura en lui. La voix et les images qu'elle tirait de l'oubli. L'oncle Emile apparaissait, presque attendrissant dans sa naïveté de vieux troupier. Jacques avait aimé ce frère aîné de sa mère chez qui il avait passé des vacances merveilleuses, au bord de l'Ain. Ancien adjudant-chef de la coloniale, l'oncle racontait

14-18 et ses campagnes d'outre-mer comme une merveilleuse aventure. Il était vrai que Jacques avait alors rêvé de batailles et d'uniformes, mais tout cela était bien loin. Comme était loin ce vieux soldat plein de nostalgie d'un monde pittoresque, coloré, où les morts n'étaient pas des images de souffrance, où la vie était facile, où les Français les plus modestes étaient servis comme des princes par des domestiques de couleur que personne n'eût songé à considérer comme des hommes.

C'était à propos de tout cela que le père de Jacques s'était emporté au beau milieu d'un repas de famille et avait claqué la porte de l'oncle Emile.

Mais c'était là du passé. Ce qui s'imposait à lui aujourd'hui, alors qu'il retournait cette terre défrichée, c'était surtout le souvenir de sa mère qui avait peut-être quitté ce monde avec l'idée qu'elle portait une part de responsabilité. Il imaginait ses derniers jours, et le combat qu'elle avait dû livrer. Il la voyait devant ce jardin où elle reculait pas à pas, à bout de forces, vaincue par les saisons, par cette sève trop riche de la terre qu'elle avait tant servie et qui la trahissait.

Il l'imaginait ressassant ses idées, s'accrochant à sa fierté, au souvenir du père mort pour avoir trop aimé les hommes, mort parce que son propre fils avait piétiné ce qu'il plaçait au-dessus de tout.

Et les mots continuaient de chanter comme une source sous les feuilles mortes : « Il est impossible que tu ne trouves pas un jour le chemin... »

19

Le motoculteur avait pétaradé tout l'après-midi et lorsque Pierre Mignot arriva, le jardin était retourné, propre comme un sou neuf.

— Tu as fait du bon travail, dit-il. Une terre reposée comme voilà, ça vaut de l'or. Il faudrait la retravailler une fois au début de l'hiver, et de nouveau après les gelées. Tu auras de l'herbe, c'est certain, mais avec les sarclages réguliers...

— En automne, je ne serai pas de retour.

— Puisque tu laisses la clef chez Jaillet, ne t'inquiète pas, ce sera fait. Et tu mettras des pommes de terre, c'est encore le meilleur pour tuer l'herbe.

Jacques ne remercia que du regard, un regard qui voulait dire : « Ne t'inquiète pas non plus, quand je serai là, je saurai bien te rendre ça. »

Ils sortirent, marchèrent en silence, et c'est seulement lorsqu'ils eurent tourné l'angle et débouché sous les platanes de l'église que Mignot dit :

— Retourner ce bout de terre où ton père a fait toutes ses expériences de culture naturelle, pour moi, tu sais, c'est quelque chose. Si les terrains pouvaient parler, en voilà un qui nous apprendrait sûrement beaucoup.

— Est-ce que tu ne crois pas qu'il leur arrive de nous parler, si on sait bien s'y prendre?

Mignot s'arrêta. Ils avaient contourné la placette et allaient s'engager dans le sentier du Puy Roussot. Il fixa Jacques intensément et demanda :

— Est-ce que tu dis ça de toi-même, parce que tu le penses?

Jacques fut surpris.

— Naturellement, fit-il. Si je ne le pensais pas...

— C'est formidable, dit Pierre. Parce que je me souviens très bien que ton père le disait.

Jacques fouilla au fond de sa mémoire avant de répondre :

— Je l'ai probablement entendu, mais je ne m'en souvenais pas. C'est peut-être resté en moi comme ça, pour me revenir d'un coup sans que je sache d'où ça remontait.

Ils s'engagèrent dans le sentier, le chien d'abord, puis Mignot, puis Jacques qui voyait le chien et le chemin par-dessus la tête de son ami.

— Toute la journée, dit Jacques, tu peux pas savoir ce que le terreau de la fosse et la terre des carrés m'ont raconté.

Ils marchèrent sans parler à cause de la haie qui débordait sur le passage et, par endroits, faisait voûte au-dessus des têtes. Lorsqu'ils furent au premier petit palier, il s'arrêtèrent. D'ici, ils découvraient la plupart des parcelles situées directement sous le village. Mignot se tourna vers le chemin qu'ils venaient de parcourir, et il dit :

— Quand je pense qu'autrefois, et ce n'est pas si vieux, ton père et le mien l'ont connu, les vignerons remontaient toute la vendange à dos, par ce sentier. Il faut tout de même reconnaître qu'on a meilleur compte à faire le tour par la route avec un tracteur. Notre époque a du bon. Le tout, c'est de ne pas aller trop loin.

Il s'était remis à marcher, mais il s'arrêta de nouveau et se retourna d'un bloc, le visage remué d'une colère soudaine.

— Figure-toi qu'il y a un représentant qui est venu me proposer des bouteillons de cinq litres en matière plastique pour vendre du vin aux touristes. Matière plastique, tu te rends compte! Je lui ai dit que je respectais mon vin, et je l'ai foutu à la porte. Et tu sais ce qu'il m'a dit? Il m'a dit que d'autres en avaient acheté. Et pas loin d'ici. Et il m'a dit : « Vous serez bien obligé d'y venir. » Je suis pas violent, mais je l'aurais bouffé... Tout de même, il y a des gens qui n'ont pas de honte! C'est plus vendre son vin, c'est se prostituer!

Jacques l'écoutait, et cette colère lui faisait du bien. Elle était de la même veine que celles qui secouaient son père lorsqu'on voulait toucher aux vieilles pierres, à un arbre, à ce qui racontait le temps d'autrefois et faisait la beauté de la vie.

Ils quittèrent le chemin pour s'engager dans une friche. Pierre s'arrêta. Il n'y avait plus là que quelques très vieux ceps disparaissant sous les avoines folles, les chardons, les ronces et la viorne.

— Tu vois, dit Pierre, c'est la plus vieille. Comme elle est tout à fait en haut, c'est la première qui a été abandonnée. Dès que ton père n'a plus été là, personne n'a voulu la faire Et ta mère n'avait pas la force. Mais ça peut se labourer au treuil. Et c'est une sacrée terre, tu peux me croire.

— Je sais. Mon père en parlait souvent.

— En dessous et à gauche, c'est à moi. Tu peux voir que c'est propre.

Ils allèrent jusqu'aux vignes de Pierre qui étaient nettes, sans un brin d'herbe, vigoureuses et saines.

Ils regardaient sans un mot. Il n'y avait rien à dire. Le travail parlait à travers ces ceps pleins de vie. Un beau travail d'homme amoureux.

Jacques demanda :

— Ta femme n'est pas jalouse?

— Tu rigoles, mais il y a du vrai dans ce que tu dis. Ou plutôt, il y a eu. Elle est de la plaine, tu sais, de Saillenard exactement. Au début, elle comprenait mal. Bien sûr, entre la betterave et la vigne, il y a de la marge. Mais depuis trois ans, elle a compris. Elle y a mis la main, et c'est suffisant.

Ils continuèrent de descendre, allant d'une parcelle à l'autre.

— Tu vois, disait Pierre, les limites sont faciles. Tu auras vite fait de t'y retrouver. Tu y es tout de même venu pas mal étant gosse. Au fond, tu auras à replanter, mais il y en a une bonne partie qui peut être sauvée.

Entre eux, il y avait une belle joie bien ronde et toute gonflée de lumière. Le ciel y était pour quelque chose, mais l'essentiel, la grosse part bien solide et durable, c'était la terre qui la donnait. Ils la sentaient sous leurs pieds, caillouteuse juste assez pour la vigne, sonore, pleine déjà de tiédeur et de ce sec qui repousse dans les couches du dessous le surplus d'humidité. Pour le moment, ils regardaient, ils faisaient les comptes, ils arpentaient, ils reconnaissaient les ceps et évaluaient les possiblités. Chaque mot qu'ils prononçaient, chaque geste qu'ils faisaient avait son poids d'espoir. Ils allaient du pas et de la voix, et pendant ce temps, la terre et le soleil travaillaient. Jacques regardait les feuilles, les sarments et il lui semblait que le flux de la sève y était visible, un peu comme le battement du sang dans les veines, sur les grosses mains de Pierre Mignot.

Ils descendirent ainsi jusque sous la roche pour voir les vignes qui se trouvaient à l'à-pic de la maison des Fortier mais que le bois ne permettait pas de découvrir depuis le village.

— Ici, dit Pierre, faudra couper un peu. Ce bois t'appartient tout du long.

— Il ne vaut pas cher.

Pierre s'arrêta de nouveau et fit face, comme fouetté.

— Pas cher? Une fortune, tu veux dire!

— Une fortune?

— Tes vignes les moins abîmées sont juste en aval. Imagine que le bois appartienne à un couillon qui se mette dans l'idée de dessoucher et de faire de la vigne sur les terrasses. C'est faisable. Il y a cent ans, c'en était encore. Bon, si c'est toi qui le fais, bravo. Mais un autre avec les engrais, les pesticides et tout un tremblement de poisons à la gomme. Pentu comme ça se trouve, au premier orage ça dégringole et ça t'empoisonne la terre.

Jacques hochait la tête. Chez Pierre, la peur du chimique tournait à l'obsession, mais il savait que le garçon avait de bonnes raisons. Seul contre tous, il avait tout à redouter et rien à espérer des autres. Jacques l'admirait d'avoir eu le courage de brasser seul si longtemps à contre-courant. Il l'admirait et il se sentait tout vibrant à l'idée de mener la danse avec lui.

— Tu vois, poursuivait Pierre, plutôt qu'un arrosage de cette espèce, je préfère la grêle. Elle te saccage une récolte, mais ta terre n'est pas empoisonnée pour autant.

Ils allèrent ainsi, pareils à deux chasseurs suivant une piste en zigzag à flanc de côte, jusqu'au moment où le soleil rouge creusa un trou dans la terre violette, là-bas, derrière les monts du Mâconnais. L'air se cristallisa d'un coup. Le ciel vibra, tout habité de frissons et pareil à un lac où le vent s'attarde. Les deux hommes s'arrêtèrent. Le silence était seulement troublé par le bourdonnement aigrelet d'une pétrolette invisible qui semblait buter du nez à la montagne comme une guêpe à la vitre.

— Tout ce que tu veux, soupira Pierre, mais ce coin-là, c'est quelque chose!

20

Ils avaient beaucoup parlé en reconnaissant les terres. Ils s'étaient un peu saoulé de lumière et d'espoir à l'idée de ce qu'ils allaient pouvoir entreprendre en se soutenant l'un l'autre. Ils avaient regagné lentement le village, en silence, tout pleins de gravité.

Invité à partager la soupe du soir, Jacques avait retrouvé avec beaucoup d'émotion la cuisine des Mignot à peine modernisée. L'odeur racontait la vie des gens et des bêtes. Un riche mélange où tout était de bon goût, la soupe des personnes comme celle des animaux! Une odeur et une chaleur pareilles à celles qui vivaient autrefois dans sa propre maison et qu'il ne remarquait même pas. Il eut envie de dire qu'il faut avoir été privé des choses pour savoir ce qu'elles valent, mais il garda le silence. Est-ce que les gens qui avaient su faire leur vie ici pouvaient le comprendre?

Ici, tout faisait amitié. Même le chien roux était accepté par la chienne de la maison.

A quatre-vingt-six ans, le père Mignot était encore vert. L'esprit alerte, le pied sûr et une vue à surveiller la maturité du raisin au fond de la combe depuis la rive du plateau. Plus cassée, la mère allait encore, s'occupant de la basse-cour et mettant le nez dans les casseroles pour voir si sa belle-fille n'avait rien oublié de ce qui fait le velouté de la sauce. La femme de Pierre, une fille solide à l'œil rieur, prenait tout fort bien. Elle était de la terre, même si ce n'était pas une terre à vigne. Elle avait déjà donné à Pierre un petit gars solide qui marchait sur ses deux ans, et elle en attendait un autre pour l'automne.

— Elle s'arrangera bien pour que ça tombe en pleines vendanges, disait le vieux.

— Et alors, rétorquait la Bressane, vous le baptiserez avec du moût, comme ça, vous serez certain qu'il fera un vigneron.

C'était la bonne entente. On le sentait au moindre détail. Jacques en était heureux pour eux, mais son cœur se serrait à l'idée qu'il y avait, à quelques pas, une maison où l'âtre s'était éteint. Un instant, il imagina ses parents pareils à ceux de Pierre. Il vit sa mère tenant sur les genoux un nouveau-né, il vit son père heureux de la certitude que ses terres resteraient entre les mains des Fortier longtemps encore.

Durant un long moment, tout ce qui se dit autour de lui fut lointain, les visages se fondirent dans une brume soudaine qui atténuait les bruits. Et puis, parce qu'il sentit que la douleur de sa tête allait se réveiller, il serra très fort les poings et ouvrit ses mains d'un coup pour faire saigner ses plaies. La brûlure monta dans ses avant-bras, il se raidit un peu et reprit pied dans la soirée.

Les Mignot évoquèrent le souvenir de sa mère, mais sans tristesse, pour rappeler qu'elle avait su être la femme qui convenait à un homme aussi original que Rémi Fortier.

— Ça veut dire qu'il faudrait que j'arrive à lui ressembler, dit la Bressane.

— Ah! fit le vieux, ton homme n'est rien à côté de ce qu'était Rémi!

Et la conversation revint sur les modes de culture.

— Au début, reconnut le père Mignot, quand cet ostrogoth a repris le manche et qu'il nous a dit qu'il voulait faire comme ton père, j'ai vu rouge. Plus têtu que mon garçon, j'avais toujours cru qu'il n'y avait que moi. Seulement, j'avais compté sans les années. Les enfants de vieux, ils ont tout de même un avantage, on ne se bat plus à soixante-dix ans comme à cinquante.

— Est-ce que tu regrettes quelque chose? demanda Pierre.

Le vieux fronçait ses sourcils blancs, longs et épais qui remontaient en gouttière sur son front. Il se donna le temps d'essuyer sa moustache et de passer deux fois sa main à plat sur son crâne luisant avant de dire :

— Qu'est-ce que tu veux que je regrette, à mon âge?

Son garçon éleva la voix.

— Dis-le à Jacques, ce que tu en penses. Dis-le, Bon Dieu, ça t'écorchera pas la glotte.

— Non seulement il fait à sa tête, non seulement il m'oblige à faire comme lui, mais encore, il voudrait que je lui fasse de la publicité. Que j'aille dire aux autres qu'il a raison...

Pierre l'interrompit :

— Puisque tu le penses.

— Je ne vivrai pas assez longtemps pour voir si tu as vraiment raison quand tu leur prédis la catastrophe. D'autant plus que je l'ai entendu prédire par Rémi Fortier durant des années et des années.

— Je ne te parle pas de ça, mais de reconnaître que nous avons de meilleures récoltes.

— Disons égales.

— En quantité, mais supérieures en qualité.

— Ça se peut.

— C'est certain.

— Mais après des années pénibles.

— Forcément : la terre se souvient longtemps. Il a fallu qu'elle se dépêtre de toutes les saloperies que tu lui avais fait ingurgiter de force.

— Voilà qu'il va recommencer à m'engueuler! C'est tout de même quelque chose!

— Je dis la vérité.

— Si je suis cause de dispute, observa Jacques, je vais regretter d'être venu.

Les deux femmes se mirent à rire, et la mère expliqua :

— Tu parles, pendant quatre ans, ça a été le même refrain tous les soirs. A présent, c'est tassé, mais parce que tu es là, ils veulent jouer au malin tous les deux.

Les hommes prirent le parti de rire aussi et, sur le ton de la fausse colère, le vieux raconta que son fils avait bazardé toute la réserve d'engrais et de pesticides. Un vrai drame. Aujourd'hui, il était le premier à en rire, mais, sur le moment, il avait bien failli calotter son garçon.

— Mais je reconnais qu'il a raison, dit-il gravement. Les gens sont en train de s'empoisonner et de tuer leurs terres.

Jacques était heureux de leur bonheur. De cette complicité qu'il sentait entre le père et le fils. Si le vieux ne voulait pas se mêler d'intervenir auprès des autres, c'est qu'il les connaissait trop butés.

— Tu comprends, dit-il à Jacques, ton père c'était un ami. Je l'ai toujours respecté, mais n'empêche que j'étais trop borné pour le suivre. Il a fallu que mon garçon me mette le nez dans mon pissat pour que je comprenne. Mais notre vin, tu peux le boire de confiance. Et tout ce que tu manges chez nous, c'est pareil. On va même chercher le pain à Closia, parce qu'il est cuit au bois et pétri au levain.

La femme de Pierre intervint à son tour.

— Ces choses-là, vous savez, ça tourne vite à la marotte.

— Celle-là, dit Pierre, elle est comme le père, elle tord la gueule, mais elle en pense pas moins.

La cuisine donnait sur la rue, et la mère se leva de table pour aller fermer les volets. Lorsqu'elle rentra, elle annonça :

— Le beau temps est déjà fini.

— A quoi le voyez-vous? demanda Jacques.

— Je le vois, mais je ne saurais te dire à quoi.

— C'est vrai, dit Pierre, et elle ne se trompe jamais. Et tout le monde a sur les prés du foin à moitié sec.

Ils parlèrent du printemps pourri durant un long moment, et, à travers leurs propos, c'était encore le pays que Jacques retrouvait. La place que le temps et le passage des saisons avaient tenue dans son enfance était considérable. C'était encore une chose oubliée qu'il faisait bon retrouver.

A un moment de la soirée, alors que la conversation marquait une pause, le père Mignot demanda des nouvelles de cette guerre qui n'en finissait pas de se traîner. Ce fut son fils qui répondit :

— Ne parle pas de ça.

Il y eut encore un silence, puis la conversation revint sur le travail. Jacques écoutait tout en calculant que le père Mignot qui était né en 1873, au lendemain d'une guerre, avait déjà plus de quarante ans en 14. Que s'il avait fait cette guerre-là, ça devait être dans la territoriale, qu'il avait vécu 39-40 dans son village et qu'il suivait aujourd'hui, dans son journal, les événements d'Algérie. Presque quatre guerres dans une vie d'homme sans en faire une. A présent, c'était lui qui avait envie de poser des questions sur toutes ces guerres, mais il sut s'en garder. Fatigué, les mains en feu, chaque articulation, chaque muscle douloureux, il s'engourdissait peu à peu en écoutant Pierre lui parler de la machine qu'il avait fabriquée pour aller ramasser les feuilles mortes dans la forêt et faire du compost. C'était un gros aspirateur à grain qui crachait les feuilles dans une cage installée sur la remorque. Ça faisait rire tout le village, mais rirait bien qui rirait le dernier.

Jacques lutta longtemps contre le sommeil.

Il eût été facile de se lever, de remercier et de

sortir, mais il se sentait bien, malgré sa fatigue. La tiédeur douillette de l'amitié et la chaleur d'une maison habitée prolongeaient la bonne brûlure du jour.

Lorsqu'il se leva enfin, Pierre sortit avec lui pour fermer l'écurie.

Le ciel scintillait. C'était la perfection dans le calme. Un hanneton des foins vint bourdonner autour de sa tête, attiré par la lumière de la cuisine dont la porte était restée ouverte derrière eux. Dans les bois du dessous, un rossignol roulait ses trilles sans fin. L'air était d'une étrange légèreté et le parfum des sureaux en fleur se mêlait à l'odeur tiède qui coulait de l'étable. Une bête remua sa chaîne, une autre heurta le bat-flanc. Les deux hommes se serrèrent la main. Jacques remercia en disant qu'il avait appris beaucoup, en quelques heures.

— Et si tu savais tout ce qu'il te reste à apprendre! dit Pierre.

Leur rire réveilla la nuit, très loin, jusque sur le vide immense de la plaine où les lampes étaient comme des reflets d'étoiles.

— En tout cas, dit Jacques en regardant le ciel, s'il pleut demain, c'est que j'ai encore beaucoup à faire pour être un bon paysan.

Il s'enfonça dans la nuit. Il s'éloignait de cette maison tiède pour regagner la sienne où l'attendaient le froid et le silence. A mesure qu'il marchait, son angoisse reprenait forme, et pourtant, il s'efforçait d'imaginer le jour où la maison des Fortier retrouverait la vie.

DEUXIÈME PARTIE

LA FONTAINE AUX DAIMS

21

Jacques s'était allongé sur son lit sans draps. Il avait renoncé à fouiller l'armoire de sa mère. Il le ferait de jour, mais pas à la lumière de cette lampe de poche qui isolait chaque objet, lui donnant une présence parfois insupportable.

Il s'était simplement déchaussé et couché sur le matelas et l'oreiller sans taie. Bien que la fenêtre fût restée ouverte depuis la veille, l'odeur de renfermé demeurait collée à la literie. Elle avait fini par chasser la bonne senteur des plantes sauvages qui, autrefois, inondait la pièce dès qu'on remuait les piles de linge dans les armoires. Un long moment cette odeur avait tenu Jacques éveillé, mais la fatigue avait fini par triompher.

Lorsqu'il émergea de son sommeil, la nuit hurlait. Un vent qui lui parut glacial pénétrait dans la chambre. Il alluma sa lampe pour regarder sa montre, il était presque cinq heures. Il vérifia que sa montre marchait, car il lui sembla surprenant que le jour ne fût pas là. Dirigeant le faisceau de la lumière vers la fenêtre, il vit entrer un flot de coton épais, poussé à grands coups par le tumulte du dehors.

Il se leva. Sous ses pieds nus, le plancher était froid, presque glissant. Il éteignit sa lampe et marcha jusqu'à toucher des mains le bord de la fenêtre.

Son œil conserva un moment la lueur de la lampe comme un trou aveuglant sur un fond de suie, puis, peu à peu, la lueur s'estompa et son regard s'habitua. Ce n'était plus la nuit, mais un quart de jour brun et gris, d'une densité à couper à la serpe. Et dans cette pâte gorgée d'eau, le vent tranchait, claquait, pétrissait, tirait des haillons, secouait des branches, raclait des murs et des toitures. C'était un vent acharné, rageur, désespérément accroché à la nuit et luttant de toutes ses forces pour repousser le jour blême qu'il mettait en charpie.

Jacques se souvenait de certaines aubes de novembre dont son père disait qu'elles étaient l'œuvre des diables de l'hiver. Mais à pareille saison, c'était extraordinaire! Jacques frissonna plusieurs fois. De froid, bien sûr, mais d'une espèce de peur aussi, qui entrait en lui avec l'air glacé. La peur d'un mauvais présage. Est-ce qu'il pouvait se passer quelque chose de bon en un jour pareil?

Il ferma la fenêtre. Il ne voulait pas se servir de sa lampe. Il n'avait pas besoin de lumière pour se chausser et descendre. Une fois en bas, il demeura un moment sur le seuil. Le jardin apparaissait par instants, puis une vague lourde et opaque déferlait qui le recouvrait de sa marée grise. Il ne pleuvait pas, mais tout était trempé, luisant malgré l'absence quasi totale de lumière. D'énormes gouttes arrachées aux arbres à chaque passage de vagues s'écrasaient sur le sol et contre le mur avec des claquements secs. Dans le grand bruit de tempête, il y avait mille petits bruits ridicules, ces claquements de gouttes, des grincements de tôles, une porte de grange qui dansait sur ses gonds, un volet mal accroché qui miaulait.

Jacques s'avança entre deux vagues. Il fit dix pas en direction de la murette, puis il fut submergé.

— Un coup à se perdre chez soi, grogna-t-il.

Il continua d'avancer, devinant à peine le sol à

ses pieds. Il trébucha et faillit s'étaler. La bourrasque avait fait tomber ses outils appuyés au tilleul et c'est contre un manche de fourche qu'il venait de buter. Encore une fois, ce fut un mot de son père qui lui revint : « Un Romain serait rentré chez lui. » Mais le père disait cela en riant. Il se défendait d'être superstitieux. Jacques s'en défendait également, mais, ce matin, une angoisse dont il ne parvenait pas à se libérer lui serrait la poitrine.

Cette aube inquiétante où le jour paraissait vaincu d'avance éveillait en lui mille souvenirs où se mêlaient les images de son enfance et celles, plus douloureuses, des derniers mois. Il dut lutter ferme pour repousser un visage ensanglanté. Celui qu'il appelait l'enfant brun. Depuis son départ de l'hôpital, c'était à peine si l'enfant brun lui était apparu de loin en loin, dilué dans la lumière du présent. Une toute petite ombre falote qui passait vite, timidement, furtivement au bord de sa vision. Mais, ce matin, l'enfant revenait. Il arrivait du sud-ouest avec la colère du ciel. Il apparaissait dans ce vide de la vallée qui n'était plus le vide. Il était au cœur d'un moutonnement d'ombres à peine caressées d'une lueur de cave et que le ciel tirait du fond de l'horizon. Les nuages ne se dessinaient qu'au moment d'aborder à la proue du village où Jacques se tenait, sondant du regard cet univers en folie. Ils s'arrachaient soudain à la masse compacte qui avançait à une allure folle. Ils s'écrasaient sur les terrasses, les maisons, les arbres qui grognaient sans relâche.

C'était tout ce que l'on pouvait voir, ce flux répété, cette succession d'ombres lourdes et d'ombres à peine plus légères. Jacques ne voyait que cela, mais il devinait le reste aux grondements qui montaient de la plaine, qui s'abattaient du ciel, qui roulaient le long du coteau et heurtaient la falaise.

Il n'y avait plus un seul bruit humain, plus un

seul cri d'oiseau dans cette fin de nuit livrée à la tempête.

L'angoisse de Jacques ne le lâchait pas. A moins de cent mètres derrière lui, il y avait les premières maisons d'un village bien vivant, avec ses gens et ses bêtes dans la tiédeur du réveil. Il imaginait sans peine la vie des étables et celle des cuisines avec leurs volets ouverts sur les rues où rampait le ciel. Il le voyait, et pourtant, il demeurait écrasé par une impression d'infinie solitude. Figé, moins secoué que les maisons par la colère des éléments, il continuait de fixer ce mur mouvant qui, imperceptiblement, s'imprégnait d'une lueur incolore. A deux reprises, des courants ascendants creusèrent une tranchée aux parois mouvantes juste en dessous de lui. Des lumières apparurent pour disparaître aussitôt sous des éboulements de coton sale. Mais ce n'était même pas un signe de vie. Rien ne prouvait que les villages du bas ne fussent pas morts, étouffés par cet océan déchaîné. Sur sa gauche, la reculée invisible grondait sourdement, avec, par intervalles, des silences oppressants.

Et, derrière ces silences, très loin, comme assiégeant le village, des grognements, des plaintes, des soupirs. Des plaintes d'enfants sans force. La plainte de l'enfant brun dont la vie s'écoule pour se fondre à ce ciel aussi dense que la terre et qui noie tout.

Jacques a du mal à respirer. Il est ici et nulle part. Il n'est plus attaché à rien dans cet espace dont les limites sans cesse en mouvement échappent à la vue. A quoi se raccrocher? A qui s'accrocher dans cette solitude de quelques mètres circulaires et dont il sait pourtant qu'elle est infinie?

Est-ce en elle qu'il pourra trouver le chemin dont parlent les lettres de sa mère?

Ce matin, il prend soudain la mesure de cet univers où il n'est rien et dont il demeure cependant le centre fragile.

134

Est-ce cela, le poids du ciel dont parlait son père? Est-ce le grand mystère? Est-ce la grande force dont personne ne sait au juste d'où elle vient? Qui en est vraiment le centre? Lui ou l'enfant brun? L'enfant mort depuis des mois et qui demeure vivant, plus présent par moments que cet insondable matin gris?

Car le matin est gris. Gris comme un novembre lugubre. Les feuilles arrachées et qui montent du gouffre n'ont pas de couleur. Elles peuvent être rousses aussi bien que vertes. Elles ne sont rien que des ombres minuscules qu'un caprice transforme soudain en reflets d'étain.

Il n'y a plus de rives à ce monde dilué; on pourrait continuer plus loin que la murette et se laisser porter comme les feuilles.

Un pas en avant, un seul pas, sans idée de mort, comme ça, parce que ça paraît soudain facile et sans danger.

Un grand vertige monte en tourbillon. Les remous succèdent aux vagues de plus en plus molles. Le plomb s'irise. Il fond dans un froid vif et qui pénètre. Les premières gouttes d'une pluie ténue arrivent comme des poignées de limaille glacée.

Jacques s'obstine. Son visage ruisselle. Ses mains posées à plat sur la murette ruissellent. Les pierres de la murette ruissellent. Tout devient liquide et froid.

Il se retourne. Les arbres, les outils, le sol labouré, la maison aux vitres noires à peine parcourues de reflets laiteux, tout est de nouveau là. Le ciel s'ouvre à l'horizontale. Une moitié demeure collée aux terres, l'autre se hausse au niveau des toitures.

Sans oser se demander s'il doit voir là un signe d'espérance, Jacques regagne la maison morte.

22

La tempête avait chassé le chien vers la grange. Couché dans la paille, le museau sur la queue, il s'éveilla lorsque Jacques passa près de lui pour sortir. Il s'étira en bâillant, se secoua trois fois et suivit Jacques.

La pluie s'était installée. Elle avait calmé le vent sans parvenir à l'abattre tout à fait.

Jacques avait passé deux heures dans la maison à errer d'une pièce à l'autre, essayant de nettoyer, fouillant du regard la pénombre, déplaçant quelques objets, mais incapable d'entreprendre quoi que ce fût de sérieux. En réalité, il avait surtout tenté de chasser ce qui le poursuivait depuis son réveil. Il avait fouillé les placards et les meubles, cherchant partout de quoi s'accrocher à son passé.

Il prit à gauche, par la rue des Roches, et lorsqu'il arriva devant chez Mignot, il entra dans la grange dont le portail était ouvert. Occupé à remonter la roue d'une faucheuse, Pierre lui sourit. Avec un clin d'œil en direction de la rue, il dit :

— Tu as vu le temps? Ils en connaissent un bout, les vieux!

Son rire réchauffa Jacques. La seule présence de Mignot, cette force tranquille qu'on devinait en lui, suffisait à rassurer.

— Alors, tu y vas?

— Oui, je vais.

— Si Désiré manquait de temps, tu n'as qu'à me faire signe. Je peux te conduire. C'est pas ce matin que je pourrai rentrer mon foin.

Jacques remercia. Il eût aimé descendre avec Pierre, mais il redoutait de blesser Désiré.

Chez Jaillet, son inquiétude acheva de se dissiper. Le café au lait bien chaud, le pain grillé et le beurre de la fruitière y étaient pour quelque chose, mais il y avait aussi la bonne humeur de Désiré et le sourire plein d'affection de son épouse. A cause de l'odeur de café et de pain, à cause du poêle ronflant et du gris léchant les vitres, Jacques retrouvait un souvenir précieux de son enfance : la cuisine des matins d'octobre, avec ce mélange d'angoisse et de joie qui l'étreignait toujours à la rentrée des classes.

Lorsqu'ils montèrent dans la vieille 203, Jacques connut un instant où l'angoisse domina. Il allait décider de sa vie. Décider de tout un avenir qu'il avait, durant des années, imaginé autrement.

A Lons-le-Saunier, le notaire habitait une vieille maison. En s'y rendant, ils passèrent devant l'école où Jacques avait subi les épreuves de ses examens. Ce jour-là aussi avait changé le cours de sa vie. Sur un rythme très rapide, il y eut en lui un défilé de plusieurs moments de son existence qui lui paraissaient soudain d'une grande importance.

La voiture s'arrêta, et Désiré proposa :

— J'ai deux courses à faire, si tu veux, on se retrouve au café Grillot, sous les Arcades. Le premier arrivé attend l'autre et c'est le dernier qui paye la tournée.

Désiré riait. Comme Jacques descendait, il lui cria encore :

— Et n'oublie pas de lui demander les renseignements pour les prêts. Aussi bien pour retaper la maison que pour l'outillage.

— Je sais, dit Jacques, merci!

Il regarda s'éloigner la voiture, et, dès qu'elle eut tourné l'angle, son angoisse le reprit. Il regretta de n'avoir pas demandé à Désiré de rester avec lui. Il se contraignit à penser uniquement à cette question de prêts dont ils avaient parlé en venant. Il regarda encore la rue vide, puis la plaque de cuivre du notaire où ruisselaient des gouttes de pluie; il soupira, monta au premier étage et sonna sans hésiter. A présent, il voulait aller vite, le plus vite possible.

Le notaire était un petit homme ventru d'une soixantaine d'années. Il le reçut presque aussitôt dans son bureau où entrait un jour sale et où le seul bruit était celui d'une machine à écrire crépitant dans la pièce voisine. Assis le dos à la fenêtre, le notaire n'était qu'une silhouette sombre avec la tache plus claire du visage et de ce que la veste noire laissait voir d'une chemise blanche. Lorsqu'il tournait la tête à droite ou à gauche, les verres épais de ses lunettes accrochaient de curieux reflets bleutés. Il feuilleta un dossier durant une interminable minute.

— Je pense que vous voulez savoir quand vous pourrez toucher votre argent, dit-il.

— Mais je ne suis pas venu chercher de l'argent!

— Ah bon! Je pensais.

Le notaire parut surpris. Il regarda Jacques. La machine ne tapait plus et il y eut un silence épais. Jacques hésita puis demanda :

— Quel argent?

— Celui de la vente, naturellement.

— Mais quelle vente?

Le notaire se redressa, comme piqué par le dossier de son fauteuil tournant. Sa main droite alla deux fois de son bureau à sa lèvre supérieure qu'il frotta un peu, puis il dit :

— Comment, quelle vente? Mais celle de la maison et des terres. Il n'y a rien d'autre à vendre!

— Justement, je suis venu vous dire que je ne veux plus vendre.

Le notaire émit une espèce de grincement qui fit tressauter son ventre, puis il dit :

— Encore! Eh bien, cette fois, mon cher monsieur, il est trop tard pour changer d'avis.

— Trop tard?

Jacques veut parler, mais sa voix n'est qu'un souffle que le notaire ne peut entendre. D'ailleurs, c'est le notaire qui parle. Il rappelle que Jacques lui a fait adresser procuration par un de ses confrères. La procuration est là, dans le dossier, sous sa main grasse et blanche. Il dit que les acheteurs n'ont même pas visité. Ils connaissent la maison. Ils allaient chaque année acheter du vin aux parents de Jacques. Ils la prennent pour leur fils qui sort de l'école hôtelière. Ce qu'ils achètent surtout, c'est l'emplacement et le droit à l'appellation pour le vin. Ils ont l'intention de tout transformer. Ils feront un caveau de dégustation dans la cave, une piste de danse dans la grange, une salle de restaurant dans l'écurie. Ils feront des chambres. Ils aménageront la terrasse...

Assommé, Jacques écoute. Tout ce que dit le notaire entre en lui comme une eau qui emplit un vase.

Le notaire explique encore que ces gens sont venus pour signer un compromis, mais comme il avait reçu la procuration et que les papiers étaient prêts il leur a offert de signer la vente. Pour eux qui sont à Paris, c'est un déplacement de gagné. Et comme ces gens-là se rendent souvent à l'étranger, on ne peut pas savoir. Il vaut mieux tenir que courir... Comme Jacques n'avait pas prévu de venir...

Là, d'un coup le vase est plein. Il ne déborde pas. Trop fragile, il éclate.

Repoussant son siège, Jacques se lève brusquement.

Frappant des poings sur le bureau du notaire,

il se met à hurler d'une voix prête à se briser :

— Mais, nom de Dieu, je ne veux pas vendre, moi! Je ne veux pas vendre, vous entendez! Ça devait se signer la semaine prochaine. La semaine prochaine!

Epuisé, il retombe sur sa chaise. Le notaire qui a eu un mouvement de recul se reprend très vite. Elevant à peine le ton, mais d'une voix tranchante, il dit :

— Saurez-vous un jour ce que vous voulez, monsieur Fortier? En un an, vous avez changé dix fois d'avis. Vendre les terres. Vendre la maison à part. Ne pas vendre, mais louer. Louer vide. Louer meublé. Vendre le total. Ne plus vendre... Si tous les clients étaient comme vous, ce serait à devenir fou... Reconnaissez que c'est un comble : je vous trouve un acheteur qui signe sans discuter le prix, qui vous laisse trois mois pour débarrasser les meubles, et vous venez me dire que vous ne voulez plus vendre! Et sur quel ton, encore! Comme si j'étais tenu de deviner vos intentions! Eh bien, mon cher monsieur, à présent, c'est fait. Même si vous vouliez la reprendre, ce serait impossible.

Sans colère, d'une voix à peine perceptible et qui, pourtant, lui demande un effort énorme, Jacques murmure :

— Est-ce qu'on ne peut pas faire annuler la vente? Leur demander de...

Le notaire l'interrompt.

— Certainement pas. Ils y tiennent beaucoup. Même avec une énorme indemnité, je pense qu'ils refuseraient. D'ailleurs, je ne vois pas où vous iriez chercher l'argent.

A ce moment-là, Jacques pense aux renseignements concernant les prêts. Il entend Pierre Mignot lui en parler et Désiré lui recommander de ne pas oublier. Il a envie de dire au notaire : « Mais vous me ferez un prêt. » Et parce qu'il imagine la tête du notaire, parce que quelque chose se déchire soudain en lui, il sent monter un tremblement. Tout son corps est secoué par un énorme éclat de rire qui commence comme un hoquet.

Sans pouvoir prononcer un mot, sans même saluer le notaire, il se lève et marche vers la porte. Comme il l'atteint, il éprouve une sensation de vertige. Le sol du palier se soulève, la maison se met à tanguer. Jacques s'accroche au chambranle, se raidit et réussit à se reprendre. Le tangage cesse.

Derrière lui, il y a des bruits de chaises et de porte. La machine à écrire ne crépite plus. Répercutée par l'écho multiple d'une profonde reculée rocheuse, une voix acide lui parvient qui dit :

— Mais il est fou, celui-là, complètement fou!

Une autre voix de femme, moins aiguë et qui tremble un peu, répond :

— Peut-être qu'il a bu. A cette heure-là, mon Dieu! Et dire que ses parents étaient des gens si convenables.

Jacques lâche l'huisserie où il se cramponne encore; presque sans tituber, il descend l'escalier, tenant ferme la rampe dont le bois est glacé dans sa main brûlante.

Il retrouve la rue et la pluie. Et il retrouve surtout le regard de son père. Son regard de colère. Son regard du jour où il a dit non à la terre.

Ils sont là, face à face, le père et lui, dans cette rue où ils n'ont rien à faire ni l'un ni l'autre. Dans cette rue où ils ne se sont jamais rencontrés. Ils sont deux inconnus qui se dévisagent en ennemis. Deux inconnus qui vont peut-être se battre, s'entre-tuer parce qu'ils n'ont pas les mêmes idées.

Et puis, un coup de vent d'une extrême violence balaie les maisons, la pluie, les nuages, le jour gris. Tout disparaît, sauf le père.

Il y a du soleil. Un beau soleil rouge qui plonge derrière la ligne violette de l'horizon. Le père fait demi-tour. Il s'éloigne. Il ne marche pas, il est porté par une multitude de bêtes qui font comme une mer aux vagues nerveuses et serrées autour de lui. La lumière du soir rougit ce flot qui se déroule à l'infini. Le père n'a même pas un regard, même pas un geste pour son fils. Il est le berger paisible de milliers de daims qu'il conduit à la fontaine, là-bas, tout au fond de la reculée, où la nuit calme sourd de la terre et s'avance en silence à la rencontre du troupeau.

23

La salle du café Grillot était étroite et toute en longueur. Les rares consommateurs avalaient un café ou un verre de vin blanc, juste le temps d'échanger trois mots avec la serveuse. Personne n'était assis, excepté Jacques qui s'était réfugié tout au fond, à une petite table carrée en Formica rouge. Recroquevillé dans l'angle de la banquette de moleskine d'un autre rouge, il attendait. Tout ce qui se déroulait dans ce café entrait en lui avec une netteté étrange. C'était un peu comme ces lointains étonnamment proches après une forte pluie d'été. Il regardait, il écoutait, tout se déroulait en dehors de lui mais avec des échos, des résonances qui le surprenaient

Il ne pensait pas. Il était une espèce de récepteur parfaitement neutre et insensible.

Il était venu là sans hésiter, à cause de Désiré. Il avait demandé un café. Il l'avait bu bouillant pour en commander tout de suite un autre avec un marc. Parce qu'il ne buvait que très rarement de l'alcool, il se sentait l'intérieur brûlé et la tête légère.

Il restait immobile : deux yeux et deux oreilles dans le fond de cette salle. Il s'étonnait de pouvoir suivre la conversation des consommateurs et de la blonde potelée qui se tenait derrière le bar. Des propos du notaire, il ne conservait qu'un faible écho, pas gênant du tout. En sortant de l'étude, il avait ri; à présent, il riait intérieurement en pensant aux secrétaires du notaire accourant effrayées et qui l'avaient cru ivre ou fou. Il les imagina sortant jusque dans la rue et assistant au spectacle des maisons effacées, de la lumière métamorphosée et du passage de l'immense troupeau de daims conduit par son père. Et cela lui parut possible, dans l'ordre des choses.

Non, il n'était pas fou. S'il était fou, le notaire serait mort. Il imagina sans émotion ses propres mains étranglant le notaire. Pas un cri, pas un geste, rien. Du travail soigné comme on l'enseignait dans les commandos. Pas l'étranglement respiratoire qui laisse à la victime la force de se débattre et de glousser comme une poule, non, l'étranglement sanguin qui stoppe d'un coup l'irrigation du cerveau et provoque une perte de connaissance instantanée. La mort propre, comme disait son capitaine. Une belle mort enviable. Il y avait beaucoup de belles morts. Son père : crise cardiaque; pas souffert. Sa mère : congestion cérébrale; pas vue partir. Décidément, tout cela était d'une facilité incroyable.

Est-ce que le petit âne gris avait souffert? Est-ce que l'enfant brun s'était vu mourir? Qu'avaient-ils tous à redouter la mort puisque tant de gens la trouvaient belle? Tout à l'heure, lorsqu'il avait hurlé dans le bureau, est-ce que le notaire avait eu peur de la mort, un instant, un très court instant?

Il vit encore ses mains, l'une sur la bouche, l'autre cherchant les vaisseaux à comprimer et les trouvant d'instinct. Les gestes du métier, c'était ça pour le soldat. Des gestes de métier que son père appelait les gestes de la vie.

Sur une des tables du café, il y avait un journal plié en quatre. On ne pouvait voir que la grisaille uniforme des petites annonces, mais, sans le déplier, Jacques se représenta soudain la première page. Elle portait un titre sur deux colonnes surmontant sa photographie. « A Lons-le-Saunier, un caporal fou étrangle un notaire. » Et, dans l'article, on s'étonnait de ce geste, parce que les parents étaient des gens très convenables. Ils avaient été des vivants parfaits, et ils étaient des morts parfaits. Il eut un petit rire, s'en aperçut et regarda vers le comptoir. Personne ne l'avait entendu. La blonde grassouillette écoutait un routier lui raconter sa nuit.

— Sur l'autoroute, ça allait à peu près. Mais une fois sorti, j'aurais dû prendre par Verdun-sur-le-Doubs... Je l'ai pas fait à cause du pont. Mais j'étais à vide. Je pouvais. Remarque, de l'autre côté, ça roule mieux. Mais je pouvais pas prévoir les branches...

L'homme racontait à petites phrases courtes, hachées, revenant sur des détails. La serveuse écoutait avec des hochements de tête et des « naturellement » qui venaient meubler les silences.

Au retour, le regard de Jacques s'attarda encore un instant sur le journal. Il eut envie de se lever pour aller le chercher, mais il y renonça, et son regard continua sa traversée de la salle de café pour venir se poser sur ses mains. Il les examina en pensant simplement qu'on leur avait appris à étrangler et qu'elles ne l'avaient jamais fait.

— Parfaitement inutile, murmura-t-il sans remuer les lèvres.

Et cette notion d'inutilité le ramena au travail. Le vrai travail, pas celui d'étrangleur en uniforme. Alors il retourna ses mains à demi pliées, comme des coupes pas très propres. Puis, lentement, il étendit ses doigts. Une à une les crevasses s'ouvraient, les croûtes qui s'étaient formées durant la nuit cédaient, un peu de liquide gluant et à peine coloré d'un rose transparent coulait. A la jointure du pouce gauche, une goutte de sang perla, il inclina sa main vers l'intérieur, et la goutte ruissela.

Il demeura ainsi quelques instants puis, haussant les épaules, il frotta ses mains l'une contre l'autre avant de les laisser reprendre leur position de repos. Ses lèvres se desserrèrent, et c'est seulement à ce moment-là qu'il s'aperçut que la douleur lui avait procuré un certain plaisir.

Il regarda vers le comptoir. Le routier était parti. La servante restait seule en face d'un petit vieux silencieux qui consultait un gros calepin à couverture noire. Dans la rue, des voitures roulaient, des piétons passaient devant la vitrine, la pluie faisait briller les pavés. Tout cela était à la fois proche et lointain. Dans ce demi-silence, dans ce demi-jour, Jacques s'engourdissait peu à peu. Son corps se tassait sur la banquette, son esprit s'embrumait.

Il était presque bien et fut contrarié par l'arrivée de Désiré qui ouvrit la porte en lançant :

— Messieurs dames!

Le petit vieux eut un regard par-dessus ses lunettes et répondit :

— Salut bien!

La blonde dit :

— Jour, m'sieur Jaillet. C'est vous qui amenez ce temps?

Désiré lui serra la main au passage en disant :

— Oui, c'est moi. Et je voudrais que ça dure jusqu'à lundi. Comme ça, j'aurais pas un client dimanche. Moins on travaille, moins on paye d'impôts et mieux ça vaut.

La fille eut un rire niais pour dire :

— Celui-là, il est unique, je vous jure.

— Donnez-moi un jus, dit Désiré qui venait de s'asseoir en face de Jacques et qui souriait.

Jacques se dit : « Je ne dois pas avoir l'air triste. Pauvre Désiré. »

Il pensa à Désiré, à Yvonne qui allait pleurer, à Pierre Mignot aussi qui serait terriblement déçu. Ce qui lui arrivait était peut-être plus triste pour eux que pour lui.

— Alors, demanda Désiré, je t'ai pas trop fait attendre?

— Non, le café est bon.

La fille blonde arrivait avec le café de Désiré.

— Vous m'en redonnerez un, dit Jacques. Et à Désiré : vous voulez un marc?

— Non, pas le matin... Alors?

— Alors... Ben ma foi, c'est foutu.

— Foutu?

Jacques respira. Au moment de parler, voilà que son calme s'évanouissait. Tout se serrait dans sa poitrine; tout vibrait dans sa tête; et il sentit qu'un sanglot montait. Rassemblant toutes ses forces, il se domina, toussa un peu, et, presque posément, il se mit à raconter.

24

Dès que Désiré avait été informé, son visage s'était durci et sa bonne humeur avait fait place à une colère sourde, qui ne se traduisait pas par des éclats de voix, mais ramenait sans cesse les mêmes mots :

— Bon Dieu, c'est un coup dur. Un sacré coup dur.

Pour remonter au village, il avait demandé le maximum à sa vieille voiture, poussant les vitesses à fond, faisant hurler le moteur.

Jacques ne disait plus rien. Il avait raconté ce que le notaire lui avait expliqué, il avait parlé de sa propre colère, puis il s'était tu.

A présent, c'était un peu comme si rien de tout cela ne l'eût concerné. Il s'était assis chez les Jaillet. Accoudé à la table de la cuisine, il écoutait Désiré qui, à son tour, racontait à sa femme l'histoire de la procuration, de la vente dont la date avait été avancée et surtout, expliquant ce que les acquéreurs allaient faire de la maison et des terres.

— Je les connais, disait-il. Et toi aussi, Yvonne, tu les connais. Ils sont souvent venus manger ici. La dernière fois, ça doit remonter à peut-être six ou huit mois. Oui, ça doit être avant Noël. Ils m'ont dit que leur fils faisait l'école hôtelière. Tu parles, placée comme elle est, la maison, ça peut être une affaire. Et avec les moyens qu'ils ont, nous, on n'aura plus qu'à mettre la clef sous la porte.

— Tu exagères toujours, dit Yvonne.

Elle le dit, mais Jacques sentit très bien que c'était sans conviction, pour rassurer Désiré et l'amener à se calmer un peu.

— Et les vignes, demanda-t-elle, qu'est-ce qu'ils vont faire des vignes?

— Tu parles, ils les feront cultiver. C'est tout de l'appellation, faut pas oublier. Et ils vendront leur vin sur place. A consommer et à emporter. Le coup est bien calculé, tu peux me croire.

Il se tourna en direction de Jacques, et d'une voix qui tremblait dans les aigus comme s'il eût été sur le point de se mettre à pleurer, il dit :

— Mais aussi, pourquoi tu lui as envoyé ce papier, puisque tu allais venir? A quoi ça servait? Te voilà propre, à présent. Et nous aussi, par la même occasion.

Jacques soupira.

— Je savais pas, fit-il. Je pouvais pas savoir.

— Et tu es certain qu'il n'y a rien à faire?

— Certain.

— Tu veux pas essayer de voir un avocat?

— Ça ne changerait rien.

Désiré eut un moment d'hésitation. Il fit deux ou trois aller et retour de la porte qui donnait sur la rue à celle qui desservait l'épicerie, puis, se campant devant Jacques, calmement, il dit :

— On croirait que tu t'en fous. Que ça te fait ni chaud ni froid.

La main de Jacques se souleva et retomba sur la table.

— Croyez pas ça. Désiré. Mais à quoi ça m'avancerait de gueuler?

Il y eut un grattement contre la porte et Yvonne alla ouvrir. C'était le chien roux, trempé et crotté. Il s'approcha de Jacques et mit ses pattes de devant sur sa cuisse.

— Pauvre vieux, dit Jacques, la baraque des Fortier, c'est foutu, tu sais. Foutu pour moi et pour toi aussi, probablement.

Désiré suivait son idée. Il s'était remis à marcher.

— Ils ont la grosse galette, disait-il. Ils trouveront du monde pour leurs vignes. T'en fais pas. Et ils feront de la publicité... Je te dis que nous autres, nous n'avons plus qu'à fermer boutique... Et dire que personne n'a rien su! Personne!... Il est fort, ce notaire. Pour être fort, il est fort! Et ces gens qui achètent sans avoir visité. Tu parles, ça veut tout dire. C'est l'emplacement pour le bistrot et l'appellation pour les vignes, qu'ils voulaient. Le reste, ils s'en foutent pas mal. Ça pourrait être une ruine, quatre pierres l'une sur l'autre, ce serait du pareil au même. Avec du pognon, on peut tout faire. Tout.

Désiré s'excitait en parlant. Yvonne essayait d'intervenir de loin en loin, mais trop mollement.

Un moment, Désiré sortit. Jacques le vit passer devant la fenêtre, puis il l'entendit marcher dans la remise et déplacer des caisses. Durant son absence, Yvonne dit :

— Il n'est pas égoïste, tu sais. Il a l'air comme ça de ne penser qu'aux conséquences pour nous, mais il sait bien que pour toi, c'est encore plus grave.

— Oh! moi, vous savez...

— Mais qu'est-ce que tu vas faire?

— Je vais tout déblayer. Et j'essaierai de trouver un brocanteur qui débarrasse la maison.

— Mon pauvre petit... Mon pauvre petit.

Désiré resta absent une dizaine de minutes. Lorsqu'il revint, il était plus calme.

— Il faudra commander de la lessive, dit-il, il n'y en a plus que dix paquets.

Il sortit du placard un morceau de fromage et un pot de confiture de prunes qu'il posa sur la table.

— C'est pas une raison pour se laisser aller, dit-il avec un sourire qui n'arrivait que très mal à éclairer son regard.

Yvonne coupait du pain. Elle sortit des verres, un litre de vin rouge et une bouteille d'eau minérale.

— Sers-toi, dit Désiré.

Jacques coupa un morceau de fromage, prit du pain et se mit à manger.

— C'est surtout pour toi que c'est terrible, dit Désiré. Nous autres, on s'en sortira toujours avec l'épicerie. Mais toi, quand ton temps sera fini, qu'est-ce que tu vas faire? Où iras-tu? Mais, Bon Dieu, quelle idée tu avais de vouloir vendre, aussi!

— Tu vas pas recommencer, dit Yvonne.

— Non. Je ne vais pas recommencer.

Ils mangèrent un moment en silence. Yvonne les observait. Son visage reflétait une infinie tristesse, mais on la sentait installée dans un calme dont rien ne pouvait la tirer. Après avoir toussoté plusieurs fois, elle finit par dire :

— Il y a la grange des Remuzar, qui est à louer. Tu pourrais y mettre ce que tu veux conserver. Tu demanderais au Pierre Mignot, avec sa remorque.

— Oui, dit Jacques, peut-être.

Pour le moment, il ne savait rien. Il n'avait aucune idée de ce qu'il ferait. Il était revenu parce que Désiré l'avait ramené, il mangeait parce que Désiré mangeait avec lui, mais sa tête demeurait vide. Ou, plus exactement, tout ce qui était entré dans sa tête depuis sa visite au notaire s'était immobilisé. Rien ne remuait. Rien n'était descendu jusqu'au cœur. Il ne souffrait pas. Il était lucide. Il pensait à ce qu'il devrait faire pour débarrasser la maison et il lui vint même l'idée de la cave.

— Dites donc, je pense au vin. Il y en a pas mal. Faudrait venir le chercher, Désiré. On ne va pas leur laisser ça.

— Ah! Bon Dieu non! dit Désiré. Du vin pareil, ça me ferait mal! Même si tu m'en demandes le prix fort, je suis preneur.

— Il n'est pas question de prix, Désiré. Vous savez bien.

Le cafetier l'interrompit :

— Tu plaisantes. Ça vaut des sous, tu sais. Mais si tu ne veux pas en parler, on le met à la cave, et quand tu rentreras, si tu veux le reprendre, tu le reprends.

Durant un long moment, ils parlèrent du vin des Fortier. Peu à peu, c'était comme si le jour se fût enfin levé. Le vin des coteaux du Puy Roussot grillés de soleil éclairait la matinée. Il suffisait de citer des noms, des années, de rappeler certaines vendanges pour que le passé douillet vînt chasser la froideur du jour.

Cependant, il y avait toujours quelque chose qui les ramenait à cette vente, et, chaque fois, Désiré reprenait son refrain :

— Bon Dieu, c'est un coup dur! Un sacré coup dur!

Puis ils repartaient sur le vin, sur le matériel, sur ce qu'il faudrait sauver ou bazarder. Ils en parlaient de plus en plus calmement, parce que l'idée qu'il n'y avait rien à tenter commençait à s'installer en eux où elle coulait ce ciment de la résignation qui finit toujours par emmurer les pires colères. Ils allèrent ainsi jusqu'au moment où tinta la sonnette de l'épicerie. Une voix lança :

— Ils sont remontés?

— Oui, cria Désiré. On est là!

Pierre Mignot entra en disant :

— Je passais, j'ai vu la voiture, je me suis dit : ils sont de retour.

— Oui, dit Désiré. Et on a même cassé la croûte. Parce qu'il fallait bien ça pour faire passer la pilule.

Et il se mit à raconter la visite de Jacques au notaire. Son récit était déjà plus rond, mieux

152

nourri. On y sentait la colère de Jacques dont l'interlocuteur était un monstre glacial. Un homme de loi doublé d'un homme d'affaires absolument dénué de tout sentiment. Un être qui ne savait rien de la terre et du drame de ceux qui se battent pour survivre.

Jacques écoutait comme si Désiré eût raconté une aventure survenue à des inconnus. C'était une histoire très vivante que le cafetier assaisonnait de commentaires et de jugements sur les événements et les personnages.

Jacques écoutait avec un certain intérêt. Il savait que, dans vingt ans, le cafetier raconterait encore à qui voudrait l'entendre la visite du fils Fortier au notaire de la rue des Cordeliers. Cette matinée allait prendre place dans l'histoire de Castel-Rochère. Elle rejoignait déjà d'autres événements que Jacques avait mille fois entendu narrer par des gens comme Désiré, témoins ou acteurs. Tout cela s'imbriquait, se nouait pour former une longue suite de petits faits où les vivants d'autrefois reprenaient du service pour quelques heures et se remettaient à parler. Ses propres parents faisaient partie de ces acteurs sans âge. La mémoire des vivants était une plaque sensible, une cire gravée qui valait cent fois le marbre des monuments aux morts où plus personne ne s'attardait à lire les noms. Est-ce que Jacques Fortier figurerait un jour sur ce monument? Une dizaine de noms pour 14-18. Un seul pour 39-45. Est-ce que les morts d'outre-mer avaient droit aux mêmes honneurs? Etait-il permis de laisser des « dernières volontés » pour demander à ne pas figurer sur cette pierre? Jacques voit soudain son nom s'inscrire tout seul sur la plaque. Et, aussitôt, son père apparaît, un burin d'une main et une massette de l'autre pour effacer ce nom. Il cogne. La pierre part en éclats qui sifflent comme ceux des obus. Aux gens qui veulent arrêter son geste, le père crie : « Un assassin! Et vous voulez le glorifier! Vous voulez le donner en exemple à vos enfants! Et les monuments à la vie, où sont-ils? Les monuments à la gloire de ceux qui se sont tués à la tâche pour vous laisser une terre, quand est-ce que vous les élèverez? »

Jacques a sursauté. Pierre vient de poser sa grosse main sur son épaule. Il dit des mots d'amitié et de réconfort. Il va sortir. Jacques se lève et sort avec lui. Il sort sans une parole, sans un regard pour l'épicier et son épouse. Il marche à côté de Pierre sous ce ciel d'hiver qui accroche ses grisailles aux arbres de l'été.

25

La pluie tombait serrée. On la sentait disposée
à durer. Le vent avait conservé juste ce qu'il lui
fallait de force pour continuer d'amener jusqu'ici
ces nuages qu'il tirait de derrière l'horizon tout
proche. Du côté de la plaine, la vue se limitait
aux bois de Nanchille où rampaient des fumerol-
les de vapeur. Des flaques luisaient déjà dans les
prés bordant la Guivre.

En rentrant, Jacques trouva devant chez lui
la camionnette de l'E.D.F. où un homme attendait.

— J'ai vu que c'était ouvert, dit l'homme,
je voulais entrer pour vous remettre le courant, mais vous avez un chien qui n'est pas
commode. Je l'ai bien vu sortir tout à l'heure,
mais je me suis dit : « S'il revient et qu'il te
trouve là, il est foutu de t'enlever ton fond de culotte. »

Jacques fut sur le point d'expliquer que le
chien ne lui appartenait pas, mais il retint ses
mots. Il n'avait pas envie de parler. Il remercia
l'homme d'avoir attendu, le fit entrer, signa la
feuille et donna un pourboire.

Il regarda la voiture tourner l'angle de la rue,
puis il caressa le chien en disant :

— Toi, dès que tu peux plus me suivre, tu re-
viens ici. Tu te dis que je finirai toujours par y

revenir aussi. Eh bien, non, mon vieux! C'est râpé.

Il se tut. Il sentait que s'il continuait de parler de ces choses, la colère viendrait vite. Il fallait rester calme jusqu'au moment du départ. Pierre avait proposé une place dans sa grange pour tout ce que Jacques voudrait conserver. Il viendrait avec son tracteur pour le transport.

Jacques entra dans la cuisine et donna de la lumière. Depuis que la fenêtre était fermée, l'odeur d'humidité était revenue. De la cheminée coulait un courant très lent qui sentait la vieille suie mouillée. Jacques fit le tour de la pièce, ouvrant les placards, le buffet, la bonnetière. Il regardait sans rien toucher. Tout était en ordre, mais poussiéreux avec des toiles d'araignées partout. Le chien flairait la maie avec insistance. Jacques en souleva le couvercle. Lorsqu'il vit ce que contenait ce vieux meuble en bois patiné jusqu'à l'usure, Jacques sentit son cœur se serrer. Au fond de la maie, une serviette de table blanche était étendue. Sur la serviette : un verre retourné, le vieux pot à eau bleu, une assiette creuse, une cuillère, une fourchette, un bol et un couteau. Sur un petit plat ovale, deux choses racornies et couvertes de moisissure qui avaient dû être une tranche de lard et un morceau de fromage. Le quart d'une miche de pain avait séché et verdi.

C'était tout.

C'était tout, et Jacques regardait. Le souffle bloqué d'abord, la gorge serrée, les mains crispées sur le bord de la maie, il ne pouvait détacher son regard de cette serviette blanche et de ces objets. Soudain, il venait de comprendre vraiment ce qu'avait dû être la fin de sa mère. La solitude. L'existence dans cette maison trop vaste d'où la vie s'en était allée, oubliant cette femme usée avant l'âge. Est-ce qu'elle n'était pas morte surtout de solitude, d'abandon? Ces pauvres objets témoignaient de cette fin beaucoup mieux que les récits de ceux qui l'avaient vue s'en aller. Restée seule, elle avait dû éviter le plus possible ce qui lui rappelait le temps où la maison était pleine. Le temps où l'on était toujours au moins cinq à table. Elle avait placé dans le fond de cette maie ce qu'elle utilisait à chaque repas pour n'avoir plus à ouvrir trois fois par jour ce placard où s'empilait la vaisselle. Elle avait réduit sa vie à ce que contenait cet ancien coffre à pain, à cette petite pièce de tissu propre où étaient posés des objets propres.

Jacques revit son départ. Le regard dur de Georges, le journalier qui travaillait encore pour sa mère; le regard de sa mère. Cet appel silencieux qu'il n'avait pas voulu écouter. Sa mère raidie dans sa fierté.

Mais après? Après le départ de Jacques? Après le départ de Georges qu'elle ne pouvait plus payer? Après le départ de tout ce qui était encore la vie?

Le regard de Jacques allait du rectangle blanc de la serviette au rectangle gris de la fenêtre. Les tilleuls pleuraient sur la terre fraîchement retournée. Des rafales cinglaient les vitres où l'eau avait tracé dans la poussière des traînées troubles.

Le coffre était à côté de la fenêtre. Lorsqu'elle venait chercher de quoi mettre son couvert à un bout de la grande table, la mère devait regarder aussi ce jardin, cette murette et ce ciel. Est-ce qu'il y avait eu encore quelques jours de soleil pour elle, durant ces interminables saisons de solitude? Que faisait-elle? Son maigre repas. Son jardin, où elle avait lutté pied à pied contre l'envahissement des herbes sauvages. Ce jardin, c'était probablement ce qui l'avait achevée. Presque toute sa vie, elle avait travaillé la vigne. Elle avait vécu de cette présence de la terre jusqu'à la mort du père. Ensuite, tout au fond de son être torturé, sans doute était-il resté une lueur d'espoir. Elle avait refusé de vendre la moindre parcelle. Elle n'avait pas accepté d'entamer ce qui demeurait le domaine des Fortier. N'était-ce pas la preuve qu'elle voulait croire encore au retour de Jacques? Elle avait dû imaginer ce retour. Imaginer son fils revenant ici pour l'enterrer. Avait-elle jamais pensé qu'elle s'en irait au cimetière sans qu'il fût là pour l'accompagner? Si elle l'avait imaginé ici, c'était peut-être avec l'idée qu'il vendrait tout, qu'il bazarderait, comme disait le père, pour s'en aller ailleurs mener sa vie et dépenser l'argent du domaine.

Elle est là. Aussi présente que l'était le père ce matin, devant l'étude du notaire. Elle est seule près de la fenêtre. Ses lèvres sont closes, son regard fixe, pas une ride de son visage ne tressaille, et pourtant sa voix résonne dans le silence de la cuisine. Elle parle calmement : « Quand tu seras marié, quand tu auras des enfants, ils joueront dans le jardin. Je les surveillerai d'ici, et je rajeunirai en me disant que c'est toi qui es là. Mais toi, tu seras dans les vignes, ou à la cave. Ils feront des bonshommes de neige sous le tilleul. Quand il pleuvra, ils resteront à la cuisine et je leur raconterai les vieilles légendes que je t'ai racontées. La vie est ainsi. On ne voit pas passer le temps. J'apprendrai à ta femme tout ce que je sais. Tout ce que m'ont appris tes grand-mères que tu n'as pas connues. »

Elle est là. Immobile. Elle regarde le jardin. Il n'y a pas d'enfants. Il n'y a plus d'hommes. Elle n'a plus de force et tout disparaît sous les herbes. Ce n'est pas la neige qui recouvre le sol, c'est la friche. Elle se bat, mais c'est un combat désespéré. Les ronces la font reculer chaque été. Pas à pas, elle s'éloigne de cette murette d'où l'on découvre les autres terres.

Elle recule et son dernier lopin sera cette serviette blanche et ces pauvres objets.

Jacques les contemple encore. Son regard se

brouille et la brume envahit la vieille maie. Ses mains se joignent et il murmure :

— Maman... Maman, je te demande pardon.

Et sans bruit, comme elle a dû le faire souvent dans sa solitude, il s'assied près de la fenêtre et se met à pleurer.

26

Jacques avait dit qu'il ne monterait pas au restaurant à midi, et Désiré lui apporta une gamelle
de légumes chauds et un morceau de rôti de
bœuf.

— Qu'est-ce que tu as déjà fait? demanda-t-il.

— Rien, avoua Jacques. J'ai regardé.

— Mon pauvre vieux, si on peut t'aider, faut
nous le dire.

Jacques remercia et Désiré se hâta de partir.
Lui aussi devait être ému par cette maison. Il
avait certainement suivi le départ de la mère. Jacques ne voulait interroger personne. Ce qu'il savait lui suffisait à imaginer le reste. Et puis, la
maison parlait. Chaque meuble, chaque objet, chaque recoin se réveillait. La lumière des lampes repoussait vers l'extérieur le jour aux couleurs d'hiver, pour mieux isoler ces pièces closes d'où le
vent n'avait pas su chasser la tristesse.

Jacques éprouvait à présent un profond écœurement. L'odeur de renfermé n'y était pour rien. Le
mal trouvait sa source en lui et il sentait parfaitement qu'il eût été vain de vouloir le fuir. Il s'attachait à ses pas comme ce vieux chien fureteur.

Du bout des dents, Jacques mangea le quart de
la viande et deux cuillerées de petits pois. Il
donna le reste au chien et reprit sa visite de la
maison. Dérangés, les loirs avaient déserté l'ar

moire où il trouva le nid de mousse et de feuilles qu'ils avaient construit, petite grotte de verdure entre deux piles de draps. Les loirs n'avaient pas rongé le linge, mais tout était sale.

Il referma l'armoire sans en rien sortir, exactement comme il avait fait pour les placards de la cuisine. Il était révolté à la pensée que des étrangers pourraient toucher à cette chambre, mais il manquait de courage pour vider les meubles.

Désiré lui avait amené une dizaine de cartons qui se trouvaient dans la grange. Il alla en chercher deux et monta dans sa chambre. S'il commençait par-là, peut-être aurait-il, ensuite, devantage de force pour le reste. Cette pièce, plus petite que celle de ses parents dont elle se trouvait séparée par le corridor, était restée assez propre. Il en avait lui-même repeint les murs et le plafond en blanc deux ans avant son départ. Sa mère lui avait dit : « C'est une cellule de moine, que tu prépares. »

Et il avait répondu en parlant d'austérité, de sobriété pour ce qui était un cadre de travail et un lieu de méditation.

Quel travail? Quelles méditations? Rien. Il ne se souvenait de rien de bon. Il n'avait même pas su méditer sur la sagesse de son père. Les livres étaient tous des cadeaux de son père qui les appelait des livres de sagesse. Romain Rolland, Giono, Tolstoï, plusieurs ouvrages sur Gandhi. La paix. La haine de la guerre et son absurdité dénoncée.

Il murmura « pauvre père », avec un peu de rage dans la voix, de colère tournée contre lui. Le père était mort de désespoir à la pensée que son garçon n'avait pas su devenir ce qu'il appelait un homme. Un homme qui sait dire non à l'absurde et prendre ses responsabilités. Ce vigneron digne et honnête avait laissé derrière lui ce qu'il méprisait le plus : un soldat.

La colère de Jacques grandissait à mesure qu'il découvrait les souvenirs de son père. A chaque objet, à chaque livre, à chaque cahier qu'il mettait dans un carton, c'était un petit peu de son enfance qui remontait à la surface de cet oubli qu'il avait cru naïvement pouvoir s'imposer. De plus en plus nette, de plus en plus présente, la voix grave du père l'accompagnait. Elle lui parlait du monde en folie, de ces instincts auxquels il faut savoir résister, de ce respect de la vie que l'on doit s'imposer même si l'on est poussé vers le désir de tuer. Elle lui répétait sans se lasser qu'il fallait vivre pour être un homme et le demeurer en toutes circonstances, même au prix de lourds sacrifices.

Il n'était plus le garçon qu'il avait trop souvent été du temps que son père demeurait là pour le conseiller. Il ne ricanait plus intérieurement à l'appel de cette voix. Le temps avait fait son œuvre. Le temps et surtout cette guerre pour laquelle il s'était déclaré volontaire. En même temps que lui revenaient les propos de son père, des images aussi affluaient. Des villages pareils au sien. Construits autrement, sur d'autres montagnes, mais faits comme celui-ci pour les hommes et pour leur travail dans la paix de la terre. De ces villages algériens, il ne restait sous le soleil que quelques pans de murs noircis. Des ruines. Des ruines recouvrant parfois des cadavres de bêtes, d'hommes, de femmes ou d'enfants.

Son premier mort d'Algérie, il s'en souvenait parfaitement. C'était un âne. Un petit âne gris que les paysans n'avaient pas eu le temps de détacher avant de s'enfuir. Qui l'avait abattu? Personne ne le savait, car tout le monde s'était acharné sur ces dix pauvres masures. Des gourbis sortant à peine du sol caillouteux mais qui pouvaient abriter des fellagas. L'artillerie avait tiré. L'infanterie dont il était avait tiré. Et l'aviation aussi avait largué quelques bombes incendiaires. Les humains avaient pu fuir. Pas le petit âne victime du bout de corde qui le retenait à un pieu.

Il l'avait porté longtemps en lui, ce cadavre déchiqueté du petit âne gris. Jusqu'au jour où d'autres morts avaient pris sa place. Mais, aujourd'hui, peut-être à cause de la maison, du village, de l'écurie où avait vécu jadis un mulet, du collier qui restait, voilà que revenait le petit âne gris tandis que son père continuait de le harceler.

Ce petit âne revenait sans doute à cause de tout cela, mais peut-être également pour interdire la place aux autres. Durant quelques minutes, Jacques eut la force de constater qu'il faisait volontairement appel à ce souvenir pour qu'il l'aide à en chasser d'autres, bien plus odieux.

— Je suis un salaud, dit-il. Je les planque derrière un bourriquot. Ou alors, c'est moi qui me planque... Mais ils me retrouveront. Ils finiront toujours par me retrouver...

Il avait parlé à voix haute, et, d'un coup, la peur l'empoigna. La peur du mal dont il avait déjà souffert. Lorsqu'il était à l'hôpital, il lui était arrivé plusieurs fois de parler seul, très fort, apostrophant l'espace. Est-ce qu'il allait vraiment devenir fou?

Il laissa son carton à demi plein et empoigna celui qu'il avait déjà fermé. Il descendit, posa le carton dans la grange, et gagna le jardin.

Le vent de moins en moins nerveux apportait de la plaine une pluie presque régulière qui baignait en même temps la falaise, les bois, les vignes et les premières maisons plantées au bord du roc. C'était un peu comme une mer assagie et qui déferle sans haine sur une côte à peine sonore.

Jacques monta sur la murette. Immobile, face au large, il écouta longtemps ce chant monotone de la pluie noyant d'une houle presque amicale cet éperon du plateau avançant sur la plaine grise. L'eau était froide sur son front brûlant. Très vite, sa chemise fut transpercée et son pantalon de velours s'alourdit. Il lui semblait que le poids de cette pluie allait le sceller à la pierre. Il resterait là, statufié. Les gens viendraient, le trouveraient ainsi, et, parce que tout finit toujours par se savoir, on le maudirait. Il serait l'homme qui a tué des enfants. L'homme qui a déshonoré le pays. L'homme que la pluie et le vent de la plaine ont changé en statue de granit parce qu'il avait le cœur assez dur pour abandonner sa mère et trahir son père.

Soudain, sans que rien n'eût changé dans la grisaille du jour, il se fit en lui une espèce de déchirure, une blessure de feu et il éclata de rire en criant :

— Bien sûr que non! Ils me tiendraient pour le héros du village. L'homme qui a tout quitté pour aller défendre la patrie en danger. La patrie en danger de l'autre côté de la Méditerranée!... Celui qui a eu le courage de tuer son père. Son père qui était fou. Qui croyait à la paix. Son père qui ne mettait jamais les pieds à l'église et qui se permettait de faire la morale aux autres en répétant les paroles du Christ : Aimez-vous les uns les autres... Tu ne tueras point... Un sacré type, ce gars-là! Il a commencé par débarrasser le monde de son propre parasite de père avant d'aller tuer les petits ânes des bougnouls. Des petits ânes. gris et puis des enfants bruns... Ils foutraient mon nom sur le monument. Ou bien ils feraient un monument exprès pour moi. Un grand, avec ma statue!

Insensible à la pluie, absent de ce lieu et du temps, Jacques ne criait plus. Il parlait. Il retrouvait en même temps le petit âne et l'enfant brun; le visage émacié et la voix sourde de l'oncle Emile. Et puis, par-dessus tout ça, imposant sa volonté et son calme à tout le monde, se frayant un chemin d'un simple geste de lumière, enveloppé d'une dignité qui muselait le reste du monde, marchant sur les nuées comme le Christ sur les flots : son père. L'œil bleu, le visage assombri par la colère, la voix vibrante d'indigna-

164

tion, le père avançait. Il disait : « Taisez-vous, les anciens combattants, les fourbisseurs de sabres, les barbouilleurs de cocardes! Je ne suis pas des vôtres. Je porte la guerre que j'ai faite comme une blessure hideuse, comme les séquelles d'une maladie honteuse. J'ai honte de vous voir si cons! Vous vous êtes déshonorés à jamais en laissant des soldats présenter les armes devant les monuments élevés à la mémoire de vos camarades morts à vingt ans. Il fallait vous unir, oui! Mais pour assurer la paix. Pour crier non à l'armée et cracher sur ses drapeaux! Vous avez entretenu le culte du héros. Vous avez ranimé la haine! Vous êtes tombé dans le piège tendu par des hommes politiques pourris et soudoyés par des marchands de canons. Vous vous êtes fait gloire de vos crimes devant vos propres enfants, je vous maudis! »

Jacques n'inventait rien. Tout cela, le père l'avait crié un jour à d'anciens camarades de guerre venus lui proposer d'entrer dans une quelconque association de souvenir.

Les souvenirs de guerre, il devait en posséder aussi un certain bagage, mas il ne les évoquait jamais. Il se bornait à répéter que rien ne justifiait la guerre qui est toujours une injustice et une absurdité.

Son silence n'était-il pas celui d'un homme qui porte en secret un terrible fardeau? Avait-il tué? Vivait-il avec cette épouvantable vision d'un garçon de son âge mort de sa main parce qu'il était né un peu plus à l'est? Lui qui ne s'était pas engagé, lui qui n'avait pas eu un père pour lui ouvrir les yeux, lui qui avait découvert la vérité seul et après s'être déchiré aux épines du chemin, que portait-il au fond de son cœur? Quel secret avait-il emporté dans la terre? S'était-il confié à la mère? L'avait-elle aidé dans ce combat?

— Un monument de plus? Un monument pour le fils de Rémi Fortier. Un monument à la gloire du héros, massacreur d'enfants bruns et de petits ânes gris.

Longtemps, Jacques demeura sur la murette, seul sous la pluie glacée qui ne parvenait pas à apaiser sa fièvre, face au moutonnement gris de la plaine, face à cet immense océan habité par des hommes invisibles, muets, peut-être déjà morts dans leurs villages bâtis au creux des vagues.

27

A la fin de l'après-midi, il y eut un long sursaut du vent qui emporta vers l'est les restes de pluie et commença de nettoyer le ciel. Le gris se colora de jaune, puis d'orangé que soulignait un violet de plus en plus intense. Dans les hauteurs, les nuages se déchirèrent pour laisser apparaître des lacs d'un vert transparent et d'une surprenante luminosité.

Jacques, que la lumière avait de nouveau attiré sur la murette, regardait vers ces lacs où il lui semblait qu'il allait tomber, attiré par des profondeurs insondables. Puis, fixant l'horizon, il laissait le feu du couchant pousser sa lumière au fond de lui, jusqu'à la brûlure.

Le crépuscule incendiait le ciel et la plaine comme les soldats incendiaient les villages des djebels.

Aux vagues de pluie avaient succédé ces vagues de feu que l'approche de la nuit changeait peu à peu en vagues de sang. Tout brûlait, tout ruisselait rouge, et la Guivre grossie ouvrait dans la plaine une large blessure de lumière.

L'ombre montait de chaque repli de la terre. Elle débouchait aussi, lente et bleutée, de la reculée où le peu de vent qui vivait encore s'attardait avec des soupirs de bête malade.

Le vent était malade. Malade d'avoir mené sa

guerre, malade d'avoir ravagé et détruit. Son travail se voyait tout au long de la rivière où les terres basses étaient inondées. Il se voyait aussi sur les coteaux où les orges, les blés, les foins encore sur pied étaient couchés, piétinés, écrasés.

Jacques écoutait sa plainte en regardant son œuvre, et il lui semblait que ce vent qui ne se décidait pas à quitter cette terre souffrait du même mal que lui. Et lui, dans quelques jours, il serait pareil à ce vent. Il aurait rompu tous ses liens avec ce pays. Plus rien ne lui appartiendrait de solide. Il partirait, emportant le seul bagage de ses souvenirs. Il pourrait aller n'importe où, ce bagage le suivrait, compagnon éternel qui vivait de sa vie.

Etait-il possible de vider sa mémoire? Il l'avait espéré le jour où il avait pris la vieille route pour remonter au village. Retrouvant son enfance perdue, il avait cru se libérer d'un passé plus proche et plus lourd à porter, mais ce passé demeurait accroché à toutes les fibres de son corps tendu, de son esprit torturé. Depuis son arrivée, il luttait pour enjamber ces mois de guerre et ne penser qu'à son enfance et au présent. Mais rien n'était fait. Est-ce que la terre aurait su le guérir? Est-ce que cette vente contre son gré y était vraiment pour quelque chose?

Tôt ou tard, l'enfant brun reviendrait. Lui et les autres. Tous reviendraient comme était revenu le petit âne gris. Et ils n'auraient pas un long chemin à parcourir pour le rejoindre. Il les sentait tout proches, embusqués dans ces zones d'ombre que le crépuscule plaquait çà et là.

Jacques sursauta en entendant claquer le portail de la grange. Il se retourna. Pierre venait vers lui. Ils se regardèrent un moment sans parler, et Pierre dit :

— Mon pauvre vieux.

— Je ne suis pas à plaindre. J'ai fait des conneries, je paye. C'est normal.

— Je suis venu te chercher pour manger la soupe avec nous.

— Non, dit Jacques, tu es bien chic, je te remercie, mais c'est impossible.

— Pourquoi? Tu vas chez Désiré?

— Non... Je ne vais nulle part.

Pierre semblait embarrassé. Il hésitait à parler, ses grosses mains se soulevaient à peine, puis retombaient impuissantes. Il n'avait pas l'habitude de parler aux malades. Jacques sentit sa gêne et s'efforça de sourire.

— Te fais pas de souci, dit-il. J'irai demain soir, si tu veux. Mais ce soir, j'ai trop à faire.

Il posa sa main sur l'épaule de Pierre et le poussa doucement vers le portail.

— Comme tu voudras, dit Pierre, comme tu voudras.

Dès qu'il fut seul, Jacques se sentit envahi par la peur. Il fit des yeux le tour du jardin. La nuit était là, plus présente déjà que le reste de jour qui éclairait encore un pan de toiture. Elle avait déjà repris possession du jardin. Elle devait être épaisse et froide dans cette maison où il semblait que l'hiver se fût installé à demeure. A la pensée de retrouver sa chambre où il ne restait que le lit et des meubles à peu près vides, Jacques frissonna. Il savait que cette vieille bâtisse n'abritait plus que des morts. Les années mortes de son enfance et de sa jeunesse y étaient enfermées; les années heureuses de ses parents comme leurs années les plus douloureuses habitaient ces murs épais qui entretenaient une fraîcheur de tombeau. Le père et la mère étaient ici beaucoup plus qu'au cimetière. Le grand jour les retenait derrière ces volets de bois délavés, mais la nuit les attirait dans ce jardin où ils étaient chez eux. Ce soir, Jacques sentait nettement leur présence. Et ce n'était pas une présence amie. Ils rôdaient autour de lui, grommelant des reproches. Non contents d'être là, voilà qu'ils appelaient à leur aide d'autres morts. Ils ne les avaient pas connus de leur vivant, mais les morts sont d'un domaine où tout le monde se retrouve en amitié. Pour eux, les distances n'existent pas. Tous parlent le même langage et partagent les mêmes griefs. Ils ont en commun cette immense douleur qui vient des plaies ouvertes dans leur chair par les vivants.

Immobile et parcouru de frissons, Jacques regardait s'avancer sa mère qui tenait par la main l'enfant brun. Et l'enfant souriait malgré le sang qui baignait son visage. Et la mère souriait en disant à Jacques : « C'est l'enfant brun, tu vois. Celui que tu as tué et qui pourrait être ton enfant... Celui que tu aurais pu nous donner. Je l'ai pris. Je l'ai adopté dans la mort parce que tu n'avais pas su me le donner dans la vie. Je l'ai amené ici. Son village est détruit. Ses parents ne sont pas entrés dans la mort avec lui. On ne va pas le laisser tout seul dans ce royaume inconnu... C'est un bon enfant, tu sais. Un enfant sage. Pas turbulent du tout et qui écoute bien ton père. »

La mère s'asseyait, elle prenait l'enfant brun sur ses genoux et disait à Jacques qu'elle retrouvait les années où il l'avait aimée. Elle évoquait le temps des jeux, de l'école, des devoirs sous la lampe. Il y avait tour à tour la lumière du printemps et de l'été sur le jardin, les grands vols de feuilles rousses, les joies des vendanges avec les feux de sarments; il y avait aussi les longs hivers tout blancs, les glissades, les retours près de la grosse cuisinière où chantaient les bûches de charmille.

Et le père était là, lui aussi, qui souriait en hochant la tête. Il disait qu'il enseignerait à l'enfant le respect de la vie et la haine de la guerre. Qu'il lui apprendrait le courage. Pas le courage de tuer ou de mourir en se battant. Non, c'était un courage que tout le monde pouvait avoir. Il lui enseignerait le vrai courage, celui qui permet de refuser le meurtre. Celui qui permet de demeurer un homme.

Ils étaient sans colère. Plus calmes que le soir où se mourait un reste de vent. Ils avaient l'air de dire aussi qu'ils étaient là pour essayer de réparer un peu ce qu'avait fait leur fils. « Tu vois, expliquait le père, tu as tout gâché, tout méprisé, tout piétiné, mais nous, nous sommes ici pour arranger les choses. Tu vas t'en aller, car ta place n'est pas sur une terre de paix, dans une maison où on a toujours respecté la vie. Toi, tu vas retourner te battre. Tuer encore d'autres innocents. Mais la maison est grande, nous les accueillerons. Ils tiendront ici la place que tu as laissée vide. »

Sans se rendre compte qu'il se déplaçait, Jacques avait reculé lentement. Il eut un sursaut lorsque son dos toucha le mur. Les pierres étaient froides. Il s'y appuya. Ses mains s'accrochèrent aux aspérités. Ses ongles griffèrent le mortier qui s'effritait, rongé par une mousse ténue.

Avec ce couple de vieillards et cet enfant dont le visage et la poitrine saignaient, il y avait à présent le petit âne gris. Ils marchaient tous les quatre dans le jardin, le long de la murette. Leurs silhouettes se détachaient sur le ciel où s'éteignaient lentement les dernières lueurs. Un moment, ils ressemblèrent à une image de la Fuite en Egypte qui se trouvait dans un livre de catéchisme. Mais ils ne fuyaient pas. Ils avaient décidé de rester là, dans ce jardin et dans cette maison qui leur appartenaient et dont personne jamais ne pourrait les déloger.

« Tu as vendu, disait le père, et ces gens vont en faire un bastringue. Tout de même, est-ce une compagnie pour des morts sérieux? Est-ce que tu crois que nous allons vivre tranquilles, avec tout le monde qui va venir ici? Où veux-tu que nous allions? Nulle part! Nous autres, nous ne sommes pas comme toi, nous n'avons jamais rien renié. Nous n'avons trahi personne, même pas notre terre. »

Le père était toujours calme, mais sa voix s'était durcie. On le sentait décidé à rester coûte que coûte sur ce qui avait été le lieu de sa joie et de sa douleur.

« Ne te fâche pas, dit la mère, tu vois bien qu'il ne peut pas comprendre. »

Jacques se raidit. Il tremblait de plus en plus, et, comme l'enfant quittait la mère pour s'approcher davantage, ce fut lui qui s'enfuit, abandonnant aux morts la maison froide et le jardin baigné de nuit.

28

Collé à la porte de la grange qu'il tenait entrouverte derrière lui, Jacques fouilla du regard les abords de la maison comme s'il redoutait que quelqu'un se fût caché pour l'épier. Rien. Le chien qui l'avait précédé pissait contre la dalle levée d'une ancienne conche à fumier envahie par les orties et les sureaux. Sans bruit, Jacques ferma la porte, regarda encore sur sa gauche avant de prendre à droite, en direction de l'église. A l'angle, il s'arrêta, et, avançant la tête au ras du mur, il s'assura également que la place de l'Eglise était déserte. Cassé en deux, il traversa d'un bond pour s'aplatir contre le mur de soubassement dans la nuit du vieux tilleul. Il écouta. Le tilleul respirait très haut, mais les basses branches restaient silencieuses. Jacques se redressa lentement et s'immobilisa, l'œil au ras des pierres de crête. La place était vide autour du monument aux morts qui dressait sa colonne de pierre. De l'autre côté, deux fenêtres de la cure étaient éclairées. Des lampes de la rue coulait une lumière blême. Il monta à gauche du tilleul, courut jusqu'à la cure et s'arrêta de nouveau, plaqué au mur. Le chien, qui croyait à un jeu, courait à son côté mais refusa de se coller au mur.

— Planque-toi, nom de Dieu! souffla Jacques.

Au milieu de la chaussée, juste devant la porte

de la cure, le chien se mit à danser sur place en aboyant aigu.

— Bon Dieu, ce con va nous faire repérer!

Jacques reprit sa course. D'une traite, il dégringola jusqu'à l'entrée du sentier des vignerons où il se glissa dans l'ombre des haies. Son idée était d'aller sur le plateau, mais en évitant de traverser le village. Il ne voulait voir personne. Là, à pareille heure, il ne risquait aucune rencontre.

Se reprenant un peu, il murmura en caressant le chien :

— Tu t'en fous, toi. Tu vas me prendre pour un dingue. Tu sais pas ce que c'est. T'as pas la guerre dans la peau.

Il parlait comme pour se justifier. Conscient de s'être comporté d'une manière stupide, il se mit à descendre le sentier du Puy Roussot sans hâte, et sans plus chercher à se dissimuler. Au-dessus de lui, quelques fenêtres étaient éclairées. Des bruits assourdis lui parvenaient : un moteur, des cloches de vache, quelques appels. Au creux de la vallée, les lampes de Closia trouaient l'ombre. Une voiture sortit du village et suivit le sillon de la route qu'elle tirait de l'obscurité pour quelques instants.

Jacques ne regardait plus cette courbe, cette vallée, ces rochers, ces villages comme il les avait regardés la veille encore, avec Pierre Mignot. La nuit leur donnait un aspect menaçant. Chaque arbuste, chaque fourré, chaque levée de pierres sèches pouvait dissimuler un danger. Jacques luttait contre l'idée qu'il était poursuivi, recherché, peut-être cerné. Il n'était plus un soldat français, mais un fellaga traqué par toute l'armée des ombres mystérieuses qui appelaient à l'aide, dans leur langage de silences et de chuchotements.

Lorsque les ombres du Puy Roussot reçurent les renforts qu'elles attendaient, Jacques avait atteint l'endroit où le sentier rejoint le chemin qu'il avait emprunté pour se rendre à la Fontaine aux

174

Daims. Il hésita. Il pouvait également prendre à gauche par le flanc de la combe, gagner la forêt de sapins et, en la traversant, retrouver le plateau. C'était dans cette intention qu'il était sorti, mais à présent, il ne savait plus. L'ennemi était partout. Ombres inconnues à droite, à gauche et devant, tandis que, sur ses talons, venait l'enfant brun. Il avait distancé les autres. Les sabots de l'âne sonnaient plus haut, sous la roche en surplomb. Le père et la mère devaient être tout de suite derrière l'âne. Mais, à quelques mètres de Jacques, il y avait l'enfant. Il le sentait sur sa trace, allongeant ses petits jambes maigres, posant ses pieds nus sur les pierres sans jamais faire rouler le moindre caillou. Tant que Jacques hésita, l'enfant attendit, accroupi derrière une touffe de buis. Jacques risqua un regard rapide et il vit nettement la chevelure noire de l'enfant plonger derrière la chevelure noire du buis.

Ce fut le chien qui prit la décision. Le museau au ras du sol, il partit vers le haut.

— Tu as raison, souffla Jacques. La forêt, ils ne peuvent pas la connaître aussi bien que moi. Et, une fois sur le plateau, ils ne m'auront pas.

Il se mit à monter, allongeant le pas, courbant l'échine sans même se rendre compte qu'il reprenait son attitude de soldat en patrouille.

Il lui sembla un moment que les autres avaient perdu sa trace. Il s'arrêta pour écouter et scruter la nuit derrière lui. Il n'y avait plus à présent aucune lueur de jour dans le ciel, et c'est à peine si la masse du piton couronné par quelques yeux de lumière était visible. La lune n'était pas encore levée, et les étoiles ne versaient qu'une clarté beaucoup trop hésitante pour qu'elle vînt jusqu'au pied de cette forêt qui était sans doute le cœur de la nuit.

Il atteignit la lisière du bois. Là, c'était l'obscurité totale où il fallait plonger. La forêt était pleine de plaintes, de soupirs, de raclements de gorge, de craquements. Tout autour de lui, on marchait sur les aiguilles mortes et les branches tombées. Il y avait le pas du chien, très reconnaissable, puis les autres, formant cercle à peine plus loin. Le cercle se mit à avancer avec lui, se refermant sur ses talons dès qu'il eut quitté la lisière. Insensiblement, son regard s'habituait à cette obscurité du sous-bois qui devenait pénombre. Et, sans peine, il put identifier ceux qui formaient le cercle. En fait, il ignorait leurs noms, mais tous étaient liés à un lieu, à un moment précis de sa vie. Il y avait aussi un enfant blanc. Le premier enfant mort qu'il eût découvert, égorgé comme un mouton par des Arabes. Celui-là, les gars du commando l'avaient fait payer cher aux premiers individus à peau brune qu'ils avaient rencontrés. C'étaient des vignerons des environs de Mascara. Ouvriers agricoles, qu'ils disaient. Ils n'étaient certainement pas les auteurs de l'égorgement, mais quelqu'un devait payer. Ils avaient payé. Et voilà que cette nuit ils quittaient leurs vignobles de plaine pour cette forêt. Drôles de vendanges qu'ils venaient faire ici! Le sang de leurs plaies n'avait pas séché et luisait malgré l'obscurité. Tous semblaient porter des bijoux. Une fortune de bijoux couleur de sang. Et ils avaient amené avec eux d'autres morts de tous les âges. Tués par balles ou par bombes, brûlés dans leurs gourbis, torturés à mort. Ils avaient même des chèvres et des vaches, celles que Jacques avait vu pourrir dans les prés où des fellagas les avaient égorgées, celles aussi que l'armée tuait en bombardant les villages des paysans.

Tous ces morts n'étaient même pas menaçants, plutôt méfiants. Dès qu'il ébauchait un crochet pour s'approcher d'eux, le cercle se déformait, ceux qu'il voulait aborder s'éloignaient tandis que leurs compagnons, à l'opposé, se rapprochaient derrière lui. S'il se retournait brusquement, c'était la même manœuvre en sens inverse. Et toujours sans bousculade, dans le silence et le calme. Il continua d'avancer et remarqua que le chien tournait autour de lui, probablement prisonnier du cercle.

Lorsqu'ils atteignirent la lisière, ils se trouvaient à peu près à l'endroit où Jacques avait découvert une trouée dans les ronces. Il obliqua sur sa gauche et trouva tout de suite le passage. Le chien s'y engagea avant lui, mais les autres ne cherchèrent pas à l'emprunter. Les broussailles ne les gênaient pas. Jacques avait cru un moment qu'ils resteraient prisonniers de la forêt, mais il les retrouva sur le plateau, tout autour de lui, pas gênés du tout par la lumière dure de la lune qui venait de se lever. Et cette lumière froide donnait aux rubis qui coulaient de leurs plaies des reflets d'émeraude.

Jacques s'arrêta. Il venait d'apercevoir plusieurs ânes gris le long d'une murette. Les ânes étaient tous bâtés de couffes profondes dans lesquelles les hommes chargeaient des pierres qu'ils prenaient sur la murette.

Jacques s'approcha sans bruit. Ces hommes portaient un uniforme qu'il reconnut dès qu'il eut compris que leur chef était l'oncle Emile. L'oncle Emile avec son pantalon rouge, son dolman bleu et son képi d'où tombait un couvre-nuque blanc. Jacques allait s'avancer encore lorsqu'il entendit la voix de son père :

« Jacques, mon petit, ne va pas voir ça. Ce ne sont pas des pierres, ce sont des têtes coupées qu'ils ont alignées sur ce mur pour les photographier. Et ce sont des soldats français qui ont fait cela. Et ils en sont fiers... Emile, vous devriez avoir honte. Vous êtes notre honte! Et vous montrez ça à un enfant. Vous exhibez ces photographies comme vous exhibez vos décorations. Votre quincaillerie. Vos brevets de parfait assassin! »

Pas fâché du tout, l'oncle Emile souriait de son bon sourire de brave homme. Il encourageait du geste ses soldats qui continuaient de charger les têtes. La voix du père se fit plus grinçante :

— Emile, vous êtes un salaud! Je vous interdis de remettre les pieds chez moi. Je vous l'interdis, vous entendez!... Vous êtes fou. Complètement fou!

Il y eut un embrasement spontané de l'embouche, de la murette, de l'oncle Emile et de ses hommes. Tout se tordit dans les flammes avant de disparaître comme avait disparu cette photographie donnée à Jacques par l'oncle Emile et que son père lui avait arrachée des mains pour la jeter dans le feu.

Tout disparut.

Le plateau resta nu sous la lumière dure de la lune, mais l'écho de la forêt répéta longtemps :

— Fou... Fou... Fou...

29

Jacques traversa le plateau. Les morts n'avaient pas disparu, mais leur présence était plus discrète. Ils seraient toujours là. Même la compagnie des vivants ne le délivrerait plus de ces voix qui renaissaient aussi bien du silence que des moindres bruits.

Il ne fuyait plus. Il marchait parce qu'il sentait que le sommeil ne viendrait pas.

Il regagna la route qu'il emprunta jusqu'à l'entrée du bois des Gulaires. Sans s'interroger, il prit à droite un chemin qui tourne deux fois entre les arbres avant de se diviser en trois sentiers mal tracés. Il choisit sans hésiter celui de gauche qui plonge vers la reculée. Une trouée lui permit d'apercevoir le bas-fond tout laiteux de brume sous la lune. Sur un replat, alors qu'il traversait une partie de la forêt vieille d'une quinzaine d'années, il s'arrêta devant un gros foyard dont le fût parfaitement droit s'élançait pour se perdre dans la masse lourde du feuillage. Quelques rais de lune atteignaient l'écorce, mais Jacques dut palper le tronc pour découvrir ce qu'il cherchait. C'était bien l'arbre du maquis. Il l'avait oublié et voilà que, sans le vouloir, il empruntait ce chemin. Il eut envie de rire. Un rire amer car la voix de son père revenait pour lui expliquer, une fois de plus, que cet arbre avait été laissé pour témoigner de la guerre. Il portait les traces des messages que les gens du maquis avaient gravés dans son écorce. Jacques évoqua ces garçons qui s'étaient battus ici à la manière des fellagas en Algérie, contre des soldats de son espèce qui les avaient torturés, déportés ou fusillés exactement comme ses camarades et lui le faisaient aujourd'hui. Lui aussi appartenait à une armée d'occupation. Et cette occupation, l'oncle Emile en avait pris sa part. Il s'était même couvert de gloire à couper quelques têtes de salopards qui appartenaient eux aussi à la Résistance. Le mot avait souvent provoqué la colère du père qui ne croyait qu'à la résistance non violente et ne pardonnait pas les règlements de comptes de la Libération. En présence de Jacques, il s'était querellé avec d'anciens résistants qui se glorifiaient de leurs exploits. Il avait dépeint à Jacques cette époque d'horreur, de douleur, de sang, de délations, de corruption, de tortures et de crimes pour lui faire sentir que la guerre n'est jamais noble et qu'elle finit toujours par libérer les instincts les plus bas et les plus féroces de l'homme. Il l'avait fait avec toute sa foi, mais il avait échoué. Etait-il donc nécessaire que chaque génération connût *sa* guerre pour que quelques hommes en sentent l'absurdité? Le père n'était-il pas mort parce que le départ de son fils lui prouvait que la guerre était immortelle et que le combat qu'il menait restait vain?

Jacques regardait cet arbre et les autres, beaucoup plus jeunes, qui l'entouraient. Lequel d'entre eux serait désigné pour témoigner du prochain conflit?

Est-ce que les SS étaient venus jusque-là?

Est-ce que des maquisards étaient morts au pied de cet arbre?

Jacques ramassa une poignée de terre qu'il serra dans sa main douloureuse comme s'il eût espéré en faire couler du sang. Mais rien ne coula et il lança cette boule dans les feuillages où elle s'émietta. Quand la paix serait revenue sur leur pays, les Algériens pétriraient peut-être leur terre pour y retrouver le sang des morts. Mais le sol est avide, sans doute avait-il déjà bu depuis longtemps le sang mêlé des enfants bruns et des petits ânes gris.

Cet arbre était, en quelque sorte, un monument vivant. Il avait grandi et grossi en déformant les inscriptions qu'il portait, mais son écorce conservait toujours les cicatrices laissées par la guerre. « La terre se souvient », disait son père. Les arbres se souviennent aussi et ce foyard vivrait sans doute plus longtemps que les hommes qui l'avaient blessé.

Jacques descendit jusqu'à l'endroit où le chemin devient escalier taillé à même la roche. Là, il y avait une énorme pierre levée et plantée à droite du sentier. Il s'y accouda. C'était la pierre des morts. Son père lui avait raconté qu'autrefois, il n'existait pas de cimetière au fond de la vallée. Alors, lorsque quelqu'un mourait dans une ferme, on prenait le cercueil à dos d'hommes pour le monter jusqu'à la route où attendait une voiture de Castel-Rochère. Cette pierre était là pour permettre aux porteurs de poser la caisse et de souffler un moment.

Le père évoquait volontiers ce temps et montrait toujours une grande admiration pour ce respect des morts et cette peine que prenaient les vivants afin de leur donner une bonne sépulture. C'était un peu comme un prolongement de l'amitié, une dernière promenade à travers ces bois où l'on avait ensemble fait claquer les cognées.

Jacques caressa le chien qui s'était assis à côté de la pierre, et il dit :

— Tu vois, j'ai pris le chemin des morts sans y penser. Mais dans le mauvais sens. Et moi, je n'ai pas de cercueil à porter.

Il se tut. Il savait qu'il aurait à porter ses morts, et plus longtemps sans doute. S'ils l'avaient abandonné avant qu'il n'entre dans le bois, c'était peut-être qu'ils voulaient le laisser descendre seul par ce sentier que tant d'autres avaient monté. Avaient-ils peur des rencontres? Est-ce que le royaume des morts n'est pas le lieu où tous se côtoient sans différence d'âge, de classe?

Jacques sentit renaître sa douleur. Il porta la main à ses yeux. Espérait-il vraiment qu'il serait accueilli un jour dans le royaume où se trouvaient ses parents et tous les martyrs d'Algérie?

Il descendit très vite l'escalier aux marches inégales, puis, dès qu'il eut retrouvé le sentier, il se mit à courir, poussant du pied des cailloux qui dévalaient entre les troncs, éveillant les échos de toute la reculée où les maisons dormaient sous leur duvet de brume.

Avant d'atteindre la rivière qui continuait de chanter dans son sommeil, il s'arrêta encore. L'idée de l'arbre-monument lui revenait. Il se voyait pareil à ce foyard. Tout son corps était couvert de cicatrices faites au couteau par ses morts qui venaient l'un après l'autre graver leur nom au plus sensible de sa chair. Ils le faisaient sans méchanceté. D'ailleurs, leur travail patient et appliqué ne lui causait aucune douleur, il le condamnait seulement à l'immobilité. Tout son corps était pareil à ses mains blessées par le manche du croissant, tant qu'il ne bougeait pas, les plaies restaient indolores. Et il ne bougeait pas. Il était un arbre parmi les autres, mais les gens venaient le voir au cœur de la forêt. Ils disaient : « C'est l'arbre qui a tué. » Et ils essayaient de le faire bouger pour que ses plaies se mettent à saigner. Mais seules les grandes tempêtes pouvaient y parvenir. Personne ne le savait car les hurlements du vent couvraient ses plaintes et il était toujours seul avec sa douleur sous les orages et dans la bise des hivers glacés.

Lorsqu'il reprit sa route, il n'avait plus envie de

courir. Le calme était redescendu en lui et il éprouva du plaisir à entendre la rivière.

Il traversa le hameau de La Pionnerie où des chiens enfermés se mirent à aboyer. Toute la reculée se peupla d'échos. Le chien roux allait, indifférent, s'arrêtant çà et là pour flairer et lever la patte.

En passant à l'endroit où le ruisseau qui naît de la Fontaine aux Daims se jette dans la Guivre, Jacques eut envie de quitter la route et de grimper jusqu'à la source; mais le chien avait du mal à le suivre.

— T'es comme moi, dit-il, tu commences à avoir la fringale.

Il regarda sa montre. Il était un peu plus de deux heures. Ils avaient quitté Castel-Rochère vers neuf heures du soir et il calcula qu'ils avaient dû parcourir une bonne douzaine de kilomètres. Comme ils approchaient de Closia, l'idée lui vint d'aller à la boulangerie. Il obliqua à gauche et regarda vers le fond de la reculée. D'ici, sous cette lumière qui unifiait les couleurs et accentuait les ombres, elle ressemblait à la vallée de l'Oued Hallaïl où l'hélicoptère était venu le chercher après l'explosion du mortier.

Est-ce que la guerre n'allait pas s'abattre d'un coup sur ce pays, éclater à la manière des orages d'été et semer la mort sur ce monde endormi? Pour quelle raison la mort là-bas et la vie tranquille ici? Les gosses de ce village n'allaient-ils pas être égorgés cette nuit dans leur lit ou déchiquetés par des bombes d'avions?

Jacques avait à peine huit ans le jour de la Libération et il s'en souvenait comme d'une grande fête. L'occupation n'avait guère touché Castel-Rochère, mais d'autres villages avaient été incendiés. Leur population massacrée dans sa totalité, enfants compris. Exactement comme en Algérie. Des garçons de son âge avaient péri sous les balles des SS, d'autres étaient morts écrasés par les décombres fumants de maisons pareilles à la sienne. Un moment, il fut parmi ces enfants-là. Debout au milieu de cette rue calme, seul au centre de ce village désert, il vécut sa propre mort et celle de ses parents entraînés par des soldats, casqués, collés au mur d'une église ou d'une mairie, hachés par les balles, piétinés par les bottes.

La guerre est là. Elle gronde, elle hurle, elle flambe, elle torture, elle broie les os et les chairs d'enfants.

Il n'y a plus d'enfant brun au regard noir, mais un enfant blond aux yeux bleus. Il s'appelle Jacques Fortier, et son nom restera sur une plaque de marbre scellée au mur de la mairie. Une mairie toute neuve, reconstruite sur la terre où les traces de sang auront disparu avec les ruines de tout un village.

Jacques s'aperçut soudain qu'il s'était adossé à l'angle d'une maison. Le silence était total. Silence de tous les vivants endormis dans la paix.

Il s'épongea le front et quitta la rue pour le chemin conduisant au moulin. Il retrouva le chant de la Guivre, puis, plus faible, le froissement de l'eau dans le canal. Il faisait frais sous les grands peupliers dont le feuillage respirait à peine. Jacques suivit le bief, et, dès le tournant, il vit la porte du fournil comme un cube de lumière posé sur le long reflet d'or qui s'étirait jusqu'à la première vanne. Le pétrin mécanique ronronnait. Des étincelles sortaient de la cheminée du four. Dès qu'il poussa la porte vitrée, la chaleur du fournil lui sauta au visage avec l'odeur du feu de bois, du pain chaud et de la pâte en fermentation. Le vieux Christophe, qui était en train d'orienter le gueulard de son four, se retourna le temps d'un regard, acheva de diriger la langue de flammes vers la gauche de la voûte qu'elle léchait, abaissa la porte, suspendit son ringard qui tinta clair contre les briques, puis regarda Jacques de nouveau. Calmement, il dit :

— En voilà un qui est tombé du lit.

Jacques s'approcha, serra la main brûlante et sèche du boulanger et demanda :

— Vous me reconnaissez?

— Diable! Tu es le fils à Rémi Fortier. C'est peut-être pas toi que je reconnais, mais ton père. Parce que, pour lui ressembler, on peut dire que tu lui ressembles!

Le vieux qui était petit et maigre souriait. Son visage osseux sous la peau trop ample était bronzé comme son cou et ses mains, mais ses épaules et sa poitrine étaient aussi pâles que la pâte de son pain. Son maillot de corps laissait déborder une grosse touffe de poils gris. Il se baissa pour caresser le chien et dit :

— T'as un beau chien. J'aime bien ces bourrus. C'est de la race solide.

Jacques ne répondit pas. Il écoutait le vieux, il respirait cette odeur oubliée.

— Ton père venait toujours de bonne heure chercher son pain, racontait le boulanger, mais tout de même, je ne l'ai jamais vu au milieu de la nuit. Qu'est-ce qui t'arrive?

— Je ne dormais pas. J'ai voulu marcher.

— Tu tombes bien, j'allais me mettre à casser la croûte.

La charbonnette brûlait derrière la porte percée de trous ronds par où l'on voyait danser le feu. Jacques demeurait immobile, incapable de détacher son regard de ces yeux de lumière. Le ronflement du foyer et celui du pétrin entraient en lui comme un baume. Le boulanger arrêta le pétrin, et le bruit du feu parut s'amplifier d'un coup. En grandissant, il devenait multiple, fait à la fois du courant et des remous du tirage, des craquements, du chuintement d'une bûche moins sèche que les autres.

— Je sors la pâte, et après, on casse une croûte, dit le boulanger.

Jacques le regarda plonger ses mains dans un

seau d'eau, avant de couper la pâte et de la tirer de la cuve, à larges brassées luisantes qu'il lançait dans la huche de bois avec des hans et des pfuch. Les pâtons claquaient, faisant sonner le vieux chêne. Dès qu'il eut terminé et recouvert la huche d'un sac à farine vide, le boulanger disparut. Il n'y eut plus que le chant du feu et la stridulation des grillons. La nuit collait aux vitres son regard de mystère, mais elle n'entrerait pas ici. Le fournil vivait de chaleur. Il transformait en bonne chaleur le vent froid de toutes les nuits d'angoisse.

Le boulanger revint. Il portait une assiette où était posée une saucisse. De l'autre main, il tenait un litre de vin rouge sur le goulot duquel il avait retourné deux verres qui cliquetaient. Son coude gauche serrait contre son flanc la moitié d'une miche.

— Si tu veux en manger du frais, dit-il, tu te serviras, mais moi, je le préfère rassis.

Puis, comme s'il eût continué la conversation interrompue par son travail, il reprit :

— Il n'y a que le samedi qu'il venait plus tard, pour avoir de la brioche. Et des fois, il t'amenait sur le porte-bagages de son vélo. Je m'en souviens très bien. Il venait le mercredi et le samedi. Régulièrement. Hiver comme été. Et l'hiver, il descendait à pied, par le Puy Roussot. Comme ça, il regardait ses vignes. Il leur disait un petit bonjour en passant. Salut! Comment ça va-t-il? Pas trop froid? C'était un homme. Et solide. Et franc comme l'or. Sûr qu'on aurait jamais cru qu'il s'en irait si vite... Le pain sur levain, et cuit au bois, qu'il me disait, je ferais dix fois plus de chemin pour en avoir.

Le boulanger parlait, s'arrêtant de loin en loin pour avaler une bouchée ou boire un coup de vin. Jacques mangeait aussi, lançant des morceaux de pain et des peaux de saucisse à son chien. Il écoutait le boulanger, mais très vite, ce monologue devint pareil à la chanson du foyer. Il faisait partie de tout ce qui vivait là, dans cette bonne tiédeur, et tenait en respect les ombres de la nuit. Longtemps, le boulanger parla du père de Jacques, liant ses souvenirs de ce vigneron à sa propre existence de boulanger. Puis, après une pause un peu plus longue, il demanda :

— Et cette guerre, qu'est-ce que tu en dis, toi qui regardes ça de près?

Jacques soupira, haussa les épaules, et grogna :

— C'est pas beau.

— Je m'en doute bien, mais toi, qu'est-ce que tu fais? Tu es dans l'infanterie?

— Oui.

— Tu dois bien avoir participé à des coups durs?

Jacques devait répondre. S'il demeurait muet, le vieux ne comprendrait pas. Est-ce qu'il allait devoir jouer les anciens combattants? Allait-il se mettre à raconter ses campagnes pour faire plaisir à ce boulanger? On commence ainsi, et on finit dans la peau d'un oncle Emile!

Il vida son verre, hésita encore un instant puis, sans réfléchir, il dit :

— Des fois, on va dans des villages ou dans des camps de regroupement, avec des camions et des vivres. On distribue du lait en poudre pour les gosses. De la farine, du riz, un peu d'huile... Faut voir... Ces gens qui n'ont plus rien... Faut voir...

— Drôle de façon de faire la guerre. Tu parles s'ils doivent rigoler, les bicots! Nourris à l'œil! C'est que je les connais bien, moi, ces gens-là! Quand j'ai été rappelé, en 39, on m'a affecté aux boulangeries de l'armée. Chef de fours, j'étais. On m'en avait donné deux pour m'aider. Rien à en tirer. Plus fainéant, tu trouverais pas. A coups de trique, il aurait fallu les mener. Alors, j'ai dit : « Expédiez-les donc au front, ceux-là, et donnez-moi des Français à la place. » C'est ce qu'ils ont fait. Faut dire, on se tapait dix fournées...

Le vieux était parti. Sa guerre au fournil en valait bien une autre et son jugement sur les Arabes n'avait rien d'original. Jacques avait cessé de l'écouter. Il était retourné là-bas, dans ce pays de misère, de souffrance, de larmes et de sang. Il y retrouvait des vivants maigres aux joues creuses, des enfants au ventre ballonné et à la peau couverte de croûtes. Ils étaient des milliers, loin de leurs villages à jamais effacés de la carte par les roquettes et les grenades incendiaires. Il arrivait dans leurs camps. Il amenait avec lui de quoi les nourrir et les vêtir tous durant des années, durant le temps qu'il leur faudrait pour retrouver enfin le moyen de vivre comme des hommes. Il n'était plus celui qui tue, mais celui qui sauve. Il ne donnait plus la mort, il apportait la vie. Et son père était avec lui, le visage illuminé de joie grave. Debout au milieu de cette multitude d'enfants bruns, ils distribuaient le lait. Les enfants buvaient dans leurs petites boîtes, et des gouttes blanches roulaient sur les mentons et sur la peau brune des poitrines nues.

La guerre avait déserté la terre pour aller se perdre dans l'espace infini où couraient de longs orages inoffensifs. Le monde entier retrouvait la joie dans une paix qui sentait bon le pain chaud et le feu de bois.

30

Jacques avait acheté deux énormes miches. Elles le réchauffaient, une sous chaque bras, tandis qu'il grimpait par le Puy Roussot vers le village invisible. Le jour se levait dans un brouillard épais qui cachait aussi bien la plaine que la reculée et le haut des falaises. Il avait dû se former un peu avant l'aube, tandis que Jacques dormait sur les sacs dans le magasin à farine. Ce n'était pas un de ces brouillards transparents que les matins d'été lèvent sur la Guivre. Il était plus épais, plus lent, mais, dans les hauteurs, il blanchissait déjà.

Après deux heures de sommeil sans rêves Jacques se sentait l'esprit moins vacillant.

Ce matin, la compagnie de ses parents était toute naturelle. Sur cette terre qu'ils avaient tant aimée et servie, il ne pouvait s'étonner de les trouver debout dès l'aube et penchés sur leur besogne. C'était à peine s'il lui semblait entendre la voix de son père lorsqu'il se disait :

— T'as fait des conneries, tu vas payer. C'est normal... T'aurais mieux fait de ne pas venir. Au moins, tu n'aurais pas de regret. Puisque tu avais décidé de vendre...

Il se répétait cela pour tenter de se donner des forces. Puisqu'il avait perdu l'espoir de reprendre les terres à son compte et d'y travailler pour obtenir son pardon, du moins devait-il s'efforcer de sauver quelques souvenirs. Dans cette maison habitée par des Fortier depuis plusieurs générations, le père avait conservé tout un bric-à-brac qui ne parlait qu'à lui mais que Jacques se devait de sauver. Pour le père, les objets n'avaient de valeur que sentimentale, mais cette valeur était sacrée. Si Jacques avait pu garder la maison, il eût laissé le grenier sous ce linceul de poussière qui protégeait des vivants le souvenir des morts. Il devait absolument trouver la force de déménager tout cela, car il ne pouvait imaginer des étrangers portant la main sur ces reliques. Au fond, c'était sans doute cette tâche sacrée qui l'avait poussé à revenir sur sa décision première. La force mystérieuse qui l'avait conduit à reprendre le chemin du village, c'était là qu'elle prenait source. Cette besogne accomplie, il lui resterait à trouver un moyen d'aller au bout de sa vie sans tricher, sans se dissimuler jamais ce qui nourrissait son remords.

Il montait vite. A mi-chemin, il fut obligé de s'arrêter pour retrouver son souffle. Le brouillard demeurait épais mais la lumière était sur le point de percer. On la sentait toute proche, déjà blanche et chaude à travers le miroitement des myriades de gouttelettes.

Jacques regardait les vignes et les friches. Ce temps faisait émerger des souvenirs de vendanges. Le coteau en terrasses se peupla de bandes joyeuses. Le père fut sur le sentier, la bouille au dos chargée de grappes dorées, le père et d'autres Fortier morts depuis des siècles, qui avaient fait la gloire du vin jaune et donné son prix à cette terre. Ils montaient en file, ployant sous la charge. Seul le dernier ne portait pas la bouille. Il n'avait qu'une mitraillette suspendue à son cou. Il riait de voir tous ces Fortier user leurs forces à cette tâche de bagnard tandis qu'il quittait le sentier, gagnait la plaine et s'en allait vers des vil-

lages tout blancs pour procéder à d'autres vendanges. Au sang du raisin, il préférait le sang des
hommes, des femmes et des enfants. Il s'en allait
le piétiner comme les vignerons foulaient la vendange.

Rageur, Jacques se remit à monter, luttant contre la douleur de sa nuque.

Lorsqu'il arriva chez lui, le soleil était là. Toute
la plaine fumait sous un ciel neuf. La Guivre
avait regagné son lit; seules quelques flaques luisaient encore sur les prés en cuvette. C'était
une fête de la lumière comme les aimait son
père et qui venait tout exprès pour attiser ses re-
grets.

Tout ce qui l'avait laissé à peu près insensible
lorsqu'il vivait dans ce village le touchait profondément depuis son retour. L'amour que son père
portait à ce pays l'avait souvent agacé. Il jugeait
cette passion ridicule et vieux jeu. Seul l'attirait
alors ce qui se passait ailleurs, dans ce reste du
monde qu'il voulait découvrir. Par-delà cet horizon, il y avait ce qu'il appelait l'aventure. C'est-
à-dire n'importe quoi qui pût lui permettre de
s'arracher à cette vie monotone et épuisante de
paysan. Il n'avait jamais éprouvé de passion pour
l'enseignement, et c'est surtout par manque d'ima-
gination qu'il avait envisagé cette carrière. Mais le
père n'admettait ni la paresse ni la médiocrité.
« Je ne veux pas te voir traîner d'échec en échec
sur les bancs de l'école! La paresse engendre tous
les vices. Tu as échoué cette année uniquement
parce que tu n'as rien foutu. Au travail! La terre
est là. Elle a nourri des générations de Fortier,
elle te nourrira et tu comprendras un jour ce
qu'elle représente! »

Mais Jacques avait refusé cette aventure-là. L'autre, la grande, celle qui a de la gueule, il l'avait
trouvée. Elle avait commencé par trois mots lan-
cés comme un défi : « Je vais m'engager! » Trois
mots dont son orgueil avait fait une prison. Entre

191

son orgueil et celui de son père, le silence s'était installé. Il avait conduit le père à sa propre mort et le fils à la mort des autres.

Plus Jacques regardait cette montée de la lumière qui colorait les rochers, les vignobles, les forêts, les prairies et les villages, plus la terre lui paraissait limitée à ce pays de travail et de paix. La lumière s'arrêtait où commençaient ces restes de brume. Plus loin, c'était le domaine de l'ombre. La véritable aventure était sur ces coteaux où gonflait le raisin des prochaines vendanges.

Jacques demeura longtemps sur la murette, comme il l'avait fait la veille, mais plus calme.

Les trois mots de son défi ne claquaient plus à la manière d'un fouet rageur, leur écho roulait encore, mais assourdi, comme définitivement installé au fond de lui.

Il fut tiré de sa torpeur par un bruit qui déchira soudain l'harmonie du matin.

En bas, quittant Maléria, une motocyclette à échappement libre fonçait vers Closia. A l'entrée du village, elle fit demi-tour, revint aussi vite qu'elle était partie, traversa Maléria sans ralentir, disparut entre les maisons d'où montait sa pétarade qui emplissait l'immense paysage, courant jusqu'à l'horizon, éveillant l'écho des reculées. Elle réapparut bientôt sur la route de Lons, s'éloigna, fit demi-tour, revint, retraversa Maléria et continua son va-et-vient assourdissant. Minuscule point noir d'où jaillissait parfois l'éclair d'un nickel, elle s'obstinait. Jacques entendit la voix de son père insultant les assassins de la paix, s'indignant contre ceux qui prennent égoïstement leur plaisir imbécile.

Un homme, un seul avait réussi à bouleverser tout un univers de silence. Comme le jour où Jacques avait lancé ses trois mots de défi, quelque chose s'était brisé.

Jacques serra les poings, puis porta ses mains à

192

sa tête pour comprimer la couleur naissante. Lorsqu'il eut retrouvé un semblant de calme, il se dirigea vers la maison froide où l'attendait le souvenir de ceux qui, déjà, appartenaient à un autre temps.

31

Peut-être parce qu'il redoutait encore de bouleverser la chambre où était morte sa mère, Jacques
décida de commencer sa journée par le grenier. Il
y monta quelques cartons vides et ouvrit les deux
lucarnes. L'électricité ne venait pas jusque-là, mais
le centre de la vaste pièce était suffisamment
éclairé pour qu'il pût y travailler sans allumer sa
lampe de poche. Un peu de jour filtrait également
entre les tuiles, mais la partie du toit encore couverte de laves retenait la nuit. La mousse avait
poussé entre les pierres, et ce recoin conservait
une odeur de cave.

Jacques ouvrit d'abord deux énormes malles
noires cloutées de cuivre et qui contenaient des
vêtements et de vieilles revues. Il y avait quatre
paquets ficelés du « Petit Journal » des années 1900, une collection importante de la « Revue de la Presse » et de nombreux numéros du
« Magasin Illustré d'Education et de Récréation ».
Il en ouvrit un, et retrouva des images qui étaient
restées très présentes à sa mémoire. Il avait lu
dans cette revue « Le Pays des fourrures », de Ju-
les Verne, et d'autres récits comme « Le Nid d'aigle » ou « Histoire de la famille Chester et de
deux petits orphelins ». Il eut envie de s'installer
sous la lucarne et de relire ces pages qui sentaient fort le vieux papier et lui parlaient du

temps où la maison vivait. Lorsqu'il montait ici, il entendait en bas les bruits du travail. La mère sortant vider une bassine d'eau dans le jardin, le valet criant après le cheval. Aujourd'hui, il n'y avait que le pépiement des oiseaux dans les tilleuls et, s'acharnant à déchirer le calme de la plaine, cette motocyclette qui continuait son va-et-vient obsédant.

Jacques empila les revues dans deux cartons qu'il descendit derrière la porte de la grange. Il venait de remonter et commençait à tirer les vêtements de la première malle, lorsqu'une voiture s'arrêta devant la maison. Ce n'était pas la 203 de Désiré. Il y eut deux claquements de portière, des voix d'hommes, le grincement du portail de la grange, puis des pas dans la cour. Une voix cria :

— Ohé! Fortier!

Cette voix ne lui était pas inconnue, mais Jacques ne parvint pas à l'identifier. Il répondit et descendit. Ce n'était pas extraordinaire que l'on vînt le voir, et pourtant son cœur s'était mis à battre plus fort.

Il sortit. Deux gendarmes étaient à quelques pas de la porte. L'un très jeune, le képi en arrière, et qui s'approcha, la main tendue.

— Tu me remets pas?

Jacques venait de reconnaître Albert Pommier, le fils des Pommier qui avaient longtemps habité à l'entrée du village.

— Salut, dit Jacques. Je savais pas que tu étais gendarme.

Pommier expliqua que son père était tombé malade et qu'ils avaient dû vendre la ferme. Son frère était à l'usine de lunettes, lui dans la gendarmerie.

— Je passais, dit Albert, j'ai appris que tu étais là, j'ai voulu te dire bonjour.

— Je vous fais pas entrer, dit Jacques, c'est trop en désordre.

— Je comprends. Il y a longtemps que tu es en perm'?

— Depuis mardi.

— Mais dis donc, tu n'es pas venu faire viser ta permission!

Jacques se sentit fouetté. Il répondit d'une voix sèche :

— Je suis en convalescence.

— C'est la même chose, dit l'autre gendarme en venant se planter à côté de Pommier.

Un moment, Jacques les observa. Il sentait monter en lui une terrible envie de rire. Il lui semblait qu'il y avait quelque chose de grotesque dans la présence de ces deux uniformes devant cette porte. Il se contint et dit calmement :

— Je n'ai pas de moyen de locomotion pour descendre. Puisque vous êtes là, vous allez me la signer.

— Non, dit le plus âgé, vous devez vous présenter.

— Dans la voiture, on n'a pas de tampons, ajouta Pommier comme pour s'excuser.

— Alors, j'irai quand je trouverai une occasion.

— Ça ne manque pas, remarqua Pommier, il y a Désiré qui descend tous les jours.

Cette fois, Jacques n'avait plus envie de rire. Il sentait la colère le gagner. Il fit encore un effort pour rester calme, mais sa voix vibrait lorsqu'il dit :

— C'est bon. J'irai. Vous cassez pas la tête!

En parlant, il avait ébauché un geste vers la grange, comme pour les inviter à s'en aller. Pommier fit un pas, mais son chef demeura sur place et dit, d'un ton tranchant :

— C'est votre intérêt. Et je vous conseille de le prendre sur un autre ton. N'oubliez pas que vous êtes militaire et que vous parlez à des supérieurs.

Jacques ne put retenir un ricanement et un haussement d'épaules. Le gendarme éleva encore le ton :

— Parfaitement, dit-il. Et je vous conseille d'y réfléchir, vous pourriez avoir des ennuis.

Ce fut le mot qui mit Jacques hors de lui. D'un coup, ce qui venait de lui arriver en quelques jours lui apparut comme une montagne énorme à côté de ce que pouvaient représenter les ennuis dont le menaçait ce gendarme. Ses mains se mirent à trembler, sa poitrine se gonfla d'un bloc, il tenta encore de se contenir, mais sa colère le submergea.

— Des ennuis! cria-t-il. Vous pensez que je vais avoir des ennuis. Ah! merde alors! Mais vous vous foutez de moi! C'est pas possible. Vous êtes venu là pour rigoler, ou quoi?

Instinctivement, les deux autres avaient reculé.

— Ça va pas bien? fit Pommier.

— Vous perdez la raison, cria l'autre. Nous sommes en service... Vous l'oubliez.

Inquiet, le chien, qui s'était tenu jusque-là derrière Jacques, s'avança en grognant.

— En service! cria Jacques. Mais allez donc le faire sur les routes, votre service! Je vous ai rien demandé, moi! Des ennuis! Ah! merde alors! Des ennuis!

Le chien avançait toujours, montrant les crocs.

— Faites rentrer votre chien, dit le plus vieux.

— Il est pas à moi, et il obéit pas. Méfiez-vous, il est pas commode!

Les deux gendarmes filèrent. Le plus âgé avait porté la main sur l'étui de son revolver, mais il n'osa pas l'ouvrir. Le chien les suivit jusque dans la rue, et continua d'aboyer derrière la fourgonnette.

Dès qu'ils eurent disparu, Jacques repoussa le portail et remit en place la lourde barre de frêne qui le bloquait de l'intérieur.

— Comme ça, dit-il, nous serons tranquilles.

Et il se mit à rire en caressant le chien.

— Pauvre vieux, fit-il, ça m'étonne pas que tu sois venu te réfugier ici, t'es comme était mon père : les uniformes, ça te fout en rogne.

Il parla ainsi un moment pour tenter de se calmer, mais ce n'était plus possible. Cette scène avait rouvert en lui trop de plaies douloureuses. La guerre qu'il portait comme un mal profond se remit à vivre au présent. Il la sentait toute proche. Elle allait le reprendre. Elle guettait le moment où il s'arracherait définitivement à ce lieu. De nouveau, il plongerait dans l'absurde et l'atroce. Il laisserait ici les terres et la maison; il laisserait aussi quelques caisses de souvenirs empilées dans une grange, mais les morts le suivraient. Ils s'embarqueraient avec lui pour ce pays où il rencontrerait peut-être sa propre mort après avoir provoqué çelle des autres. Tous ses morts seraient avec lui pour guetter l'instant de l'ultime rendez-vous. C'était vers d'autres crimes, mais aussi vers ce moment que le poussaient ceux qui venaient lui rappeler qu'il n'était libre de rien. Il appartenait encore à cette armée qu'il avait épousée de plein gré. Il était son complice, il le resterait jusqu'à sa dernière seconde. « Vous parlez à des supérieurs. » Ah! le con! Mais qui pourrait lui être supérieur, à part les morts?

Il lui sembla que son père souriait. Il regardait la tête des « supérieurs », et il souriait. La voix du boulanger revint le temps d'une phrase : « Question de lui ressembler, on peut dire que tu lui ressembles! »

Jacques avait marché jusqu'au bout du jardin, mais la moto continuait sa pétarade effrayante. Furieux, il revint à la maison, y entra avec le chien, et ferma la porte. Il alla dans la cuisine, but un grand verre d'eau puis se dirigea vers l'escalier. Il commençait de monter lorsque la 203 de Désiré arriva. La portière claqua. Jacques marqua un temps, puis continua de monter et marcha jusqu'au bout du couloir où se trouvait la fenêtre aux carreaux cassés. Désiré actionnait le ticlet de la grange.

— Qu'est-ce que vous voulez? cria Jacques.

Désiré prit trois pas de recul pour le voir.

— Tu as fermé?

— Oui. Qu'est-ce qu'il y a?

— Rien... Je voulais te voir.

Désiré avait un drôle d'air et sa voix n'était pas assurée.

— Pas pour le moment. Je suis occupé.

Désiré recula encore. Le soleil le gênait. Il mit sa main en visière au-dessus de ses yeux et hésita avant de dire :

— Ne fais pas l'andouille, allons. Je vais te descendre à la gendarmerie pour faire tamponner ta convalo.

— Les gendarmes, hurla Jacques, je les emmerde! Et je veux qu'on me foute la paix, vous m'entendez? Qu'on me foute la paix!

Il recula dans le couloir. A présent, la rage le tenait. Il y avait là une vieille bonnetière qui devait bien peser cent kilos. S'arc-boutant, il la poussa devant la fenêtre. La corniche heurta ce qui restait d'un carreau, et Jacques n'entendit qu'un bruit de verre brisé tombant sur la voiture de Désiré.

32

L'effort que Jacques avait fourni pour déplacer la bonnetière ne l'avait pas calmé. Au contraire. A présent, il se sentait électrisé, habité d'un orage qui venait à peine de lâcher son premier éclair. Il pensa un instant que Désiré n'était pour rien dans tout cela et qu'il avait eu tort de s'en prendre à lui, mais il eut un geste de la main pardessus son épaule, en disant :

— Et puis, merde! De quoi il se mêle, celui-là!

Excité par le bruit et les cris, le chien allait de la montée d'escalier à la bonnetière déplacée qu'il flairait en se dressant sur ses pattes de derrière.

— T'y comprends rien. T'as jamais vu fermer une fenêtre avec une armoire. C'est pas de ma faute s'il n'y a plus de volets. Comme ça, ils nous foutront la paix. Y a que cette ouverture-là sur la rue, à présent, nous voilà tranquilles.

Ils remontèrent au grenier. Jacques ne savait plus s'il devait continuer son déménagement ou s'il était préférable de tout abandonner. Est-ce que ces vieilleries avaient une importance? Avait-il seulement le droit d'y mettre le nez? Il s'était fait un devoir de ne pas laisser cela aux étrangers qui viendraient là, mais quel devoir pouvait-il avoir à remplir, lui qui avait trahi son père et abandonné sa mère? Cette maison, s'il avait envisagé un moment de la vendre sans y revenir, c'est qu'il savait fort bien ce qu'elle lui réservait. La terre se souvient. Le père le disait. Pierre Mignot l'avait dit à propos du jardin, mais les maisons aussi ont de la mémoire. Elles se souviennent du mal comme du bien. Celle-là s'était vengée de lui. Vengée de son abandon. Elle avait vengé les vieux, ceux qui avaient su l'aimer comme elle méritait de l'être. Aujourd'hui, elle n'était plus pour lui qu'un piège où il venait de s'enfermer.

Un moment, il avait espéré faire alliance avec elle. Il avait cru qu'elle lui donnerait un peu de cette force que détenait son père. Il avait passé quelques heures dans l'illusion que cette bâtisse solide serait pour lui un rempart qui le protégerait du mal. Il l'avait considérée comme un asile où il pourrait s'abriter de la guerre. Parce qu'il avait vécu ici une enfance paisible, il avait imaginé que la paix habitait ces lieux en permanence. Une maison faite pour des travailleurs honnêtes, pour des enfants qui grandiraient dans la joie. Mais cette maison avait cessé d'être cela pour lui le jour où il l'avait quittée. Ni cette maison ni ceux qui l'habitaient alors ne l'avaient chassé. Il avait pris seul la décision de s'engager dans cette aventure où un vent de folie attisait les incendies, soufflant des villages entiers sur des enfants innocents.

Le pays s'efface. Il n'y a plus devant lui que des ruines et des morts. Et il se retrouve parmi ceux qui s'acharnent sur ces ruines d'où montent des gémissements et des appels au secours. La fumée noire des incendies obscurcit le ciel. Elle se rabat sur lui. Elle sent la souffrance et la mort. Elle l'étouffe. Pour se libérer, il crie :

— Retourner là-bas! Merde alors, plutôt crever!

La fumée se dissipe d'un coup. Le soleil reparaît, mais Jacques reste interdit devant cette phrase sortie de lui comme une eau qui jaillit d'une roche soudain ouverte par le pic.

Il n'a pas préparé ces mots. Ils ont mûri en lui

durant des jours, peut-être des années. La phrase est demeurée lovée, à ramasser sa force en attendant le moment de crever la carapace. Et voilà qu'elle est sortie. Chaque mot est fait d'une matière solide, palpable, bien visible. Ils sont là devant lui dans ce grenier mal éclairé où ils tiennent toute la place. Ils sont là pour signifier qu'ils ne s'en iront pas.

Jacques les regarde, et c'est un autre visage d'Algérie qui apparaît. Un gars de vingt-quatre ans, frêle comme un gamin avec des cheveux blonds et un visage de fille. Etudiant dont on a refusé de renouveler le sursis, il marche comme eux. Il marche jusqu'au jour où il voit torturer deux hommes et une jeune fille du F.L.N. Là, il ne marche plus. Il n'ira pas plus loin. Il jette son fusil à terre et lance son béret au visage du lieutenant qui veut l'obliger à ramasser cette arme. Il crie son dégoût, sa haine de la guerre. Il se reproche d'avoir répondu à l'appel d'une armée qu'il a toujours méprisée. On le fait taire en le rouant de coups. Des pieds et des poings, ses camarades et ses chefs cognent. Ils l'insultent. Ils l'appellent la trouille, foireux, pétochard, dégonflé, communiste, vendu... Jacques vient d'arriver au corps. Comme les autres, il cogne et crie.

La suite, il l'apprendra par un caporal désigné de garde au Tribunal militaire. Celui qu'ils ont appelé dégonflé a tenu tête à ses juges galonnés arborant des placards de décorations. Il leur a crié son dégoût. Il a confirmé son refus de les suivre sur le chemin du crime, de se faire leur complice. Il a fait taire l'avocat qu'on lui a imposé : un aspirant de son âge à qui il a reproché de porter cet uniforme et ces galons.

Le caporal est un engagé, comme Jacques, mais plus ancien et qui a tâté de l'Indochine. C'est un dur. Il raconte tout cela sans émotion, parce qu'il l'a vu et qu'il sait ce qu'est le courage. Le petit blond au visage de fille l'a impressionné.

« On peut pas être d'accord avec ce mec, dit-il, sinon où irions-nous? Mais tout de même, ça avait de la gueule, son truc. Et pour tenir le coup comme ça devant les guignols du tourniquet, crois-moi, il en faut davantage dans la culotte que pour grimper dans les djebels, parce que là, le mec, il était tout seul! »

Jacques a souvent pensé à ce garçon qui s'appelait Maniller. Roland Maniller. Il sait qu'il faut moins de courage pour marcher avec la meute que pour dire non. Car il l'a éprouvée, cette envie de dire non. De foutre le camp devant tant d'atrocités. De crier à l'assassin! Mais jamais il n'a osé. Jamais il n'a senti en lui la force d'être l'homme que son père avait souhaité le voir devenir. Il a marché par peur d'être pris pour un lâche. Son orgueil imbécile l'a conduit à dompter une autre peur : celle de sa propre mort. Car celle-là aussi, il l'a connue. Peur de la nuit, du grand soleil, de la cible qu'il était; peur en patrouille, peur en convoi, durant la garde, dans le poste. Peur des harkis portant le même uniforme que lui aussi bien que des fellagas invisibles. Climat de terreur dans certains villages. Immense trouille qui vous scie les jambes. Sursauts du cœur qui va se rompre. Il les a toutes connues, y compris celle de ses chefs. Est-ce que l'homme est fait pour vivre une telle peur? Pour s'accrocher à un pays où la menace sourd de chaque pierre, de chaque buisson, de chaque grain de sable? Est-ce que l'homme est fait pour tant de lâcheté devant cette mort des autres où il se réfugie pour échapper à la sienne?

Au milieu de cette folie de meurtre, de cette ivresse de douleur et de sang, un homme s'est levé. Un seul : Roland Maniller. Un garçon comme le père Fortier eût aimé en avoir un. Lui seul s'est trouvé porté par son dégoût vers le vrai courage qui consiste à sortir de la meute.

Le regard doux de Maniller, Jacques l'a souvent

retrouvé lorsqu'il entrait dans les villages ou poussait des familles vers les camps de regroupement. Il l'a retrouvé dans les cris des torturés et le râle des agonisants.

Et voilà qu'il le retrouve aujourd'hui, plus présent que jamais.

Qu'est-il devenu, le petit blond au visage de fille? On ne sait pas, car le jugement n'a été rendu qu'après le départ du bataillon. En prison? Dans une unité disciplinaire? Fusillé peut-être?

Maniller était de ceux qui ne faiblissent pas. Qui vont jusqu'au bout en repoussant la boue.

Est-ce que le père Maniller était pareil au père Fortier? Est-ce que le fils de Rémi Fortier aurait le courage de tenir tête à des juges médaillés et galonnés?

Depuis que la guerre a coulé son venin dans ses veines, Jacques s'est souvent débattu contre cette vision. Et, ce matin, alors qu'il est loin de cette guerre, il se sent soudain libéré de sa peur. De toutes les peurs.

Son père est là, derrière lui, encore incrédule. Il sent sa présence. Il entend sa respiration et les battements de son cœur.

Il demeure longtemps immobile, redoutant que le moindre mouvement ne dissipe cette présence réconfortante. Il laisse la force couler en lui et s'y installer. Puis, parce qu'elle est un feu qu'il faut alimenter sans relâche, il se met à soulever la poussière qui recouvre tout. Il ouvre les vieux coffres, nettoie un à un les objets. Il ne range pas. Il ne met rien dans les cartons, il se contente de palper et de regarder. Il ne cherche que la force d'être enfin celui qu'il n'a pas su devenir lorsque ces objets faisaient encore partie de sa vie.

33

La journée s'étira, lourde et épaisse. Le ciel
était d'un bleu légèrement cendré. Il paraissait
bas à cause de la lumière tamisée par une brume
de chaleur qui estompait les lointains pénibles à
regarder. Jacques sortit à plusieurs reprises dans
le jardin où il apporta des sacs et des cartons de
vieilleries à brûler. Il continuait son exploration
du grenier où, malgré les ouvertures, l'air était à
peine respirable. La sueur qui ruisselait sur son
visage et son torse nu traçait des sillons dans la
poussière.

A midi, Désiré revint et appela de la rue. Jacques écouta sans répondre, et reprit sa besogne
dès que la voiture eut tourné l'angle. De loin en
loin, un pas sonnait entre les façades, une moto,
un tracteur ou une voiture passait. Jacques écoutait, mais personne ne s'arrêta devant chez lui. Il
mangea le pain du boulanger de Nevy avec un pot
de confiture dure comme de la pâte de fruit, mais
qui avait vieilli sans moisissure dans cette pièce
du premier étage où sa mère tenait ses réserves.
Il y avait encore beaucoup de confitures, quelques
bocaux de fruits au sirop, des boîtes de conserve
et des plantes séchées pour les tisanes. Le sucre,
la farine, quelques tablettes de chocolat avaient
été mangés par les rats. Il restait du papier en
charpie et des crottes noires que Jacques balaya.

Il ne voulait pas abandonner ces victuailles aux acheteurs de la maison, et il pensa que le mieux serait de les donner à Désiré. Mais il avait fermé la porte à Désiré et il lui sembla qu'il ne pouvait plus la rouvrir. Le travail avait fait tomber sa colère, mais l'idée que cette porte fermée le séparait définitivement du reste du monde s'accrochait à lui comme une herbe qu'on croit pouvoir arracher mais dont les tiges vous filent entre les doigts. Et, moins visible peut-être, mais poursuivant son chemin souterrain, l'idée de refuser la guerre le taraudait. Il se sentait un peu à l'image de la maison tournant le dos à cette rue qui montait vers le cœur vivant du pays. Il avait fermé la porte de la grange, barricadé la fenêtre, et la maison ne regardait plus que du côté du large. Là, il y avait le jardin, les deux murs latéraux et, au bout, la murette donnant sur le vide. C'était seulement par-là que la maison prenait lumière et pouvait respirer. De ce côté-là, personne ne monterait le voir. On pouvait venir par les murs latéraux qui donnaient dans d'autres jardins eux aussi abandonnés, mais ça devenait de l'effraction. Il faudrait une échelle. Ou alors, ramper par le trou qu'empruntait le chien, mais ce trou était facile à boucher. Jacques hésita un moment à le faire, mais il renonça. Il ne pouvait empêcher sa tête de remuer des idées, mais il demeurait maître de ses gestes. Et, lorsqu'il s'approcha du trou pour regarder ce qu'il faudrait pour l'obstruer, il eut le sentiment qu'il allait accomplir un geste absurde. Il avait fermé portail et fenêtre pour être tranquille, mais il n'était pas ici pour soutenir un siège.

— Retourner là-bas? Merde alors, plutôt crever!

Il reprenait cette phrase, mais un peu comme sa mère lançait, lorsqu'il se montrait insupportable : « Celui-là, je le moudrais! » Jamais elle ne l'avait moulu, pas plus que son père n'avait « corrigé » les chasseurs qu'il vouait aux pires supplices. Il pensait à cela, et pourtant, la phrase revenait, avec un peu plus de sérieux chaque fois. Elle était pareille à ces rapaces au vol immobile, que le vent porte durant des heures entières et qui finissent par tomber comme des pierres.

Dans l'après-midi, la moto recommença son va-et-vient obsédant. Jacques la regarda un moment du bord de la terrasse, les poings serrés, plein d'une haine inexplicable, puis il quitta la murette et regagna le grenier parce qu'il venait, malgré lui, de faire le geste d'épauler une arme pour viser le motocycliste.

La chaleur était toujours suffocante, mais il voulait aller au terme de son exploration avant le déclin du jour. Il restait à ouvrir deux petites malles noires cerclées de fer comme des tonneaux, et une caisse assez grosse dont le couvercle était cloué. Il tira le tout sous la lucarne, et, lorsqu'il voulut ouvrir les malles, il s'aperçut qu'elles étaient fermées à clef. Il descendit à la cuisine où un trousseau était accroché derrière la porte. Il essaya toutes les clefs, mais aucune ne permettait de faire fonctionner les serrures de cuivre. Il enleva la poussière sur le couvercle de la première malle où l'on devinait une étiquette. Il reconnut tout de suite la belle écriture de l'oncle Emile. L'étiquette portait : Adjudant-Chef Emile Bérard. Ainsi que son adresse à Pont-du-Navoy, dans la maison du bord de l'Ain où Jacques avait passé de si merveilleuses vacances.

L'autre cantine portait la même étiquette. La caisse était sans inscriptions, mais Jacques se souvint qu'elle faisait partie de ce que son père avait gardé après la mort de l'oncle.

Il s'assit un moment. Il éprouvait le besoin de se reprendre. Tout un large pan venait de se déchirer dans la moiteur du présent, pour laisser apparaître une journée de son enfance qui ne lui était jamais revenue avec une telle intensité.

Un jour glacial et noir. Le sol gelé qui sonne sous les pas. La rivière à moitié prise par les glaces. La maison où l'oncle a été ramené de l'hôpital quelques jours plus tôt et où il est mort. Le cimetière, le corbillard tiré par un cheval maigre, les gens emmitouflés et pressés de rentrer dans leurs demeures qui fument au loin. Tout est là, avec une précision qui le surprend. Un déménagement auquel il participe et qui ressemble étonnamment à ce qu'il fait aujourd'hui. Lorsque tout est dispersé, son père fait charger ces deux cantines et cette caisse sur une camionnette en disant que tout ce qu'elles contiennent est trop personnel pour être donné à des étrangers. Les colis chargés et la maison nettoyée, il reste encore un cadre ovale en bois doré avec une vitre bombée protégeant de la poussière les décorations de l'oncle Emile. Le père dit :

— Je ne veux pas emporter ça. Je vais les donner à son vieux copain Durafour.

Et la camionnette fait un long détour par un petit village que Jacques ne connaît pas. Là, un vieil homme à barbe blanche et au regard vif, qui vit seul avec sa fille, les reçoit dans une cuisine basse et noire qui sent la potée de choux et de lard fumé. Il se lève péniblement de son fauteuil pour dire, d'une voix éraillée et qui vibre un peu :

— C'était mon dernier copain. Il est parti. Et ma fille n'a même pas voulu me conduire à l'enterrement.

— Elle a bien fait, monsieur Durafour, dit le père. Il faisait un froid épouvantable.

— Je sais. Ça ne ramène pas les morts. Mais tout de même.

Silence. Puis le père de Jacques ouvre le journal où est enveloppé le cadre aux décorations en disant :

— Monsieur Durafour, vous connaissez mes idées. Je suis comme ça, mais je respecte toujours ce qui mérite de l'être... Vous me comprenez.

Visiblement ému, il cherche ses mots. Le vieux

ne bronche pas. Il fixe le cadre que le père a posé sur la table et qui est entre eux, comme une tache de lumière dans la pénombre de cette pièce où tout paraît recuit par le fumée. Il y a une longue hésitation, puis, comme le vieux ne bouge toujours pas, le père reprend la parole d'une voix un peu gênée :

— Je vous demande de les garder. Il n'y a que vous qui puissiez le faire.

Le vieux remercie puis, d'une voix de commandement un peu lasse, il dit à sa fille :

— Maria, va sortir ma vareuse!

La fille se dirige vers une armoire. Elle en tire une vareuse bleu horizon portant un nombre impressionnant de décorations. Elle l'étale sur le lit qui se trouve dans l'angle de la pièce. Le vieux prend le cadre, le porte sur le lit à côté de la vareuse puis il se met au garde-à-vous au pied du lit. Et, dans le jour gris qui entre par la fenêtre basse, Jacques voit deux perles de lumière pâle tomber de ses cils sur sa barbe blanche.

En quittant la maison, le froid les saisit. Peut-être à cause de l'émotion qui les habite, il paraît plus vif, plus agressif. En traversant le jardin du vieux Durafour, le père a un geste qui n'est pas dans ses habitudes. Il pose la main sur l'épaule de Jacques, et il dit d'une voix qui sonne drôlement :

— Rien ne m'empêchera de détester l'armée et de mépriser ceux dont la guerre est le métier, mais tout de même, des moments pareils ça vous en fout un coup...

Les années qui séparent ce matin d'hiver de la soirée d'aujourd'hui se sont effacées. L'oncle Emile a retrouvé son vieux copain Durafour. Ils sont prêts à recommencer leur vie de soldats. Il y a des fanfares dans l'air et des chansons de marche. Des noms reviennent qui sonnent avec des accents joyeux : Mostaganem, Bou Arfa, Gabès, Marrakech, les Dardanelles, Verdun. Rien n'est triste. C'est une géographie du rire que l'oncle feuillette en évoquant sa longue vie sous l'uniforme.

Y a-t-il vraiment des gens qui sont faits pour cette vie? Des hommes pour qui la guerre est naturelle, inscrite dans l'ordre des choses?

Jacques fut poursuivi longtemps par le souvenir de l'oncle Emile et du vieux Durafour. Il descendit un moment sur la terrasse avant de se décider à forcer les serrures des cantines et à déclouer la caisse. Il trouva là un képi rouge et noir galonné d'or et portant un numéro de régiment au-dessus d'un croissant. Le képi était bourré de papier journal froissé. Dans un tube de carton noir, il y avait un plumet rouge de parade. Dans une boîte de forme incurvée comme un corps de violon, deux épaulettes dont l'une portait des franges. Le baudrier aussi était là, ainsi qu'une épée graissée dans son fourreau de cuir. Un carton à chapeau contenait une multitude de petits objets dont certains ne lui étaient pas inconnus : des pipes ayant appartenu à l'oncle. Un stylo à plume rentrante dont la bague était un petit serpent, des plaques d'identité et leur chaînette, avec le nom de l'oncle, son grade, ses date et lieu de naissance. Il garda longtemps dans la main une grosse boussole à laquelle deux maillons de cuivre retenaient une plaque de métal blanc qui avait la forme d'un insecte très stylisé. D'un côté était gravé maladroitement le mot cafard. De l'autre : Médenine. L'oncle lui avait souvent parlé de ce village de Tunisie où, lorsqu'il était arrivé, les bataillonnaires lui avaient remis ce symbole de l'ennui qu'il connaîtrait là. Ce cafard de Médenine n'avait jamais quitté l'oncle jusqu'à sa retraite. A travers tout cela, à travers les tissus indigènes, les petits singes sculptés dans des pierres verdâtres, les vêtements, les babouches de cuir, les couffins en raphia tressé, ce n'était pas sa guerre que Jacques retrouvait, mais une autre vie au parfum d'aventure. Les récits de l'oncle Emile n'avaient jamais rien d'horrible. A croire que la guerre était devenue épouvantable à partir du moment où Jacques s'y était lui-même trouvé mêlé. Et pourtant, il savait par son père que ce n'était pas le cas. Mais l'oncle, en ce moment, était plus présent que son père. Avec un uniforme différent, sur un rythme encore plus différent, il avait dû mener la vie que menaient aujourd'hui certains des hommes que Jacques avait pour chefs et qui étaient de la même race que l'oncle Emile. Ils étaient de ceux pour qui l'honneur est dans la victoire quel qu'en soit le prix. A la retraite, ces hommes devenaient peut-être des oncles Emile que leur entourage désignait comme de braves gens. Sans doute, l'oncle Emile avait-il été pour certains soldats ce qu'étaient aujourd'hui pour Jacques les militaires de sa trempe, mais Jacques n'avait connu, dans la maison du bord de l'Ain, qu'un oncle bonhomme, à la mémoire débordante de récits colorés et venus tout droit du monde merveilleux de l'aventure. Ce monde, il le connaissait à présent pour l'avoir subi à son tour. Il savait ce qu'il était, et il savait aussi quels hommes l'habitaient. A mesure qu'il s'enfonçait dans ses souvenirs de l'oncle Emile, ceux plus proches de sa propre Algérie reprenaient de l'acuité. Et, comme attiré par cette présence si douloureuse, son père aussi s'imposait, repoussant l'oncle.

« Laisse-le, semblait dire le père. Tu as connu un brave homme. Et, selon la morale qu'on lui avait imposée, c'était sûrement un homme très bien. D'une grande droiture, et plaçant son honneur avant tout. Mais ce qui ne va pas du tout, mon petit, c'est cette conception même de l'honneur. N'essaie pas de savoir ce qu'était ton oncle lorsqu'il portait encore cet uniforme. Il est mort, paix à son âme! Et toi, essaie donc de garder de lui l'image du pêcheur à la ligne. »

Jacques replaça les vêtements dans la première cantine, ne conservant dans sa poche que la boussole et son cafard de métal. Il savait que son père avait volontairement perdu les clefs de ces deux cantines et que, s'il avait pris soin de clouer la caisse, c'était pour que personne ne vînt toucher à ces souvenirs militaires. Par respect pour ce frère de sa femme, il n'avait voulu ni donner, ni vendre, ni détruire ce qui se trouvait là, mais il avait tout fait pour l'oublier. Jacques sentait qu'en remuant cette poussière, il trahissait la mémoire de son père, mais il le fit pourtant, poussé par une force qui lui faisait mal mais dont il n'était pas maître.

Dans la caisse de bois blanc, il découvrit encore de vieux uniformes, des sabres de panoplie, deux casques, un masque à gaz dans son étui et surtout des armes. Et il se souvint alors d'avoir entendu son père en parler avec sa mère : « Ce vieux fou a conservé ça chez lui durant toute l'occupation. Si les Allemands avaient fouillé sa maison, il y avait de quoi faire incendier tout le pays. Quand je pense que les sauvages de Vlassov ont bivouaqué à cinq cents mètres de sa porte, c'est à faire frémir. Et tout ça, pour l'honneur, parce qu'il se serait senti déshonoré d'aller enterrer sa panoplie. » Le père avait dit cela, et pourtant, il avait été ému en présence du vieux camarade de l'oncle, figé dans le silence d'un jour d'hiver, devant des souvenirs qui lui rappelaient quelque vingt ans d'aventure partagée.

Jacques sortit les armes. Il y avait deux fusils de chasse, mais également un Lebel, et un revolver à barillet. Et puis, tout au fond de la caisse, des boîtes de munitions pour toutes ces armes. Il remit tout cela en place, mais sans prendre soin d'enrouler autour des armes les vieilles bandes molletières imbibées de graisse qui les avaient préservées de la rouille. Il ne voyait pas du tout ce qu'il pouvait faire de tout cela. Pas davantage que son père, il ne se sentait le droit d'en disposer. Mais, les laisser ici, c'était les donner à d'autres qui, probablement, n'étaient pas dignes de les conserver. Le mot l'arrêta dans sa pensée. Ce fut un peu comme s'il eût trébuché. Est-ce que l'on pouvait réellement parler de dignité? En le faisant, ne tombait-il pas dans le piège de cette fausse gloire et de ce triste honneur dont son père parlait toujours avec tant d'irritation? Et pourtant, ce qui venait de l'oncle Emile, ce n'était pas n'importe quoi. Devait-il reclouer la caisse et la transporter avec ce qu'il voulait conserver?

Y aurait-il quoi que ce soit à transporter? Allait-il céder? Fuir cette maison? Regagner ce pays où il avait commencé de devenir un assassin? Est-ce que, dans vingt ans, il reviendrait s'installer quelque part ici pour tremper du fil dans l'eau en racontant ses campagnes à des enfants émerveillés? Et s'il parlait, quelle place aurait, dans son récit, l'enfant brun? Quelle place tiendraient les villages écrasés sous les bombes, les récoltes incendiées, le pauvre bétail dispersé ou tué? Que dirait-il des petits ânes gris que ses camarades et lui avaient parfois pris pour cible pour le seul plaisir de tuer?

Autrefois, l'oncle parlait des arbis, des bicots, avec un certain mépris. Est-ce qu'il y aurait des salopards, des troncs de figuier, des fellouzes ou des crouilles dans ses propres souvenirs? Les mères seraient-elles des femmes pleurant leur enfant mort ou deviendraient-elles du bétail, de la racaille méprisable, de la graine de F.L.N. à détruire? Est-ce qu'il y aurait, dans ses souvenirs, des évocations de tortures comme il y avait, dans les souvenirs de l'oncle, des photographies de têtes coupées alignées sur un mur?

Jacques avait de nouveau abandonné le grenier pour regagner la terrasse où le soir ramenait un peu de fraîcheur avec le frisson de la côte qui soulevait doucement les avoines folles de la murette.

Assis sur les pierres brûlantes, les pieds pendants, le chien couché derrière lui et cherchant un peu de fraîcheur le flanc contre terre, Jacques se sentait presque bien. La brume de chaleur continuait de noyer la plaine, et c'est à peine si les monts d'Arlay se dessinaient en mauve un peu plus sourd que celui de la Bresse. Jacques regardait sans rien voir vraiment, et il lui semblait que sa vie pouvait soudain se stabiliser ainsi. Tout allait s'arrêter. A commencer par la course du soleil. Le jour ne finirait pas. La vie continuerait, mais sans que rien jamais ne se hausse au-dessus de cette rumeur sourde qui montait de la plaine. Alors, il resterait sur la murette, éternellement engourdi dans une espèce de bien-être qui continuerait de s'infiltrer en lui, montant des pierres chaudes, coulant du ciel invisible, entrant par sa bouche qui aspirait avec avidité l'air de plus en plus frais.

Derrière lui, la maison demeurerait telle qu'il venait de la laisser, avec son grenier étouffant où ne risquaient pas de rouiller les souvenirs de l'oncle Emile, avec ses pièces plus fraîches et cette cave qui avait fait si longtemps la fierté de son père.

Personne jamais ne viendrait troubler cette existence sans autre vie que la contemplation d'un horizon de brume et de lumière, fait pour apaiser les angoisses et les douleurs.

Jacques se sentait là comme en un monde installé entre hier et demain, mais pour toujours, et débarrassé aussi bien de la mémoire que des inquiétantes promesses d'avenir.

34

De lointains éclairs silencieux couchaient des lueurs floues sur l'horizon invisible. Jacques les regarda longtemps de son lit, à travers le feuillage du tilleul. La chaleur continuait d'entrer dans la chambre. Il la sentait passer sur son corps, coupée de vagues plus fraîches qui étaient la respiration de la maison. Fixant le rectangle de la fenêtre à peine plus clair que l'obscurité opaque de la pièce, il s'obligeait à ne pas penser. Le silence était fait des bruits de ces deux nuits, celle du vide infini de la plaine, et celle de cette vieille bâtisse dont les boiseries travaillées par l'air chaud du dehors craquaient. Il demeura longtemps ainsi avant de s'endormir pour se réveiller bien avant l'aube.

Assis au bord de son lit, il recommença d'écouter la nuit. Un bruit l'avait tiré de son sommeil. Autre chose que les plaintes de la maison ou le cri des nocturnes. Retenant son souffle, l'oreille tendue, il comprit que ce bruit ne venait ni de la maison ni de la plaine. Le silence s'était fait, mais un écho persistait qui lui permit de retrouver son rêve. Des milliers de sabots martelaient le sol rendu sonore par le gel. Au fond de la reculée, un hiver de givre faisait miroiter la nuit. Dans cet univers glacial, une vapeur montait du troupeau de daims qui arrivait de la plaine. Rivières et étangs, tout était pris par les glaces et les bêtes accouraient pour boire à la fontaine tiède dont l'eau claire continuait de chanter dans le bassin de pierre. A mesure qu'elles approchaient, des chasseurs embusqués derrière des rochers tiraient sur elles. Le sang se mêlait à l'eau qui débordait du bassin, mais les daims arrivaient toujours, piétinant cette chair tiède et cette boue rouge pareille à un fleuve lent et épais qui finirait par submerger la vallée. Il n'y avait d'autre lumière que celle qui rayonnait du givre, mais elle prenait la teinte du sang, et les falaises en étaient comme illuminées. La plupart des chasseurs portaient des uniformes. Les vieux avaient des pantalons garance et des dolmans bleu ciel, les jeunes des tenues léopard et des casquettes de brousse. Les daims étaient couleur de sang, et certains d'entre eux avaient des visages d'enfants.

Jacques remonta le cours de son rêve. Il en retrouva le début avec l'arrivée des premiers daims conduits par un homme qui ressemblait à son père. L'homme tombait, piétiné par le troupeau. Et c'était alors le déferlement dont il comprit très vite qu'il n'aurait pas de fin.

S'il restait là, le rêve continuerait de se dérouler. Il se leva sans allumer l'électricité et descendit lentement. Sur le seuil, il buta et faillit tomber. Le chien était allongé devant la porte. Il grogna puis reconnut Jacques et se dressa pour lui faire fête.

— Salut, chien rouge, dit Jacques.

Et sa voix parut emplir tout l'immense espace de la nuit. Il pensa à l'indicatif radio, et il lui sembla que tous ses copains se trouvaient aux aguets à la sortie de la reculée, scrutant la plaine. Sur le versant opposé, il y avait une autre section, et les radios s'appelaient de loin en loin.

— Chien Rouge 2 à Chien Rouge 3, parlez...

— Chien Rouge 3. Je vous reçois 5 sur 5...

Il marcha jusqu'à la murette. En bas, les lampes des rues éclairaient mal le village de Maléria silencieux. Il regarda au loin. Une voiture roulait sur la nationale. Le point jaune des phares avançait, seule vie dans cette nuit où la lueur des éclairs s'était enfin éteinte. Jacques sentit monter en lui un rire amer. Il murmura en caressant la tête du chien.

— Mon pauvre vieux, moi aussi, je suis mûr pour raconter ma guerre. Mûr pour être aussi con que les autres.

A l'est, le ciel pâlissait à peine, mais déjà les oiseaux de l'aube se mettaient à chanter.

Jacques rentra, alluma la lampe de la cuisine et se mit à manger du pain et de la confiture. Il lançait des bouchées de mie au chien. Il mangea peu, bientôt écœuré. Il avait acheté un bocal de café en poudre chez Désiré. Il alluma la cuisinière pour faire chauffer une casserole d'eau. Le bois était humide et il déchira un carton qu'il brûla par petits morceaux. Son eau était à peine tiède, mais il prépara un grand bol de café très fort qu'il sucra beaucoup. Ensuite, il fit sa toilette sur l'évier et se rasa. Lorsqu'il eut terminé, il éteignit la lumière et sortit.

Le jour se levait. Des nuées molles traînaient à l'ouest, mais le reste du ciel était clair. Il pensa que c'était dimanche. Il alla s'asseoir face à la plaine, et commença d'attendre.

Il ne savait pas ce qu'il attendait. Il n'y avait en lui qu'un grand vide mais, confusément, il sentait que quelque chose allait survenir qui mettrait fin à cette angoisse.

Il était un peu plus de sept heures et Jacques n'avait pas bougé de la murette, lorsqu'il entendit cogner au portail de la grange. Il traversa lentement le jardin. Il n'avait pas atteint le premier tilleul que l'on cognait à nouveau.

— Jacques, c'est moi!

Il reconnut la voix de Pierre Mignot et lança :
— Oui. Casse pas la porte, j'arrive!

Il avait répondu sur un ton presque joyeux qui

le surprit. Sans hâter le pas, il alla jusqu'au portail. Lorsque Pierre l'entendit soulever la traverse, il dit :

— Je suis avec Désiré et avec le maire.

Jacques ouvrit la porte et fit entrer les trois hommes. A Pierre qui entra le premier, il dit en riant :

— Je te remercie de m'avoir prévenu que tu n'étais pas seul, mais je vois pas pour quelle raison je n'ouvrirais pas à Désiré et à monsieur le maire.

Le maire était un paysan long et sec, d'une soixantaine d'années, au visage osseux et coupé d'une moustache noire trop lourde. Il sourit et dit :

— On avait un peu peur que tu nous reçoives comme tu as déjà reçu Désiré.

— J'étais énervé, dit Jacques. Mais Désiré ne m'en veut pas.

— Bien sûr que non, fit Désiré en souriant.

Ils étaient arrivés à la cuisine et Jacques leur dit de s'asseoir. Il descendit à la cave et chercha dans le casier du fond une très vieille bouteille. Il se sentait tout à fait calme, et ces gestes qu'il avait si souvent vu accomplir par son père lorsqu'il recevait une visite lui faisaient du bien. Remontant l'escalier luisant d'humidité, il eut un instant le sentiment que tout se déroulait en dehors de lui et qu'il se voyait agir.

Lorsqu'il entra, les trois hommes étaient assis à la table. Désiré et le maire sur des chaises, Pierre en face d'eux, à califourchon sur le banc. Le maire dit :

— Tu ne vas pas ouvrir du vin jaune à pareille heure. Ce serait dommage. Et tu sais bien que ce vin-là, il faut l'ouvrir quatre heures avant de le boire.

— Je sais, mais vous faites pas de souci, il sera bon tout de même.

— Naturellement, mais c'est dommage.

Jacques sortit quatre verres et essuya la bouteille. L'étiquette apparut. Ornée d'arabesques rouges, elle portait le nom de son père avec la mention « Vin de Garde ».

— C'est du 21, dit-il.

— Nom de Dieu! fit le maire.

Et les autres eurent un hochement de tête.

Il y eut un silence attentif tandis qu'il brisait la cire et tirait doucement le bouchon. Il emplit les verres et vint s'asseoir sur le banc à côté de Pierre. Un long moment passa encore. Le parfum du vin était là, entre eux, comme un personnage important et qui imposait le respect. Ils le sentaient monter peu à peu de la bouteille et des verres, emplissant la pièce. Ils le laissèrent s'installer, prendre possession des lieux qu'il éclairait. Le vin doré remuait à peine dans les verres lorsqu'un coude s'appuyait un peu plus sur le bord de la table. Tous regardaient les verres et la bouteille, et personne n'osait avancer la main. Enfin, le maire se décida. Sa main sèche aux doigts noueux se souleva lentement comme une bête craintive et s'approcha du verre. Là, elle eut encore une hésitation. Elle attendait un ordre que le maire lui donna en disant :

— Allons, voyons un peu!

Il leva son verre en direction de la fenêtre, regarda le vin par transparence, puis il le flaira à petits coups avant de boire. Les autres l'observaient. Il garda la première gorgée dans sa bouche, aspira un peu d'air à travers le vin qui gargouillait, puis il le mâcha avant de l'avaler enfin. Reposant son verre, il regarda tour à tour les trois autres en hochant la tête, puis, revenant à Jacques, il dit :

— Bonsoir! Ce vin!... Ton père, c'était quelqu'un. Il avait ses idées, mais question de vin, c'était quelqu'un!

Là seulement les autres se décidèrent à boire. Et ils parlèrent du vin, longuement, avec des mots qui mettaient du soleil dans la pièce sombre. Ils parlèrent aussi de la terre, des vignes, des bonnes et des mauvaises années, et surtout du père de Jacques. Puis il y eut encore un silence lorsque Jacques emplit les verres pour la deuxième fois. Un silence plus épais, qui disait que chacun attendait autre chose. Ce vin, c'était important, mais ils n'étaient pas venus ici pour parler du vin. Et leurs regards qui allaient des verres au visage de Jacques, leurs regards répétaient depuis un moment que tout cela était bien beau, mais qu'il fallait en venir à l'essentiel.

Le maire but encore une gorgée, puis il se décida. Timidement, il dit :

— C'est vrai que ton père avait ses idées. Et il paraît que toi, tu as engueulé les gendarmes?

Jacques eut envie de rire. Le maire voulait dire : « Il paraît que tu vas te mettre à faire comme lui. La commune était débarrassée d'un emmerdeur, et tu voudrais le remplacer. »

Jacques se contenta de sourire. Comme il ne se décidait pas à répondre, le maire reprit :

— Le brigadier m'a appelé au téléphone. Il m'a dit : « Tâchez donc d'arranger ça. Qu'il vienne avec sa permission, et que ça ne fasse pas d'histoires... » Tu sais, ce n'est pas un mauvais bougre. Mais, tu comprends, il est bien obligé de faire son service. Surtout qu'il n'était pas seul. Et se faire engueuler sans réagir, c'est ennuyeux.

Le maire parlait lentement, cherchant ses mots, sur un ton monocorde qui laissait à penser qu'il pouvait aller ainsi durant des heures. Jacques se sentait envahi par une espèce de joie sourde, et comme éclairé de l'intérieur. Le calme qui était en lui s'y installait. Il durcissait à la manière d'un bon mortier. Il laissa parler le maire encore un moment, puis, sans un mot, il monta dans sa chambre, prit sa permission dans la poche de son blouson militaire et redescendit. Le maire s'était tu. Les trois hommes le regardaient. Il reprit sa place sur le banc, déplia le papier et le poussa en travers de la table entre les verres, jusque sous les yeux du maire.

— Tenez, dit-il, vous lui donnerez à l'occasion. Moi, je n'en ai plus besoin.

Les autres se regardaient.

— Mais enfin! dit le maire.

— Tu ne vas pas faire des conneries! fit Désiré.

— Vous pouvez appeler ça des conneries si vous voulez, répondit Jacques. C'est une question de point de vue. Mais je ne pense pas que mon père, pour qui vous avez tant d'admiration, aurait appelé ça des conneries.

Il y eut un silence avec des raclements de gorge et de petits bruits de chaises remuées. Le maire se sentait mal assis. Il grommela :

— Entre les paroles qu'on peut dire et...

Il s'arrêta.

— Et quoi? demanda Jacques.

Agacé, le maire éleva le ton :

— Enfin quoi! lança-t-il. Tu ne vas pas me dire que tu veux rester ici une fois ta permission finie. Qu'est-ce que ça signifie?

— Pour vous, je ne sais pas. Mais pour moi, ça veut dire que j'ai mis pas mal de temps à comprendre, mais cette fois, croyez-moi, j'ai compris.

Désiré prit le papier et le posa devant Jacques en disant :

— Allons, ne fais pas l'imbécile. Je comprends que tu puisses en avoir assez. Et puis, cette histoire de vente, et tout... Mais tout de même, tu ne vas pas te mettre dans le pétrin. Viens, je vais te descendre viser ta permission.

Jacques les regarda tous les trois longuement, comme pour leur dire : « Vous voyez bien que je ne suis pas fou, que je suis très calme. » Puis, prenant le papier, il le plia en deux et se mit à le déchirer. Pierre tendit la main pour arrêter son geste, mais Jacques fit un mouvement sur le côté pour lui échapper et continua de déchirer le papier. Dans le silence, ce bruit parut énorme, plein de menaces, comme le tonnerre lorsqu'il roule derrière la montagne, annonçant un mauvais orage venu de l'est.

— A présent, dit Jacques en laissant neiger sur la table les morceaux de papier blanc, vous pouvez appeler votre brigadier. S'ils veulent que j'y retourne, faudra qu'ils m'y forcent.

35

Lorsque les trois visiteurs s'en allèrent, le soleil
était déjà haut. Jacques les regarda s'éloigner en
direction de l'église. Ils marchaient de front, sans
mot dire et sans se retourner. Dès qu'ils eurent
disparu à l'angle de la rue, Jacques ferma le portail et enclencha la traverse de frêne. Puis il ma-
nœuvra la lourde voiture à quatre roues et la
plaça en travers du portail. Ensuite, il bloqua les
battants avec des piquets d'acacia et coinça une
échelle sous la traverse du haut.

— De ce côté-là, dit-il, je suis tranquille.

Il pensait au maire, à Désiré et à Pierre, et il
revoyait leur visage au moment où il avait déchiré
sa permission. Il pensait aussi à ce silence qui
avait suivi. Au regard des trois hommes. A leur
départ sans un mot. Là, durant quelques minutes,
il s'était senti pareil à son père. Il les avait domi-
nés et même un peu effrayés, c'était certain. A
présent, ils devaient être tous les trois devant la
fruitière, à bavarder avec les autres hommes du
village. Il lui semblait entendre leur dialogue.

— C'est un fou dangereux.

— Faut appeler les gendarmes.

— Il va amener la honte sur le pays.

— C'est un communiste.

— Son père était déjà fou.

— Laissez-le tranquille, il se calmera. Il fait le malin, mais il rentrera. Sa permission ne sera pas visée, et il se fera foutre au gniouf. Ça lui fera du bien.

— Une chance que la baraque soit vendue. Le pays sera débarrassé d'un maboule.

Il imaginait Pierre et Désiré tentés de le défendre mais n'osant rien dire, seuls contre tous. Soucieux d'éviter le scandale, le maire devait chercher une solution. D'autres devaient souhaiter un éclat, pour le plaisir du spectacle ou parce qu'ils détestaient le maire.

A présent, Jacques savait que tôt ou tard les gendarmes viendraient. Il savait aussi qu'il leur répondrait que personne jamais ne l'obligerait à redevenir un assassin, qu'il était là et qu'il y resterait. Il avait du mal à imaginer ce que décideraient les autorités, comment réagiraient les gens du pays, mais, avec une grande sérénité, il se répétait :

— Plutôt crever que d'y retourner.

Il était à peine sorti de la grange qu'il entendit des coups contre le portail. Il fit demi-tour en criant :

— Qu'est-ce que c'est?

Une voix jeune répondit :

— C'est l'abbé Deviergue. Vous ne me connaissez pas. Je ne suis curé ici que depuis quelques mois. J'aimerais vous parler un moment.

— Allez-y, je vous écoute.

— Ouvrez-moi, on ne peut pas parler comme ça, sans se voir.

— Non. Tout est barricadé. Je ne veux pas tout démolir.

Jacques s'accroupit sous la voiture. Il y avait une fente assez large entre deux planches du portail. Il y passa la main et agita les doigts.

— Ici, on peut se voir.

Le curé s'approcha et s'accroupit de l'autre côté. Il avait un visage rond et bien plein, des cheveux très noirs, un front bas, et des yeux foncés au regard vif sous des sourcils épais.

— Qu'est-ce que vous me voulez? demanda Jacques.

— Vous connaître, d'abord. Et savoir ce qui vous arrive.

— Ils ont dû vous l'expliquer.

— A leur manière, c'est-à-dire probablement très mal.

Jacques se mit à rire.

— Je suis désolé de ne pas pouvoir vous faire entrer, j'ai l'impression d'être au confessionnal.

— Oui, et c'est désagréable, dit le curé en riant à son tour. Je ne suis pas venu pour vous confesser.

— Où sont-ils? demanda Jacques.

— Devant la fruitière. Mais la plupart sont rentrés chez eux. Vous savez bien que c'est dimanche. Ils s'habillent pour venir à la messe.

— Ne la manquez pas.

— J'ai plus d'une heure devant moi.

Jacques hésitait. Il y avait quelque chose de chaud et de très amical dans la voix du jeune curé.

— La propriété d'à côté, dit Jacques, la grille est ouverte. Entrez dans le jardin. Longez le mur de droite, je vais à votre rencontre.

Il sortit et traversa le jardin en diagonale pour gagner le trou du mur par où passait le chien. A plat ventre, il se glissa entre le sol et les pierres qui formaient une petite voûte. Dans les broussailles, de l'autre côté, le chien avait fait son passage qui était comme une piste au ras du mur. Le curé approchait, accrochant sa soutane aux ronces, enjambant les touffes d'orties.

— Par ici, dit Jacques avant de se retirer.

Le curé se baissa et rampa sous le mur.

— Ce que vous me faites faire, dit-il. Je vais être dans un bel état.

— C'est peut-être le chemin du paradis.

Jacques riait. Il se sentait très gai. Il tendit la main au curé et l'aida à se redresser. D'un ton grave, et avec une lueur d'inquiétude dans le regard, le curé dit :

— Vous plaisantez, mais c'est probablement vrai, et il n'est pas forcément bordé de fleurs.

— Venez boire un coup.

— Il paraît que vous avez ouvert une bonne bouteille.

— Oui, et s'il n'en reste pas assez, j'en ouvrirai une autre. Ce n'est pas ce qui manque.

Il y avait quelque chose de réconfortant dans la présence de ce garçon, à peine plus âgé que Jacques, et de qui émanaient à la fois la bonté et une certaine autorité. Ils s'installèrent face à face à la cuisine, et le curé fit des yeux le tour de la pièce.

— Je ne suis pas d'ici, dit-il, je suis de la montagne, près de Longchaumois.

— Je l'avais deviné à votre accent.

Le curé sourit et poursuivit :

— J'ai beaucoup entendu parler de votre père. Il paraît qu'il ne mettait jamais les pieds à l'église, mais si ce qu'on m'a rapporté est exact, il était bien le seul du pays à se conduire en vrai chrétien. Et si je n'étais pas curé, j'ajouterais que s'il ne venait pas à l'église, c'est sans doute qu'il n'en avait pas besoin.

Il y eut un temps. Le curé avait fini d'examiner la pièce et son regard empoigna celui de Jacques.

— Tout ça, dit-il, pour vous donner une petite idée de ma façon de penser, et pour que vous vous sentiez plus libre.

Il marqua un temps, s'accouda sur la table, avala une gorgée de vin et demanda :

— Alors, qu'est-ce que vous comptez faire?

Jacques attendit un moment avant de répondre par une autre question.

— Vous avez été soldat?

— Non. Je n'aurais pas été assez stupide pour m'engager, et j'ai eu la chance d'être réformé.

— Ah!

— J'ai un rétrécissement du champ visuel et je ne vois pas clair la nuit.

— Moi, dit Jacques, j'ai une bonne vue, et j'ai été assez con pour m'engager.

— Alors? A présent?

Jacques respira profondément, il passa par-dessus le banc sa jambe droite et se tourna pour être bien en face du curé. Lentement, décidé à garder son calme jusqu'au bout, il expliqua :

— A présent, je vais leur dire merde. Je vais leur dire que j'ai sûrement quelques morts sur la conscience. Même peut-être des enfants, mais que c'est fini... Terminé, vous comprenez. Je peux plus. Le vase s'est rempli petit à petit, sans que je m'en rende compte, mais là, il déborde.

Il se tut, très maître de lui, il ne voulait pas se laisser gagner par la colère.

— Je comprends, dit le prêtre. Mais vous savez bien qu'ils sont les plus forts. Il y a sans doute un moyen de vous permettre de terminer votre temps en France. Si vous faites un scandale, vous risquez de le payer très cher... Et le maire sera ennuyé. Ce n'est pas un mauvais homme, vous savez.

Jacques se mit à rire.

— Ça alors, les emmerdements du maire, c'est le dernier de mes soucis! Et si c'est à cause de ça que vous êtes venu...

Le curé l'interrompit :

— Pardonnez-moi, fit-il. Je viens de dire une sottise. Et c'est vous qui avez raison, c'est sans importance. Ce qui compte, dans tout cela, c'est vous.

Il baissa la tête un moment et, lorsqu'il la releva son regard était plein de tendresse.

— Vous et ce qui est en vous. Car on ne fait

pas ce que vous faites sans avoir enduré de grandes souffrances.

Il hésita, puis, comme Jacques ne se décidait pas à parler, ce fut lui qui reprit :

— Vous savez, j'ai une excellente vue. Mais mes parents ont un ami médecin qui m'a fait des certificats... Oh! les toubibs militaires ne sont pas dupes, mais un prêtre qui marche à contrecœur, ça paraît dangereux. Ils préfèrent l'écarter du troupeau. Je sais que ce n'est pas très courageux, une prise de position plus nette eût été...

Il s'arrêta pour chercher un mot et Jacques dit :

— Vous fatiguez pas, je comprends.

— Je ne suis pas un lâche, seulement, à cause de mes parents... Mais je suis tout de même de ceux qui pensent qu'un chrétien ne peut pas être soldat.

— Votre chance, dit Jacques, c'est de l'avoir compris assez tôt.

— J'étais plus âgé que vous. Et ma formation de...

— Taisez-vous! Vous ne savez rien de moi. Je suis responsable beaucoup plus que n'importe qui. Mon père était...

Il s'arrêta. Il regarda le curé et, voyant qu'il allait parler, il se hâta d'ajouter :

— Le premier que j'ai tué, c'est mon père. Et ma mère aussi est morte à cause de moi.

— Ne dites pas des choses pareilles.

— C'est la vérité. Je pourrais vous donner des détails, mais les gens du village vous en parleront certainement. Après ça, est-ce que vous croyez que j'ai quelque chose à perdre?

Il s'arrêta, la gorge nouée par un sanglot monté de très loin, d'un coup, sans prévenir. Il y eut un silence, puis le curé dit :

— Je ne suis pas venu pour vous confesser, mais tout de même, je voudrais vous aider. Vous aider en tant qu'homme, mais aussi en vous apportant le secours de la religion.

Peut-être pour échapper à l'émotion qui venait de l'étreindre, Jacques se remit à rire.

— En tant qu'homme, vous viendrez m'aider à les engueuler?

Le regard du prêtre se fit plus sévère.

— Ne plaisantez pas, dit-il. Bon, vous ne voulez pas repartir. Je vous comprends. Et je sens combien vous êtes sincère. Mais, en fait, qu'est-ce que ça va donner? Vous avez barricadé votre porte, et alors?

— C'est peut-être con, mais ça me fait plaisir de les emmerder. Je veux me ménager le temps de leur crier ce que je pense. Et j'espère qu'il y aura beaucoup de monde pour m'entendre.

— Plus vous serez dur, plus vous risquez de payer cher.

— Je m'en fous.

Jacques se tut. Il avait failli dire : « Plutôt crever... » mais il s'était arrêté à temps.

— Evidemment, dit le curé, si des milliers de gars faisaient comme vous... Mais beaucoup de ceux qui pourraient le faire préfèrent trouver d'autres solutions. Ils sont comme moi... Je sais bien que c'est une lâcheté... Je sais bien.

Il avait baissé la tête, comme gêné par le regard de Jacques. Après un silence très court, il se redressa. D'une voix où il voulait mettre toute sa force de conviction, il reprit :

— Vous venez d'être hospitalisé; pour vous, ce serait très simple de trouver une solution...

Jacques l'interrompit :

— Non. Il y a des choses que vous ne pouvez pas comprendre. Je vous ai parlé de mon père. Mais, cette maison... Tout ce qui est là...

Ce n'était pas facile à exprimer. Le curé le sentit et dit avec un soupir :

— Oh! bien sûr que si, je comprends parfaitement. Le pouvoir des morts est infini. Surtout lorsqu'ils ont su mériter la grâce de Dieu... Mais les autres vont en parler aussi, de la maison. Et pas dans ce sens. Ils diront que cette affaire de vente vous a tourné le ciboulot. Ils vous feront passer pour fou, et vous risquez davantage l'internement que la prison.

C'était une chose à laquelle Jacques n'avait pas pensé. Il fut un instant sous le coup de cette découverte, mais il se reprit très vite.

— Vous serez là pour leur expliquer que je ne suis pas fou, dit-il. Que les fous, ce sont ceux qui nous obligent à tuer des femmes et des gosses... Que j'étais fou quand je l'ai fait, mais pas aujourd'hui.

Sa voix avait repris de la force. Ses mains commençaient de trembler et il dut faire appel à toute sa volonté pour s'imposer silence. Il voulait à tout prix conserver son calme.

Ils s'observèrent un moment. Le regard du prêtre était comme un appel et Jacques sentit qu'il devait lui échapper. Il dit encore :

— Cette histoire de mortier, c'est exact, mais déjà avant, je sentais bien que ça n'allait plus. Il y a des choses qu'on ne peut pas porter. Des choses qui vous brûlent, qui vous taraudent le cerveau jour et nuit. Vous comprenez? C'est ça, qu'il faudrait leur expliquer! Leur dire que la guerre ne tue pas que ceux qui reçoivent des balles. Elle détruit aussi les hommes à l'intérieur. La crasse est une terrible maladie.

Jacques se tut. Le curé hésita, puis il eut un pauvre sourire pour dire :

— Vous savez, un petit curé de village n'a qu'un pouvoir très limité. Je n'ai que peu d'influence sur mes paroissiens. Si je leur demande de m'aider pour organiser une kermesse, ils sont tous là, mais quand il s'agit de choses graves, c'est autre chose... Surtout en ce moment : on a vite fait de dire qu'un curé se mêle de politique. Et pourtant, ce n'est pas de la politique. Même pas de la religion, c'est de la morale élémentaire. Mais les malins savent bien monter le coup aux imbéciles, et il ne faut pas longtemps pour dresser une paroisse contre son curé.

Le prêtre se leva et contourna la table. Jacques se leva également et, lorsqu'ils furent face à face, le curé lui prit la main qu'il serra très fort. Avec son regard, il tentait de dire mille choses que les mots trop pauvres ne pouvaient exprimer. Jacques le sentit.

— Je vous remercie, dit-il.

— C'est moi qui devrais vous remercier. Vous êtes un type bien... Je souhaite vraiment que tout s'arrange... Et j'espère qu'on se reverra. Je vais... penser à vous.

Il avait eu une hésitation, et Jacques remarqua :

— Vous alliez dire « prier pour vous ». Ça ne me gêne pas, vous savez, et je sais que j'en ai bigrement besoin.

Le prêtre lui serra encore la main. Il eut pour lui un regard qui criait « courage! ». Puis il fit brusquement demi-tour et fila vers le fond du jardin.

36

La visite du jeune curé avait fait beaucoup de
bien à Jacques. Il y pensait. Il prolongeait leur
conversation. Il se sentait plus fort et surtout
beaucoup moins seul. Il regrettait de n'avoir pas
parlé à l'abbé Deviergue de son prédécesseur, ce
prêtre à visage d'aigle, sec de cœur autant que de
carcasse et dont le père disait qu'il était plus co-
cardier que Déroulède. Si ce petit curé avait laissé
percer ses idées, les trois quarts du village au
moins devaient regretter bec d'aigle et sa cocarde.
Qu'est-ce que le maire avait bien pu espérer en le
chargeant de cette visite? Jacques était persuadé
que ce prêtre serait avec lui, tout au moins de
cœur. Et c'était énorme. Il se sentait chaud à l'intérieur de savoir qu'il n'était plus seul. Il avait
envie d'aller de l'avant. Sortir de chez lui et hâter
le dénouement. Il s'imagina un moment sur la
place Lecourbe, à Lons, montant sur le socle de
la statue pour crier aux passants qu'il avait assez
de cette guerre, de ces crimes, de ces tortures. Assez de la honte.

Son discours dura longtemps. Il y avait beaucoup de monde, mais il ne parvint pas à imaginer
des réactions positives de cette foule. Quelques
personnes le soutenaient, mais le reste se bornait
à rire ou à hausser les épaules. Il y avait aussi
des insultes et des cris de haine, mais pas plus
soutenus que les encouragements.

Il eut un moment à vide. Il regarda vers le large de la plaine où la lumière montait, avec des soupirs de la reculée et ces bruits d'un dimanche matin pareil à tous les autres. Il pensa au curé, et il eut de nouveau envie de se battre. Mais il devait rester là. Dehors, il se sentirait désarmé, coupé de tout et sans force. Ce qui entretenait sa haine de la guerre et sa volonté de résister, c'était cette maison. Elle ne lui appartenait plus, mais elle demeurait la maison de Rémi Fortier. Avec du papier bleu, un huissier et des gendarmes, on pouvait obliger Jacques Fortier à vider les lieux, mais rien ne contraindrait son père à s'en aller. Plus solidement accroché au rocher que les tilleuls et les vieux murs, il était là pour l'éternité.

Jacques éprouvait le sentiment que tant qu'il resterait ici, il bénéficierait de la protection de son père. Il s'était engagé dans la voie que le père lui avait tracée, elle seule pouvait le conduire au pardon, et le père l'aiderait. Cet acte de vente qu'il n'avait même pas vu lui paraissait dérisoire. Est-ce qu'un torchon de papier pouvait quoi que ce fût contre la volonté de son père?

Il ne demandait rien que le droit de rester là. En agissant ainsi, il ne faisait que réparer une erreur qu'il avait commise à un âge où l'on ne réfléchit pas. Il voulait qu'on l'oublie.

Mais, si on l'oubliait, est-ce que lui-même pourrait oublier? Avait-il le pouvoir d'effacer de sa vie ces années gravées entre son départ et son retour? Trop facile! C'était peut-être ce qu'il avait confusément et naïvement espéré lorsqu'il avait décidé de refuser la vente, mais quelque chose que l'on pouvait appeler le destin avait décidé pour lui. En déchirant sa permission, il avait dressé entre lui et le monde extérieur une barrière autrement solide que les murs qui l'entouraient. Toute sa vie dépendait de quelques papiers : son engagement, une procuration, une permission. Il sentit monter en lui un rire amer à l'idée que des murs d'un mètre d'épaisseur étaient moins solides que trois feuilles de papier.

Tout se révélait d'une incommensurable absurdité. Et le visage du père apparut, déçu, empreint d'une infinie tristesse. Ce qui avait protégé tous les Fortier qui s'étaient accrochés à ce rocher s'écroulait. Ce qu'ils avaient édifié puis entretenu avec amour ne valait pas mieux que les gourbis qui s'écroulaient sous les roquettes. Un instant, Jacques vit poindre la solution avancée par le curé. Dans quelques mois, quelques semaines si on le réformait, il pourrait être de retour ici. Peut-être trouverait-il une autre maison, d'autres terres. Tout recommencer à partir de rien, n'était-ce pas là le prix du pardon? Est-ce que le père l'exigeait ainsi? Voulait-il lui montrer ce que représente l'édification de tout un domaine? Etait-il désigné pour être le premier d'une nouvelle lignée de Fortier établis sur un autre lopin de cette terre?

Il regarda la maison et, aussitôt, il s'ébroua comme un chien arrosé, pour chasser cette idée. Le père avait trop aimé tout cela pour accepter que son garçon le vît en d'autres mains.

Jacques devait rester et attendre ce qu'on lui imposerait. Il ne voyait toujours aucune issue, mais sa conviction s'affirmait que la volonté de son père était qu'il demeurât sur place pour crier non à la guerre. C'était entre ces murs qu'il devait affirmer sa volonté de dire non au crime comme son père l'avait fait durant des années.

Derrière lui, les cloches de Castel-Rochère carillonnaient la messe. Plus lointaines, les églises de Maléria, de Nanchille, de Closia répondaient. Le petit curé allait prier pour lui, comme on prie pour les morts ou les gens en danger. Etait-il déjà mort pour tous ces vivants que l'idée de la guerre n'effleurait même pas? Etait-il en danger? Pas davantage qu'en Algérie. Non, s'il avait dit au curé : « J'en ai bigrement besoin », ce n'était pas à cause de ce danger-là. Il n'éprouvait aucun besoin de protection. Ce qu'il lui fallait surtout, c'était la force qui lui permettrait de suivre cette route jusqu'au bout. Et au bout, il y avait son père. Ce qu'il voulait, en quelque sorte, c'était un chemin assez rude à gravir pour que lui soit accordé ce pardon sans lequel il n'était plus rien.

Il tenta un moment de se représenter ce chemin. Il le voyait un peu à l'image de celui qu'on lui avait décrit autrefois comme étant le seul qui pût permettre à un pécheur repenti de gagner le paradis. Cette image désuète le fit sourire. Pour la première fois, peut-être, il pensait à sa propre mort avec une parfaite sérénité.

Une silhouette s'imposa un moment. Trapue et épaisse, elle était celle d'un commandant qu'il avait très peu connu mais qui répétait sans cesse qu'il n'était pas venu là pour coxer du fellouze, mais pour pacifier. Un homme qui voulait que ses soldats se muent en infirmiers et en ravitailleurs des populations affamées. Il apparaissait à Jacques tout entouré de ces enfants couverts de croûtes et squelettiques. Il avait été tué une nuit, en pleine ville, et on avait affirmé que c'était un assassinat commis par des Français d'Algérie.

Et puis, ce fut le visage de Roland Maniller qui revint parce que ceux qui refusent la guerre finissent toujours par se reconnaître et faire ensemble un bout de chemin.

Que Jacques se trouvât loin du front ne changeait rien à la rigueur des lois d'un pays en guerre. On peut fusiller pour refus d'obéissance n'importe où.

Et le jour se mue soudain en une aube grise qui n'appartient à aucune saison. Tout a la couleur triste et indéfinissable de ce mur où Jacques s'adosse en pensant à son père. Au moment où fleurissent les douze fusils qui lui font face, c'est encore son père que Jacques regarde, son père qui l'aide à mourir en criant : « A bas l'armée! »

Image mobile moins colorée mais aussi ridicule que ces gravures cocardières que son père commentait jadis avec des mots cinglants!

Jacques se reprit. Ses douleurs renaissaient. La nécessité de conserver son calme et de garder les pieds sur terre lui apparut de nouveau. Il regagna la cuisine et se mit à manger. Il avait ouvert une boîte de sardines. Il les prenait une à une entre son pouce et la pointe de son couteau, il les posait sur son pain et mâchait lentement, le regard fixé sur le côté de la boîte où figurait un pêcheur barbu sous son suroît et qui observait le large. Il revit un moment la traversée entre Marseille et Alger, le bleu profond de la mer et l'émail éclatant du ciel. Rapidement, la vision s'assombrit et le large de la plaine apparut sous son ciel de grisailles sauvages. Jacques était ici comme le marin sur sa barque, seul face à l'immensité d'où viendrait l'orage. Aurait-il le courage et la force du marin?

Il laissa deux sardines dans la boîte et les écrasa avec une fourchette. Les mêlant à l'huile, il fit une pâte qu'il étendit sur une épaisse tranche de miche. Il sortait pour donner cette énorme tartine au chien, lorsqu'il entendit claquer des coups de feu. Les détonations qui montaient de la plaine éveillèrent l'écho de la reculée et coururent en zigzag d'une falaise à l'autre. Le chien rouge ne broncha pas. Il prit la tartine dans sa gueule et se coucha pour la manger en la maintenant avec ses pattes. Mais d'autres chiens se mirent à aboyer, très loin, puis plus près. Jacques se dirigea vers la murette. Il y eut un temps, puis les détonations reprirent et l'écho roula de nouveau.

Dès qu'il eut atteint la murette, Jacques localisa les tireurs. A l'aplomb de sa maison, au bord de la Guivre, derrière une énorme bâtisse dont la cour était encombrée de voitures, des gens étaient alignés à la rive d'un pré. L'un après l'autre, ils tiraient. On ne voyait pas sur quoi ils lâchaient leurs plombs, mais Jacques se souvint du tir au pigeon d'argile. En même temps, il retrouva les colères de son père. Autrefois, il avait été irrité par ces colères que rien ne lui semblait justifier vraiment, mais, ce matin, il sentait ses poings se serrer. Chaque détonation résonnait en lui, et il lui parut que cette pétarade éclatait pour témoigner de l'absurdité du monde.

37

Toute la matinée, les coups de feu claquèrent. La reculée n'en finissait plus de tonner. Les coteaux boisés et les falaises se renvoyaient les détonations qui se poursuivaient, se dépassaient, se mêlaient l'une l'autre sans laisser à l'écho le temps de respirer. Leur bruit était un peuple tumultueux et grondant; un troupeau affolé par son propre piétinement, dominé par le claquement de lanières acharnées. Il n'y avait plus de vie, ni de la plaine, ni des villages, ni des vignobles, ni des forêts, ni de la rivière; la seule vie était ce vacarme, obsédant, immense à force d'être répété.

Pour Jacques, ces détonations et leur fuite zigzagante entre les rives de la reculée devenaient une espèce d'orage énorme qui en éveillait un autre au fond de lui. Il s'enferma dans la maison, mais le bruit le poursuivit. Il pensa qu'à la cave il n'entendrait rien.

Il s'y rendit avec l'intention de s'occuper. La porte fermée, les détonations ne lui parvenaient que très assourdies, et, dès qu'il se mit à travailler, il cessa de les entendre. En fait, il ne travaillait pas. Il déplaçait des fûts et des bouteilles vides, ouvrait puis refermait les casiers de métal dont les portes grinçaient, mais tout ce qui était resté là se trouvait tel que son père l'avait laissé, c'est-à-dire en ordre parfait. Les toiles d'araignées étaient seulement un peu plus fournies devant le soupirail et autour de la lampe dont la clarté tamisée étirait sur la voûte de pierre des ombres floues. L'odeur demeurait celle d'une bonne cave saine qui avait moins souffert de l'abandon que le reste de la maison.

Jacques s'arrêtait souvent pour écouter, pour s'assurer que les détonations étaient toujours là. C'était un peu comme s'il eût délibérément jeté du sel sur une plaie pour ne pas laisser s'endormir la douleur.

Autrefois, c'était la colère du père, que provoquait ce concours de tir. Jacques crut l'entendre pester contre ce monde imbécile qui ne sait se satisfaire que de tumulte et de violence. La mère s'indignait qu'il restât là. Elle disait : « Mais va donc marcher sur le plateau, tu ne les entendras plus et tu nous ficheras la paix! » Mais le père était attiré par le spectacle des tireurs. Il semblait avoir besoin de la douleur que ce bruit faisait naître en lui pour entretenir sa conviction que le monde des hommes courait à sa perte, poussé par son instinct du mal. Pour lui, tout était lié : passion des armes, amour du bruit, goût du sang et désir de tuer. Lui qui respectait toute forme de vie, lui qui évitait toujours ce qui risquait de porter atteinte à la tranquillité des autres ne pouvait admettre ni la violence ni le bruit inutile. A ses yeux, tout chasseur était un monstre.

Durant des années, Jacques avait ri de ce que l'oncle Emile appelait des fantaisies d'idéaliste. Aujourd'hui, il se sentait très loin de l'oncle Emile et tout proche de son père. Il n'y avait aucune différence entre ce tir au pigeon et le tir aux bougnouls qu'il avait connu et pratiqué comme les autres.

Bientôt, le visage de l'enfant brun s'imposa. Et ce fut cet enfant mort si loin de la terre du Jura qui vint le tirer de cette cave où il était pourtant possible d'échapper à la pétarade.

Il sortit. Le chien dormait sur le seuil de la cuisine, en plein soleil, insensible aux mouches et enfermé dans le silence de sa surdité. Jacques l'envia. Même ici, il n'était pas possible de vivre sans être poursuivi par la guerre. Chaque coup de feu touchait de nouveau l'enfant brun. De chaque fusil, une balle partait qui tuait l'enfant une fois de plus. L'enfant était mort des milliers de fois, dans d'atroces souffrances. Il n'en finissait plus de mourir et de mourir encore. Il avait à peine le temps de se relever de sa mort qu'une autre balle le tuait à nouveau.

Jacques fit plusieurs fois le trajet de la maison à la murette. Il regardait les tireurs alignés et toute sa haine de la guerre se tournait contre eux. Il revenait, mais les détonations étaient partout. Elles claquaient comme des coups de fouet contre la façade de la maison. Elles emplissaient ce jardin qui avait été celui de son père. Et son père aussi recevait les balles qui lui arrachaient des plaintes. Il n'y avait plus un seul oiseau. Rien ne chantait. Les bruits de la vie avaient été tués par ce vacarme de la mort.

A midi, le tir cessa. Jacques qui était assis à la cuisine depuis un moment tendit l'oreille. Silence! Un silence épais. Un silence de la terre qui retient son souffle. Le chien entra et le grignotis de ses griffes sur le carrelage parut emplir tout l'espace. Jacques se leva et traversa le jardin. Les voitures quittaient la cour de la grosse maison. Il n'y avait plus personne sur la prairie.

Jacques écouta renaître la rumeur de la plaine. Peu à peu, le chant des oiseaux reprit possession de la vallée. Les arbres du bas retrouvèrent le rythme normal de leur respiration et les tilleuls du jardin se remirent à bourdonner.

Jacques s'aperçut que ses mains tremblaient. Il devait s'appliquer à retrouver son calme. Il s'assit par terre, le dos appuyé au tronc du premier tilleul. Le chien vint se coucher contre sa jambe allongée, et cette présence tranquille l'aida.

La chaleur était sur le jardin, immobile et lourde, sillonnée d'insectes. Elle vibrait sur les lointains, pareille à une toile transparente agitée d'un vent léger. Par-delà l'estuaire de la reculée, le haut de la forêt avait parfois de gros soupirs d'aise dans ce calme retrouvé. Seules les voitures et les motos passant sur les routes du bas rappelaient la présence des hommes. Le temps parut immobile, mais l'heure de midi s'écoula très vite, et lorsque de nouvelles détonations claquèrent, Jacques sursauta. Il s'était assoupi, pelotonné dans un rêve de paix. Il ne retourna pas à la murette. Il redescendit à la cave où il resta un moment, incapable d'entreprendre quoi que ce soit. Le bruit était en lui comme une mauvaise maladie. Il remonta, entra dans la maison où il se mit à errer de la cuisine au premier étage. Le chien le suivait partout et son trottinement sur les planchers était le seul bruit qui parvînt à survivre encore à l'écrasement de la fusillade.

Dans chaque pièce, Jacques retrouvait l'enfant brun. L'enfant et les autres morts d'Algérie, tous tués de nouveau par ces détonations qui prenaient de plus en plus d'ampleur. Jacques chercha durant des heures à dominer sa colère, mais, malgré tant d'efforts, elle le submergea. Bien qu'il eût fermé volets et fenêtres, les détonations résonnaient à l'intérieur de la maison parce qu'elles trouvaient en lui l'écho d'une colère plus sonore que les falaises de la reculée. Il se jeta sur son lit, se boucha les oreilles, mais le bruit persistait.

Alors, il se leva. Il dégringola l'escalier et courut d'une traite à la murette où il monta. Les poings tendus vers le vide, hurlant à se déchirer la gorge, il insulta les tireurs. Il insulta la guerre. Il insulta le monde et sa folie meurtrière.

Mais sa voix se perdit dans l'espace infini, dissoute par l'air épais de l'après-midi, absorbée par l'indifférence du monde occupé de sa seule folie.

Lorsque ses cris l'eurent apaisé, Jacques revint jusqu'au tilleul. Il imagina un moment qu'il dévalait la pente à travers bois et fonçait droit sur l'enclos des tireurs. Il se précipitait sur le premier de la file, le désarmait comme on lui avait appris à le faire, et il tirait sur les autres. Le fusil déchargé, il cognait à coups de crosse, faisant éclater les crânes comme des courges. Et il criait :

— Vous voulez tuer? Je vais vous montrer ce que c'est! Je vais vous montrer! On m'a appris. Vous allez voir où ça mène, l'amour de la tuerie! Le goût du massacre!

Il s'assit de nouveau au pied du tilleul. Il était sans force, mais nullement apaisé. A présent, il ne pouvait plus se vider de sa colère. Elle s'accrochait à lui comme une teigne. Elle faisait semblant de somnoler, mais c'était pour se donner le temps de refaire ses forces. Elle se nourrit de bruit durant quelques minutes, puis, de nouveau toute gonflée, elle l'obligea à se lever. Il lutta un très court instant et bondit comme fouaillé d'épines. Il courut à la maison et grimpa jusqu'au grenier. A coups de pied, il fit sauter le couvercle de la caisse qu'il avait à peine recloué. Ses mains qu'il ne commandait plus empoignèrent le long fusil de guerre dont elle firent manœuvrer la culasse.

— Bon Dieu, ils vont voir... Ils vont comprendre ce que c'est, le jeu de massacre!

Un rire hargneux le secouait. Il déchira un paquet de cartouches. Les balles de cuivre apparurent, luisantes dans la lumière qui tombait de la lucarne. Il chargea son arme, emplit ses poches de munitions et descendit en courant. Le chien gambadait devant lui et sa façon d'aller exprimait la joie.

— Tu vas les voir foutre le camp!

Jacques s'agenouilla près de la murette pour s'y accouder. Il mit la hausse à huit cents mètres et dit encore :

— Les tuiles, ça va voler comme des perdrix rouges!

Il visa la grosse maison, au milieu de la toiture et appuya sur la détente. La crosse lui gifla la joue.

— Putain de recul, grogna-t-il. Faut pas se faire moucher.

Un peu de fumée bleue vint sur lui avec l'odeur forte de la poudre brûlée. Il y avait un trou noir dans le toit rouge et quelqu'un courait vers la maison. Cependant, les chasseurs tiraient toujours. Sa balle avait porté à l'extrémité du toit alors qu'il avait visé le centre. Il rectifia légèrement la hausse. L'homme s'arrêta de courir, ramassa un morceau de tuile et s'écarta de la maison pour regarder le toit. Jacques éjecta la douille vide qui ricocha sur la murette avec un tintement de clochette. Il rechargea son arme et visa une voiture, à peu près à hauteur de l'homme. La vitre d'une portière vola en miettes et l'homme fit un bond en arrière. Jacques éclata de rire en rechargeant son arme. Sa troisième balle toucha le faîtage. Il vit nettement une grosse tuile dégringoler la pente, rebondir dans la gouttière et s'écraser sur le capot d'une auto. Et ce fut la panique. Les tireurs s'éparpillèrent. Certains fuyaient à pied vers les vergers voisins, d'autres bondissaient dans leurs voitures qui démarraient en soulevant des nuages de poussière. Debout sur la murette, Jacques les insultait, secoué de loin en loin par le rire.

Il tira trois fois en l'air, puis se mit à gesticuler en brandissant son fusil.

Bien plus puissantes que celles des armes de

chasse, les détonations du Lebel secouèrent la reculée, éveillant un écho plus lourd qui roula lentement d'une rive à l'autre avant de s'en aller mourir très loin, bien au delà des rochers qui surplombent la Fontaine aux Daims.

38

Il était à peu près cinq heures de l'après-midi lorsque Jacques brûla ces quelques cartouches. C'était le moment où tout vivait intensément, et pourtant, lorsqu'il regagna la maison, le silence était plus lourd que celui des nuits. Il venait de tuer le bruit absurde des hommes, et il en éprouvait une profonde satisfaction. Imposer silence aux imbéciles avait été, durant des années, le rêve de son père; le reprenant à son compte et le réalisant, il s'approchait déjà de lui. Bien entendu, ce silence ne durerait pas longtemps. Lorsque les hommes lui renverraient l'écho de ses propres coups de fusil, ce serait un écho fracassant; une déchirure brutale de cette paix qu'il appelait de toutes ses forces. Mais la vraie paix, celle de l'intérieur, lui était devenue inaccessible, alors, le reste!

« Moi, si j'avais un fusil, c'est sur ces cons que je tirerais. » Jacques avait souvent entendu son père proférer cette menace, mais le père avait oublié jusqu'aux fusils de l'oncle Emile. Assez lucide pour se méfier de sa propre violence, il avait su rester un homme sans armes. Sa grande force, c'était de prévenir ses propres colères. Il se libérait en hurlant, seul face au vide ou enfermé dans sa cave; il empoignait une énorme cognée et s'acharnait sur les bûches les plus noueuses, mais il évitait les risques de rencontres. Son respect de l'homme était toujours plus fort que le vent d'orage qui se levait parfois au fond de lui.

Jacques n'avait pas hérité cette force. Il venait de céder à une tentation dont son père avait toujours su triompher, mais il avait résisté à l'envie de viser les chasseurs eux-mêmes. Pourquoi avait-il agi ainsi? Quelle était la différence entre ces êtres humains et ceux qu'il avait tués en Algérie? Meurtrier, il l'était devenu en quittant cette maison. Il avait contracté un engagement pour le crime, et personne n'avait su l'en empêcher, pas même son père devenu sa première victime. En visant cette maison et cette voiture, c'était sur ce qui conduit les hommes à la guerre, qu'il avait tiré. C'était sur sa propre sottise. Mais que pouvaient changer ces quelques coups de feu? Le curé n'avait-il pas raison de dire qu'il suffit de se sauver soi-même du crime?

Son père répétait souvent : « C'est du cœur de l'homme qu'il faudrait arracher le germe du mal. » Mais le père était certainement mort avec la conviction que rien jamais ne serait assez fort pour détruire ce germe qui se nourrit de cupidité, d'orgueil, de bêtise et d'indifférence.

Etrangement lucide à présent, débarrassé de sa colère, Jacques prit soudain conscience de sa pauvreté. Que pouvait-il contre la laideur et l'absurdité de son époque? Il était là, avec ce vieux fusil entre les mains et c'était contre un monstre qu'il avait à se battre. Il lui parut bientôt que ce monstre était partout, aussi bien dans sa propre maison que dans la montagne et la plaine, aussi bien dans ce ciel vibrant de chaleur que sur cette terre où ruisselait la lumière.

Au moment d'entrer dans la maison, il chercha le chien. Il fit le tour du jardin, fouilla la grange et la cave, visita la maison jusqu'aux combles : le chien n'était nulle part. Jacques essaya de se dire qu'il avait dû s'enfuir effrayé par les détonations et qu'il allait revenir, mais ce départ lui semblait un mauvais présage. Il avait beau se défendre contre cette idée, elle cheminait en lui et s'incrustait. Après tout, il ne savait rien de cette bête. De qui était-elle l'envoyée? Quel être mystérieux se cachait sous cette forme rousse?

Jacques entra dans la cuisine et but deux grands verres d'eau fraîche. Le fusil se trouvait sur la table, allongé comme un mort important. Jacques vint s'asseoir près de lui et posa ses mains sur l'acier froid de la culasse. Il sentait peser sur sa cuisse les balles qu'il n'avait pas tirées.

Il resta un moment ainsi, tout parcouru de pensées insaisissables où revenait sans cesse le chien roux. Enfin, il reprit le fusil, monta dans sa chambre et quitta son pantalon de velours et sa chemise. L'idée le traversa de revêtir un uniforme rouge et bleu de l'oncle Emile, mais un petit rire le secoua qui lui fit mal. Il enfila une chemise kaki et un pantalon de combat qu'il avait dans sa valise, puis il mit ses brodequins de marche. Il s'habillait ainsi parce qu'il avait décidé de se battre. Une heure plus tôt, il en était encore à s'interroger sur la tournure que prendraient les événements, mais l'odeur de la poudre avait décidé de tout.

Quand il fut habillé, il monta au grenier, prit le revolver dont il emplit le barillet, le glissa dans sa ceinture et vida une boîte de cartouches dans l'une de ses grandes poches. Dans l'autre, il mit des balles pour le fusil. Puis il chargea les armes de chasse et descendit le tout dans le couloir du premier étage. Il ouvrit l'armoire qui obstruait la fenêtre et, avec le canon du Lebel, il fit un trou dans le fond. Par-là, il pouvait surveiller la rue et tirer. De la fenêtre de sa chambre, il pouvait observer le jardin. Il ferma les volets, laissant seulement un espace assez large pour le canon d'une arme.

Il venait de terminer lorsqu'il entendit une voiture.

Il courut au fond du couloir. La fourgonnette des gendarmes était arrêtée devant la porte. Le moteur tournait. Un gendarme était au volant, mais les autres avaient déjà quitté le véhicule. Ils devaient être devant la porte de la grange. Il les entendait parler sans pouvoir comprendre ce qu'ils disaient. Il y eut des coups contre le bois du portail et une voix qu'il ne connaissait pas cria :

— Fortier! Ouvrez-nous!

Jacques hésita un instant, puis il lança :

— Foutez le camp! Stationnement interdit!

— Venez ouvrir, Fortier! Ne faites pas l'imbécile!

Bonne occasion d'essayer le revolver. Jacques engagea le canon de l'arme dans la meurtrière qu'il avait ménagée, l'appuya sur le bois, visa la base de la boule de plexiglas sur le toit de la fourgonnette. Le coup partit. La détonation fit un bruit terrible dans cette armoire et l'odeur de poudre emplit le couloir. La lampe avait volé en éclats.

— Mouche! hurla Jacques. Gare aux képis!

En bas, une voix lança :

— File, Baconnier! Et vous autres, restez collés au mur!

La fourgonnette démarra et disparut. Jacques entendit le moteur hurler, la première vitesse poussée à fond. Il se mit à rire.

— Paniqué, le mec! Y va faire péter son bahut!

La voix cria encore :

— Fortier, lancez votre arme par la fenêtre! Et descendez!

Laissant le fusil dans le couloir, Jacques descendit, sortit et regarda le jardin pour s'assurer qu'il n'y avait personne. Il gagna la grange et se coula sans bruit sous la charrette. De la fente par laquelle il avait bavardé avec le curé, il pouvait voir une bonne partie de la rue. Sur la droite, il n'y avait rien, mais à gauche, à l'angle de la maison, les ombres de plusieurs personnes s'allongeaient sur la chaussée. Ces gens-là devaient se trouver debout sur le mur du jardin de Victor Bernin. A peu près à la hauteur de ces ombres, mais de l'autre côté de la rue, il y avait un baquet que Victor avait sorti de sa cave. Une dizaine de bouteilles étaient restées sur une planche posée en travers du baquet. Jacques visa et une bouteille éclata. Il y eut des cris.

— Il est fou!

— Bon Dieu, Jacques, t'es cinglé!

— Arrête tes conneries!

— Fortier, jetez cette arme!

C'était toujours la même voix qui répétait cet ordre. Un gradé de la gendarmerie, probablement.

Les ombres avaient bougé, et d'autres voix lançaient des ordres, du côté de l'église.

Tout près du portail, sur la droite, Jacques entendit un bruit de pas. Assez loin, une voix lança :

— N'y allez pas, il est fou!

Tout près, la voix de l'abbé Deviergue dit :

— C'est moi, Jacques. Ne tirez pas.

Et sans attendre de réponse, le curé avança et vint s'accroupir face à la fente. En riant, mais à voix basse, il dit :

— Vous leur avez foutu une sacrée trouille. Mais ça suffit. Ils sont capables de vous tirer dessus. A présent, vous pouvez sortir. Soyez tranquille, ils ne vous renverront pas en Algérie. Ils étoufferont l'affaire. Et s'ils ne l'étouffent pas, vous pourrez dire aux journalistes ce que vous avez sur le cœur... Et je vous soutiendrai, je vous en donne ma parole.

Le curé se tut. Il semblait très calme. Son regard franc cherchait à percer la pénombre de la grange, mais, avec la lumière du dehors, il ne devait rien voir. Jacques montra le canon du revolver et demanda :

— Vous n'avez pas peur?

— Peur de vous? Mais pourquoi? Vous savez bien ce que je pense.

— Oui, mais avec les fous, on sait jamais.

— Vous n'êtes pas fou. Un homme qui refuse la guerre n'est pas fou. Mais ce n'est pas par la violence qu'on impose de telles idées. Et c'est en jouant à leur faire peur que vous risquez de devenir un assassin.

— Je le suis déjà. Un peu plus un peu moins.

— Ne dites pas de sottises. Ce n'est pas digne de vous. Donnez-moi cette arme et sortez.

— Non. Je préfère...

Le curé l'interrompit :

— Ecoutez-moi, Jacques. Je n'ai pas connu vos parents, mais j'en sais assez pour deviner ce qui s'est passé. Vous aimiez votre père autant qu'il vous aimait. Un jour, vous avez cru qu'il voulait se mettre en travers de votre bonheur. Vous avez réagi sans vous apercevoir que votre attitude était de celles qu'un père ne saurait accepter. Il s'est fâché. Vous vous êtes trouvés l'un et l'autre prisonniers de votre orgueil. Vous avez souffert, mais lui aussi, et beaucoup plus que vous, certainement. Pensez que vos parents étaient profondément chrétiens. Pensez qu'ils vous voient et qu'ils souffriront encore si vous commettez d'autres erreurs.

Jacques savait tout ce que lui disait le curé.

Il avait souvent pensé à toute cette douleur. Mais aujourd'hui, il n'éprouvait pas le sentiment de trahir son père. Il eut envie de l'expliquer à ce petit curé qu'il sentait porté à l'aider, mais il lui sembla que personne ne pouvait le comprendre vraiment; qu'il y avait une barrière infranchissable entre le monde extérieur et celui où il s'était enfermé. Comme le curé lui demandait à nouveau de donner son arme, il releva le canon du revolver et dit en riant :

— Si je vous tuais, vous seriez un martyr. Vous allez déjà être un héros. Ça va leur en foutre plein la vue, à vos paroissiens. Si vous réussissez à les prendre en main, c'est à moi que vous le devrez.

— Jacques, ne plaisantez pas avec...

Mais quelque chose venait de craquer derrière Jacques qui fit volte-face et tira. Un gendarme plaqué contre l'autre portail de la grange détala en direction du tilleul. Jacques tira encore une cartouche au moment où le gendarme disparaissait derrière le tronc. Sans quitter l'arbre des yeux, Jacques dit :

— Curé, vous m'avez trahi, c'est dégueulasse!

— Je vous jure que non, dit le curé très calme. Et si vous pensez que je mens, vous pouvez tirer.

— Foutez le camp! hurla Jacques. Foutez le camp!

— Jacques, il faut me croire, je ne vous ai pas trahi. Je suis avec vous. Vous le savez. Je vous jure que ce n'était pas un piège... Faites ce que je vous dis. Je vous défendrai de toutes mes forces. J'en fais le serment.

Jacques se retourna et vit le prêtre se lever sans hâte, en face de la fente. Il tourna son arme dans sa direction et répéta d'une voix qui vibrait :

— Foutez le camp!... Mais foutez le camp, Bon Dieu!

Sa main se mit à trembler et son visage fut soudain inondé de sueur. Il regarda disparaître cette tache noire. Et, lorsqu'il n'y eut plus que la rue inondée de lumière entre les planches disjointes, il soupira profondément et se tourna vers le jardin.

39

Dès qu'il eut atteint le jardin, Jacques retrouva son calme. Regard circulaire pour s'assurer que personne n'était embusqué à le guetter, puis le tilleul. Le seul fait de constater que ses réflexes de combattant étaient intacts suffisait à faire de lui un autre homme. Il n'était plus en face d'un curé, mais en présence d'un tronc de tilleul derrière lequel un homme armé se tenait prêt à profiter de la moindre faute qu'il commettrait. L'épaule contre l'angle du portail, il avança la tête pour regarder en enfilade la façade de la maison. Une faute, il en avait déjà commis une en sortant sans emporter son Lebel et sans fermer la porte. D'autres gendarmes pouvaient être planqués dans le couloir ou à la cuisine. La guerre était là. Il fallait agir en soldat, pas autrement. Tout le reste n'était que foutaise puisque le curé lui-même avait pactisé avec l'ennemi.

Jacques fit des yeux le tour des murs, et, cette fois, parce qu'il avait totalement récupéré ses facultés, il remarqua le haut d'une échelle qui dépassait le mur de clôture au ras de la maison. Si le gendarme était arrivé par-là, c'est que le curé n'avait pas trahi. C'est que tout le monde ignorait encore le passage du chien. Jacques éprouva un profond soulagement.

A présent, il allait se battre. Et il savait qu'à sa

manière, le petit curé se battrait à ses côtés. Il cria :

— Sortez de là, je ne tirerai pas... Sortez les mains en l'air et foutez le camp par où vous êtes venu.

Rien ne bougea. D'où il était, le gendarme pouvait échanger des signes avec ceux du couloir, mais ni lui ni les autres ne pouvaient voir Jacques sans se montrer.

— Sortez, cria Jacques, ou je balance une grenade!

Lentement, les mains en l'air, le gendarme quitta la protection du tilleul. C'était un grand gaillard solide mais dont le regard et le visage reflétaient une profonde terreur. A couvert de ce qui pouvait venir du couloir ou d'une fenêtre, Jacques le tenait sous la menace.

— Tu le regretteras, dit le gendarme d'une voix qui avait du mal à passer.

— T'occupe. Demi-tour et avance de trois pas... Allez, plus vite que ça.

Le gendarme lui tourna le dos et fit trois pas en direction de l'angle.

— A présent, dis à tes copains qui sont dans la maison de sortir aussi.

— Mais il n'y a personne!

— C'est pas vrai. Dis-leur de sortir, ou je te descends.

— Je vous jure qu'il n'y a personne.

— Si c'est vrai, dit Jacques, c'est que vous êtes tous des cons... Avance jusqu'au mur.

L'homme avança. Lorsqu'il arriva dans le soleil, Jacques remarqua que sa nuque grasse luisait. Il eut envie de rire, mais il devait conserver tout son sang-froid car la partie serait serrée.

— Ne bouge pas (et, plus fort) : A ceux qui sont planqués, je vous assure que si vous faites les cons, je descends votre copain.

Plaqué à la façade, surveillant porte et fenêtres, il avança jusqu'au seuil du couloir. Là, le premier regard lui permit de s'assurer que le gendarme n'avait pas menti, car le fusil était toujours en haut de l'escalier, exactement où il l'avait laissé.

— C'est bon, dit-il, vous êtes tous plus cons que je pensais... Va mettre ta peau à l'abri... Et va changer de caleçon, tu dois en avoir besoin...

Le gendarme monta sur le petit toit de tôles de l'abri à bouteilles où Jacques avait trouvé le chien le jour de son arrivée, puis il agrippa les montants de l'échelle et grimpa péniblement. Il ne se retourna qu'au moment de descendre. Son regard était chargé de haine.

— Bien le bonjour à tes copains! lança Jacques.

Il se sentait immensément fort. Il venait de ridiculiser un gendarme, et les autres n'avaient pas bronché. Il avait commis plusieurs erreurs dont l'ennemi n'avait pas su tirer parti. A côté de lui, ces gens-là étaient des minables. On lui avait enseigné la guerre, il allait leur montrer ce qu'il savait faire. C'était pour le replonger dans la guerre qu'ils venaient le chercher, il allait leur faire une démonstration. Le nombre leur permettrait certainement de triompher, mais il y aurait du spectacle.

Il commença par fermer à clef la lourde porte du couloir. Elle résisterait assez longtemps pour lui permettre de gagner la fenêtre de sa chambre d'où il pourrait tirer. Puis il monta fermer les persiennes. Dans chaque battant il tira plusieurs balles de revolver, faisant sauter assez de bois pour permettre le passage d'une arme. Il se mit à rire :

— Ces enfoirés-là doivent penser que je m'exerce!

Lorsque tout lui parut prêt, il gagna le fond du couloir et cria par la fente ménagée dans le fond de l'armoire :

— Hé-ho! Quelqu'un m'entend?

Il répéta plusieurs fois son appel, et une voix finit par crier, depuis l'angle de la place :

— Qu'est-ce qu'il y a?

— Est-ce que le curé est là?

Il y eut un temps et la voix répondit :

— On va le chercher.

Quelques minutes passèrent. Une vague rumeur venait de la place où ronflaient aussi des moteurs de voitures. Le curé arriva en disant :

— Où êtes-vous, Jacques?

— Je suis à la fenêtre.

— Venez m'ouvrir.

— Inutile. Je voulais seulement vous dire que je suis content. Je sais que vous ne m'avez pas trahi. Mais ces salauds-là ont profité que je vous parlais pour me prendre à revers. A cause d'eux, je pouvais vous descendre. Ils le savaient, mais ils s'en foutent. Vous les connaissez, à présent!

Le curé se tenait debout dans le soleil, juste en face de la meurtrière, il se tourna légèrement en direction de la place pour bien montrer à Jacques qu'il n'avait pas peur d'être entendu, et il cria :

— Ce n'est pas d'aujourd'hui que je connais les militaires, mon pauvre Jacques. Il y a longtemps que mon jugement est fait. Je suis votre ami, Jacques. Mais ils ne valent pas que vous vous salissiez pour eux.

Comme Jacques ne répondait pas, le curé dit encore :

— J'ai été lâche une fois, je ne le serai plus. Sortez d'ici, et je serai avec vous pour leur crier la vérité.

— Merci, vous êtes chic. Mais on se battra chacun à sa façon. Allez, adieu curé!

Jacques brusqua la séparation pour lutter contre l'émotion qui le saisissait. Il se retira. Le curé appela encore, puis il n'y eut plus que la rumeur venant de la place. Tout le village devait s'y trouver avec les gendarmes et des gens d'alentour. L'envie lui vint d'aller jouir du spectacle en sortant par la lucarne du grenier et en passant sur le toit de la maison voisine. Ce devait être facile, mais il jugea prudent d'attendre la nuit. Il alla jeter un coup d'œil sur la rue puis sur le jardin. Rien ne bougeait. Il descendit à la cuisine chercher du pain, de l'eau et une boîte de thon à l'huile. Il apporta deux chaises dans le couloir du premier étage et se mit à manger, prêtant l'oreille tour à tour en direction de la rue et du jardin.

Il pensait beaucoup au chien en se disant qu'il finirait bien par venir gratter à la porte.

Il avait presque fini de manger lorsqu'il entendit crier sous la fenêtre donnant sur la rue. Il bondit vers l'armoire et regarda par le trou. Pierre Mignot se tenait bien en vue, de l'autre côté de la chaussée.

— Qu'est-ce que tu veux? demanda Jacques.

— Que tu me laisses entrer. Je voudrais te parler.

— Parle d'ici. Je t'écoute.

— Tu sais bien que c'est impossible.

— Qu'est-ce que tu veux me raconter?

Pierre hésita, parut chercher ses mots avant de dire :

— Jacques, il faut que tu sortes... Quand... Quand ce sera fini, tu viendrais travailler avec moi... Tu verras, ça sera bien... Et tu trouveras de la terre... Fais pas le con, Jacques... Fais pas le con.

— Merci, dit Jacques, t'es un brave type. Mais tu voudrais pas travailler avec un assassin. Tu vois ton gosse, mon pauvre Pierre? Eh bien, j'en ai tué un pas plus grand que lui... Tu entends, pas plus grand que ton gamin! C'est ça qu'il faut leur expliquer... C'est ça, qu'il faut dire aux autres. A tout le monde. Aux journalistes s'ils ont assez de couilles pour l'écrire!

Il y eut un silence. Pierre s'était adossé à la grande dalle qui fermait l'ancienne conche à fumier. Le soleil qui commençait de baisser prenait

256

la rue en enfilade, éclairant de profil le visage douloureux de Pierre. Jacques sentit que son ami n'avait pas peur de lui, mais qu'il souffrait certainement.

— Faut pas t'en faire, cria-t-il. De toute façon, ça devait arriver. Tu comprends, il y a des choses qui sont plus fortes que nous. Je peux pas t'expliquer, mais c'est plus fort que moi.

Pierre venait de tourner la tête vers la droite. Jacques se tut. De loin, une voix cria :

— Demandez-lui s'il accepte de m'ouvrir. J'irai seul et sans arme.

Pierre se tourna vers la fenêtre et dit :

— C'est le capitaine de gendarmerie. Il veut te voir.

Jacques l'interrompit :

— J'ai entendu. Il peut venir près de toi, mais que ses guss n'essaient pas de me prendre à revers, sinon, c'est sur lui que je me paye un carton.

Pierre avait fait signe au capitaine, qui le rejoignit en disant :

— Mes hommes ne tenteront rien tant que je serai ici, mais j'aimerais entrer pour vous parler.

— Non, dit Jacques. Tout est barricadé, et d'ailleurs, je me fous de tout ce que vous pouvez me dire. Mais moi, j'ai à vous parler... Est-ce qu'il y a des journalistes?

— Oui, il y en a deux sur la place... C'est donc de la publicité que vous voulez?

— Dites-leur de venir près de vous.

Le capitaine ne broncha pas. Jacques attendit un instant avant de crier :

— Pierre, va les chercher. Et que l'autre ne bouge pas, sinon, je l'allume. Et c'est au Lebel, ça pardonne pas.

Pierre regarda le capitaine qui lui fit signe d'aller. Il disparut et revint bientôt, suivi d'un homme d'une trentaine d'années qui tenait à la main un bloc de papier, et d'une fille blonde, très

jeune, qui portait en bandoulière un petit magné-
tophone. Dès qu'ils furent près de lui, le capitaine
dit :

— Fortier, vous savez très bien ce que vous risquez. Ne poussez pas les choses plus loin. Vous
pouvez encore vous en tirer à bon compte,
montrez-vous raisonnable...

Jacques l'interrompit :

— Je me fous de ce que vous avez à dire. Je
vous le répète. Et moi, ce que j'ai à dire n'est pas
long... J'en ai marre des saloperies. J'en ai marre
de la guerre. De l'assassinat. Des tortures. Des villages bombardés. Des enfants mutilés et étripés.
J'ai honte de moi... De ce que j'ai accepté de
faire. J'ai honte de mon pays et de ceux qui nous
obligent à tuer. Je me suis engagé. Je sais. J'ai
tout contre moi. Mais j'étais un gamin, et s'il n'y
avait ni guerre ni armée, les jeunes ne devien-
draient pas des assassins. J'ai trop de sang sur les
mains, je ne peux plus le supporter! Le monde
est pourri, vous entendez! Pourri par ceux que la
guerre engraisse. Pourri par des cons comme moi
qui ne savent pas ce qu'ils font. Parce que j'étais
fou le jour où je me suis engagé. J'étais fou tant
que j'ai accepté de tuer. Aujourd'hui, je suis sain
d'esprit. Alors, vous viendrez me chercher si vous
voulez, mais je vous préviens que je suis bien
armé. On m'a appris à tuer. Je vais vous montrer
que j'ai été un bon élève.

A mesure qu'il parlait, le ton montait. La colère
était en lui comme une eau qui bout. Il ne garda
le silence qu'un instant, passa le canon du fusil
par la meurtrière et cria :

— Bougez pas! Vous voyez le bidon à huile
derrière vous, dans la conche à fumier? Imaginez
que ce soit un képi de gendarme ou une tronche
de raton. C'est pareil.

Le coup partit et le bidon fit un bond contre la
dalle.

— Premier tireur de la compagnie! cria-t-il en

258

rechargeant son arme. Des crânes de ratons, j'en ai percé pas mal, comme ce bidon. A présent, c'est le tour des cognes. Gendarmes ou ratons, c'est du pareil au même... Vous avez pigé? Alors taillez-vous. Et faites savoir que je suis pas dingue. Les cinglés, c'est les types qui acceptent de faire la guerre pour la fortune des trafiquants et la gloire des politicards pourris. Moi, c'est fini, je ne fais la guerre qu'à ceux qui viendront m'emmerder ici!

Il se tut. Les autres s'en allèrent sans hâte. Pierre qui marchait le dernier se retourna, hésita, puis se serra la main au-dessus de sa tête en signe d'au revoir.

— Adieu Pierre! lui cria Jacques. T'es un brave type. Tu as compris mon père bien avant moi. Tu sais ce que je suis... Tu es un homme. Tu leur diras... Tu leur expliqueras...

Sa voix se brisa.

Il essuya la sueur qui lui brûlait les yeux, puis il se rendit jusqu'à la fenêtre de sa chambre d'où il examina le jardin toujours désert.

Le soir tombait. A l'ouest, d'énormes nuages violets frangés d'or montaient de l'horizon à la rencontre du soleil.

40

Dès que le soleil eut plongé derrière les nuages, l'ombre s'étendit sur la plaine et le village. Dans la maison, ce fut presque l'obscurité. Le ciel était rouge dans les lointains, avec de longues traînées mauves. Plus haut, il roulait d'énormes masses violettes, percées encore çà et là d'étroites déchirures d'un vert d'une intense luminosité. Vers le nord-ouest, des lueurs d'orage couraient d'une nuée à l'autre, plaquant des reflets de cuivre sur les collines. Il n'y avait plus un souffle de vent. La terre se figeait, effrayée par cette attente. Jacques était monté au grenier pour regarder le ciel par la lucarne ouverte. Debout sur une caisse, la tête et les épaules émergeant de la toiture, il retenait son souffle.

Silence.

Il semblait que la place de l'église aussi se taisait, muselée par la menace du ciel. Jacques se sentit parcouru de frissons. Sa chemise trempée collait à son dos. Ces lueurs fauves du crépuscule répandaient partout une odeur de guerre. Il fixait surtout le point de l'horizon d'où venaient les éclairs qui n'étaient déjà plus, pour lui, des lueurs d'orage mais des éclatements de bombes. De ces puits de ciel qui trouaient les nuages, des avions allaient jaillir qui piqueraient sur lui. Il n'était plus Jacques Fortier, mais un fellouze solitaire, isolé de sa katiba, assiégé dans un village perché sur un piton, quelque part dans l'Aurès. Il attendait la nuit. Cette nuit qui rendait aux gens du pays la totalité de leur terre. La peur allait gagner les autres. Elle les paralyserait dans leurs retranchements et lui, l'homme du pays, il deviendrait maître du terrain. Il allait régner en souverain absolu sur cette nuit que le ciel préparait pour lui.

Il y eut, par-delà les toitures, des grondements de moteurs. Plusieurs véhicules manœuvraient sur la place et dans les rues. Nasillarde, une voix amplifiée par un mégaphone lui parvint :

— Jacques Fortier, écoutez-moi!... Vous avez une demi-heure pour réfléchir. Si dans une demi-heure vous ne quittez pas cette maison, les forces de l'ordre donneront l'assaut... Caporal Fortier, je vous rappelle à la raison. Je suis capitaine des Compagnies républicaines de sécurité. Je suis un soldat comme vous. On m'a donné l'ordre de vous prendre, je vous prendrai. Comprenez-moi, caporal Fortier, évitez à des soldats comme vous ce devoir douloureux...

Jacques fut secoué par un long éclat de rire. Il tira trois coups de revolver en l'air, puis il descendit du grenier et reprit sa faction dans le couloir du premier étage, allant d'une fenêtre à l'autre. Mais, le jardin comme la rue demeuraient déserts. Il savait que lorsque l'obscurité serait totale, il ne pourrait plus rien surveiller, mais quelque chose en lui disait que la nuit serait avec lui. Sans avoir aucune idée de ce qui pourrait se passer, il était persuadé que la nuit lui permettrait de triompher. Cent fois, il avait vu des fellagas assiégés quelque part, cernés par des forces considérables et qui disparaissaient à la faveur de l'obscurité. Comme eux, il allait s'évaporer. Il allait se fondre à la nuit. Il allait devenir nuage, ou terre, ou arbre, et disparaître au nez et à la barbe de ces gendarmes et de ces C.R.S. Peut-être y avait-il avec eux quelques chasseurs du pays armés de leur fusil comme il y avait des harkis aux côtés des Français, mais il ne les redoutait pas. Ceux-là ne savaient pas se battre.

Pour faire quelque chose en attendant cette nuit, il prit les deux fusils de chasse et les plaça tous les deux dans la fente de l'armoire, canons coincés par le bois. Il attacha des ficelles aux détentes, et les déroula jusqu'à la fenêtre donnant sur le jardin. Lorsque tout fut en place, il s'assit sur le rebord de cette fenêtre et attendit.

Ce qu'il espérait ne tarda pas. Bientôt le mégaphone se remit à aboyer. Cette fois, c'était le maire du pays qui parlait. Il lui demandait de penser à la population du village, à la mémoire de ses parents. Jacques le laissa aller jusqu'au moment où il se mit à parler de son père. Là, sa colère ne lui permit pas d'attendre davantage. De la main droite, il se mit à tirer des coups de revolver sur le jardin, et, de la gauche, il actionna les ficelles. De part et d'autre, les détonations claquèrent et la maison résonna longtemps, envahie par l'odeur de poudre.

Jacques se mit à rire.

— Ces cons-là vont se demander qui est avec moi.

Le maire s'était arrêté de parler, mais la rumeur de la foule montait de la place, dominée par les aboiements des chiens.

Jacques alla recharger les fusils de chasse en se disant que son installation pourrait lui permettre de créer une diversion. A présent, il devait utiliser sa lampe de poche pour circuler dans la maison. Il ne voulait pas allumer pour conserver intacte sa vision de nuit. Il fit même un voyage au grenier sans sa torche, et constata qu'il n'en avait pas besoin. Il était un animal de nuit. Cette nuit qui commençait à entrer en lui, et dont il lui semblait qu'elle décuplait ses forces.

Et pourtant, toute son enfance avait été habitée de frayeurs nocturnes. Il y pensa, évoquant d'abord les crépuscules d'hiver où la mère restait des heures à raconter tandis que l'ombre envahissait la cuisine et le jardin. Lorsque la seule lumière venait du sol recouvert de neige, les personnages des vieilles légendes se matérialisaient plus facilement. Jacques fut un moment le cavalier au cheval ailé qui franchissait d'un bond les lacs les plus larges pour échapper à ses poursuivants. Ces frayeurs-là étaient presque agréables, qu'il vivait blotti contre sa mère. Mais il y avait les peurs engendrées par les pièces obscures, par cette grange sans lumière où il refusait de se rendre seul. Il y avait aussi les peurs éprouvées dans sa chambre lorsque le vent secouait toute la maison et hurlait aux fenêtres. Il lui était arrivé de retrouver ce même frisson glacé au cours des patrouilles et des gardes solitaires, lorsque le moindre froissement devient menace, lorsque le silence même est une présence ennemie.

Mais ce soir, l'ombre était avec lui, elle venait à sa rencontre et les formes encore diffuses qui la peuplaient n'avaient pas des allures de monstres. Elles ressemblaient vaguement à une armée de compagnons sans nom mais pas tout à fait inconnus, levée pour lui venir en aide.

Avec ces ombres, lentement, l'orage approchait. La lueur des éclairs arrivait jusque-là, et les premiers roulements du tonnerre atteignaient le rocher. Ils n'étaient guère que des vagues venues de très loin et qui mouraient en léchant la falaise.

Jacques comprit que l'orage aussi serait son allié, et il monta au grenier pour mieux le voir venir. Il arrivait bien du nord-ouest, et déjà le front des nuages les plus lourds s'appuyait aux premiers contreforts du Revermont. Une lueur à peine visible rampait encore, très loin, étirée entre ciel et terre; mais la plaine était déjà constellée de toutes les lampes dont les hommes ont besoin pour affronter la nuit.

Et c'était la preuve que Jacques était supérieur aux autres, qu'il échappait déjà au commun puisque lui n'avait besoin d'aucune lampe pour se déplacer dans la maison.

Le silence dura quelques minutes. Un silence sur lequel roulaient les ondes encore molles de l'orage, mais un silence tout de même parce que les oiseaux et les arbres demeuraient immobiles et muets. Il vécut quelques minutes, puis les tilleuls grognèrent doucement. La masse de leur feuillage se gonfla comme le pelage d'un animal en colère. Le grognement prit du volume, il y eut quelques soubresauts, puis, d'un coup, le vent se reforma et atteignit la toiture. Alors, dominant la rumeur qui montait de la place, ce fut sa voix souple qui emplit la nuit. Un concert commença où chaque branche, chaque tuile, chaque pan de mur tenait sa partie. Plus loin la forêt était un souffle continu pareil à la basse des grandes orgues. Là-dessus : le tonnerre de plus en plus proche dont la reculée pétrissait longuement chaque grondement.

Jacques respira profondément. La guerre était sur lui. Elle l'enveloppait d'ombres et de lueurs, et c'était une guerre dont il se sentait le maître.

41

Jacques avait toujours son envie de regarder le spectacle de la place. La nuit était assez épaisse, et il commença de préparer son expédition. Il avait sorti de la cantine de l'oncle une grande musette qu'il emplit de munitions pour le revolver et le Lebel. Il passa la musette et le fusil en bandoulière, gardant le revolver dans sa ceinture. Il monta sur la caisse et n'eut aucune peine à sortir. Debout sur le toit, il resta un moment immobile. A sa droite, il avait l'immensité de la plaine où les lumières étaient comme des étoiles sans cesse secouées par le vent. Tout vibrait. Sur les routes, les voitures passaient, nombreuses et rapides. Il lui sembla que beaucoup venaient dans cette direction et il se réjouit en pensant que c'était pour lui. A sa gauche, par-delà le faîtage, la lueur de la rue montait sans rien trouver d'autre à éclairer que la dalle recouvrant la cheminée. Devant, il y avait le toit de la maison voisine. Comme elle était inhabitée, personne ne pourrait rien entendre, et il savait qu'il n'existait aucune lucarne sur cette toiture. Au delà, c'était le feuillage du vieux tilleul et des deux platanes de la place. Le vent et la lumière y jouaient comme pour une fête. Plus loin encore, le clocher de l'église se détachait clair sur le ciel d'encre parcouru de lueurs. Partout, l'orage prenait possession de la nuit. Le vent vivifiant, chargé d'électricité, sentait la poudre et Jacques le respirait à s'en saouler. Le jardin invisible sonnait comme un puits d'ombre où se déversent des sources. Les tourbillons montaient contre la façade, portant des feuilles et des fleurs arrachées aux tilleuls et qui luisaient dès qu'elles dépassaient le faîte du toit. Attirées comme des papillons, elles filaient vers la place en tournoyant. Jacques les observait, amusé par cette neige de lumière. Un moment, il fut tout habité par les neiges de son enfance. Il avança lentement, tâtant du pied les vieilles tuiles. Plusieurs claquèrent d'un coup sec sous le poids de son corps, mais le bruit du vent était tel que la foule, elle-même bruyante, ne pouvait entendre. Il se hissa sur l'autre toit, et, lorsqu'il arriva près de la rive, il s'allongea à plat ventre et avança lentement. Quand son regard put enfin plonger vers la place, il sentit grandir en lui une bouffée de joie. Jamais cet espace n'avait porté une telle foule. A ne pas pouvoir y jeter une épingle!

Jacques ne put se retenir d'imaginer une mitrailleuse fauchant depuis le toit. La panique. L'écrasement dans les ruelles. Et, pour parachever le tout, deux ou trois avions piquant et lâchant leurs roquettes.

La place n'était plus celle de Castel-Rochère, mais le marché d'un village algérien qu'ils avaient attaqué un matin. Après le passage des P 47, après les tirs d'artillerie et un copieux arrosage de toutes les armes automatiques, ils avaient pu faire leur entrée. Beau carnage! Et tout ça, pour une dizaine de fellouzes complètement fous qui s'étaient réfugiés là. Des centaines de civils les tripes au soleil. Fameux soleil! Sa clarté aveuglante était encore en lui, brûlant l'intérieur de ses yeux. L'odeur aussi le poursuivait, venait le relancer jusque sur ce toit battu de vent et parcouru par la lueur des éclairs de plus en plus proches.

Dix mètres en dessous, c'était la foule. Autour

de trois véhicules des C.R.S. et de la gendarmerie, les uniformes sombres et les casques luisants se mêlaient aux robes claires des femmes et aux chemises blanches des hommes dont la plupart étaient endimanchés. Quatre gendarmes barraient l'entrée de la rue conduisant à la maison de Jacques. Personne ne regardait en direction du toit. D'ailleurs, à cause de la lampe qui se trouvait contre le pignon de la maison, Jacques était invisible. Il le savait. Il y avait quatre lampes. Avec le Lebel, il eût été facile de les éteindre et de plonger la place dans l'obscurité. L'envie de le faire le tarauda un moment. Elle était si forte qu'il allongea le fusil devant lui. Sans tirer il visa tour à tour les trois lampes les plus éloignées. Il ne tremblait pas. Il était sûr de lui. Il hésita encore puis se dit qu'il avait tout le temps. D'abord, il voulait s'amuser un peu à observer les gens. Et puis, s'il avait la chance que l'orage vienne jusqu'ici, ce serait drôle d'éteindre à ce moment-là. Il garda son fusil à la main et se mit à détailler cette foule. Il y reconnaissait à peu près tout le village. Plusieurs hommes portaient des fusils de chasse et se donnaient de l'importance à grands coups de gestes et de gueule. Devant l'église, des gosses jouaient à la guerre. Désiré et sa femme parlaient avec le maire et le capitaine de gendarmerie. Pierre et le curé se tenaient un peu en retrait de leur groupe.

Jacques avait à peu près fini son inspection lorsque deux coups de feu claquèrent en haut de la rue des Carriers, à l'angle de la route. Instinctivement, il s'aplatit contre le toit, mais il comprit tout de suite que ce n'était pas sur lui qu'on avait tiré.

— Un con qui aura joué avec son fusil, dit-il.

Il se fit un long remous dans la foule à l'endroit où la rue débouche sur la place. La rumeur s'était apaisée. Elle n'était plus rien à côté du souffle immense du vent. On s'écartait pour laisser le passage à deux hommes qui portaient quelque chose que Jacques distinguait mal. Le premier des deux hommes avait un fusil à l'épaule. C'était Théodore Margnat, un ivrogne qui avait autrefois travaillé pour le père de Jacques, mais que personne ne pouvait garder car il était aussi voleur que buveur et paresseux. Théodore parlait haut et, lorsqu'il eut rejoint le capitaine des C.R.S., il cria :

— Je le guettais. Je savais bien qu'il essaierait de le rejoindre... C'était même pas à lui. Mais qui se ressemble s'assemble. Une espèce de corniaud mauvais comme une teigne...

Il y eut un mouvement de plusieurs personnes, et Jacques découvrit ce que les hommes avaient posé à terre : le chien rouge.

— Fumier! ragea-t-il.

Cette fois, la guerre était bien ouverte. L'ennemi venait de tuer un homme sorti en patrouille. Il n'y avait plus à réfléchir.

Jacques n'était plus guidé que par son instinct d'animal de combat.

Calmement, il orienta son arme en direction du groupe, l'appuya au faîtage et visa comme à l'exercice.

Théodore et le capitaine parlaient toujours. Le curé qui s'était avancé gesticulait. Il devait engueuler Théodore, mais Jacques ne chercha même pas à entendre ce qu'il disait. Plus rien n'avait d'importance que la poitrine de cet homme, au bout du canon de fusil.

Le coup partit. Théodore eut un sursaut, son visage refléta un grand étonnement, sa main droite monta jusqu'à sa poitrine, puis son corps se cassa en deux tandis que ses jambes fléchissaient. Cloués sur place par la surprise, les autres ne bronchaient pas. Théodore tomba à genoux devant le chien mort avant de verser sur le côté pour se coucher par terre, exactement comme il le faisait lorsque l'alcool avait raison de lui.

42

Tout de suite après la détonation que se renvoyèrent les façades des maisons et de l'église, ce fut le silence sur la place, puis une houle de mouvement et de rumeurs, et enfin des cris, des fuites avec des bousculades et des hurlements de femmes.

Le regard au ras des faîtières, Jacques observait. Trois coups de fusil claquèrent, partis du fond de la place, et des plombs grêlèrent en ricochant sur les tuiles. Jacques baissa la tête, puis, la relevant lentement, il épaula et visa un lampadaire. Il tira et la lumière s'éteignit, accentuant l'affolement. Des coups de sifflet à roulette dominaient le tumulte. Jacques se laissa glisser le long de la pente tandis que le mégaphone nasillait :

— Évacuez la place sans panique... La première section derrière la maison, les deux autres aux véhicules!

Jacques marcha tranquillement jusqu'à hauteur du mur de clôture. Là, s'agrippant à la gouttière qui geignit comme une bête, il descendit, raclant la façade du bout de ses brodequins. Le sommet du mur se trouvait à peine à deux mètres du bord du toit, et il l'atteignit sans peine à l'endroit où le gendarme l'avait franchi. Évitant le petit abri de tôles, il sauta sur la terre retournée du jardin et courut d'une traite à la murette. Des

C R S. étaient entrés dans la propriété voisine. Il s'arrêta un instant pour les écouter avancer dans le roncier et il murmura :

— Bande de rigolos, faudrait apprendre à crapahuter de nuit. On vous entendrait à trois bornes.

Sans bruit, il s'allongea sur la murette et se laissa pendre à bout de bras de l'autre côté. Ses pieds trouvèrent le lierre auquel il grimpait lorsqu'il était enfant, mais il n'avait plus le temps de l'utiliser pour descendre. Il y avait environ quatre mètres à pic, mais, en dessous, le roncier était épais. Le plus grand risque venait des éboulis. Comme le bruit des autres approchait, il lâcha prise. Chute interminable d'une demi-seconde, peut-être, puis le matelas de broussailles. Il boula, griffé de partout, et s'accrocha aux branches d'une charmille. Deux pierres roulèrent, rebondissant d'un tronc à l'autre, d'une roche à une autre.

— Par-là, il a sauté!

— Eclaire, nom de Dieu!

Un faisceau blanc balaya la nuit, mais Jacques avait plongé. Immobile, le cœur battant, il suivit des yeux la lueur qui tirait de l'ombre des paquets de feuillages agités de vent. Les éclairs plus proches plaquaient de larges lueurs qui faisaient luire les casques des hommes penchés sur le vide. Le tonnerre égrenait des chapelets de bombes de gros tonnage derrière les pentes du Perchet qui apparaissaient en contre-jour.

Le faisceau s'éloigna sur la droite. Jacques eut envie de tirer tant le jeu lui semblait facile, mais son instinct du combat fut le plus fort. Il bondit vers l'aval, repérant les obstacles à la lueur des éclairs.

— A gauche! hurlèrent plusieurs voix.

— Arrêtez ou je fais ouvrir le feu! cria le mégaphone.

— Et merde! lança Jacques sans s'arrêter.

Plusieurs coups de feu claquèrent et Jacques entendit des balles casser des branches à la cime des arbres. Il poussa un hurlement d'homme blessé et continua sa course.

— Ils sont assez cons pour que ça prenne, ricana-t-il.

Entre deux coups de tonnerre, il entendit nettement des voix déjà lointaines crier.

— En avant!... Sautez!

Il connaissait le terrain par cœur pour y avoir joué cent fois à la guerre avec ses camarades d'enfance. Si personne du pays ne guidait les C.R.S., il y aurait certainement des jambes cassées. Il venait à peine de penser cela, qu'il entendit rouler un rocher. Un homme cria, puis d'autres.

A présent, il avait atteint les terrasses où le bois avait pris la place des anciennes vignes. Il pouvait aller vite, et sans risque, à l'abri des frondaisons que les éclairs de plus en plus violents embrasaient. Le grondement du tonnerre et le flot rageur du vent couvraient tous les bruits.

Il allongeait le pas, cherchant une cadence souple, pareille à celle des Algériens qu'il avait si souvent vus marcher dans les djebels. Il était le fellouze en fuite. Il fuyait le village où venaient de mourir des enfants. Les uns égorgés par ses camarades de katiba, les autres écrasés par les roquettes ou fauchés par le tir serré des F.M. français. La nuit était peuplée de visages d'enfants ruisselants de sang et que chaque éclair ressuscitait pour un instant. Il y avait des cadavres de femmes aussi, et d'hommes, et encore des ânes et des chiens. Un chien rouge. Rouge comme ce feu qui, loin derrière lui, continuait de dévorer les gourbis écroulés.

Le bombardement se poursuivait, éclairant sa route par intermittence. Au roulement de la foudre, s'était joint l'éclatement des paragrêles. Tous les villages tiraient vers ce ciel écrasant où les fusées piquaient des points d'or que le vent éteignait aussitôt.

— Mortiers, grogna Jacques. Y en a qui vont dérouiller.

Il ne savait plus ni qui ni quoi était visé. Il sentait seulement qu'il se trouvait au cœur même d'une bataille comme il n'en avait jamais vécue. Il était le chef d'un peuple en révolte poursuivi par une armée entière lâchée à ses trousses comme une meute enragée.

Mais quel peuple? De quel continent? De quelle planète? Poursuivi par quelle armée? Il ne le savait plus. Ce qui demeurait en lui, c'était, pêle-mêle, le visage des morts de la guerre et des morts de la paix. Une fois de plus, ses parents avaient retrouvé l'enfant brun, l'oncle Emile était au centre des têtes coupées, plus mort peut-être que les suppliciés.

L'essentiel était d'aller très vite, et sans se faire repérer.

Son instinct le guidait sur les sentiers qu'il connaissait le mieux.

Arrivé où le bois s'arrête pour faire place aux friches du Puy Roussot, il s'accroupit, fit un bond entre deux éclairs et se coucha le long du talus où le vent ébouriffait les viornes et les orties. Il regarda en direction du surplomb de Castel-Rochère dont la masse se dressait juste au niveau de la lisière. Deux éclairs lui permirent de voir briller des casques et des fusils de chasse.

Désormais, il lui faudrait compter seulement sur son habileté à utiliser le terrain. Les paysans avaient dû expliquer aux autres où passaient les sentiers.

Il fit encore une dizaine de bonds entre les lueurs, puis, sous un buisson plus haut que les autres, il s'arrêta pour regarder en direction du sentier qu'il avait emprunté avec Pierre.

— Je m'en doutais, dit-il calmement, c'est le bouclage.

Quatre hommes descendaient lentement, l'arme au poing.

Il regarda sur sa droite. L'estafette de la gendarmerie et une autre voiture étaient arrêtées près du pont. Des hommes en sortaient qui allaient certainement manœuvrer pour rejoindre les autres. Jacques se réjouit.

— Trop tard, bande de tordus! lança-t-il dans le vent.

Et, sans perdre de temps à se cacher, persuadé que personne ne pouvait l'atteindre à une telle distance et à la seule lueur des éclairs, il se mit à courir droit sur le point où le sentier des vignerons rejoint le chemin de la Fontaine aux Daims.

La pente le poussait. Il bondissait comme une chèvre, d'un bord à l'autre du sentier.

Il y eut au moins une dizaine d'éclairs avant que ne tombent sur lui, partis du belvédère, des cris le désignant.

Plusieurs coups de feu claquèrent, mais il reconnut les fusils de chasse et l'aboiement d'un pistolet. Il était hors de portée des plombs et des petits pruneaux dérisoires d'un 7,65 mm. Pour l'atteindre en pleine course, depuis le village, il eût fallu un F.M., et ces gens-là n'en avaient certainement pas encore à leur disposition.

Curieuse armée, qui se lançait dans une opération d'envergure avec un matériel ridicule!

De sa gauche, une rafale partit, plaquant dans la nuit une série d'étincelles roses, presque amusantes. C'était une mitraillette, et ce n'était guère plus dangereux. Mais le danger augmentait à mesure que l'ennemi mobile descendait. Il restait à Jacques environ cinq ou six cents mètres à parcourir avant d'atteindre le chemin de la Fontaine aux Daims. Les autres se trouvaient à peine plus loin de la jonction, et ils bénéficiaient d'une pente plus accentuée. Donc, s'ils étaient gonflés, ils pouvaient foncer. Jacques avait compris qu'il était le seul à posséder une arme à longue portée et d'une grande précision. Il courut encore un moment pour bien se montrer, puis il s'immobilisa, un genou en terre. Ce qu'il avait espéré se produisit : la mitraillette crépita de nouveau. Calmement, il épaula et visa le pointillé de feu. L'écho roula très loin la détonation du Lebel. Il n'avait certainement pas atteint son but, mais l'éclair suivant lui montra que les hommes s'étaient plaqués au sol. La balle avait dû leur siffler aux oreilles.

Alors Jacques s'élança sans plus se soucier des coups de feu qui claquaient à droite, à gauche et très haut derrière lui. Tout en courant, il riait, persuadé que les autres finiraient par s'entre-tuer.

Il atteignit le chemin bien avant ses poursuivants et s'accroupit à l'abri du talus. Un long ruban de sentier se déroulait à découvert jusqu'à la corne inférieure du bois que les hommes n'avaient pas encore dépassée. Quant au groupe du bas, il était plus loin encore avec la pente à grimper à travers les friches où les ronces et les vieux fils de fer tendaient leurs pièges.

Jacques prit un trot régulier, l'arme à la main, rejetant de loin en loin sur ses reins la musette pleine de munitions qui venait lui battre le flanc. Chaque fois qu'il se retournait, c'était pour embrasser d'un regard l'immensité du désert qu'éclairaient les détonations de gros calibre. Un troupeau de blindés devait avancer, tiraillant à l'aveuglette. Pour ces monstres, il était l'aiguille dans la meule de paille.

Devant lui, les arrivées claquaient entre les falaises. Au fond des gorges, l'oued luisait entre les arbres et jetait des éclats d'acier.

Il courut ainsi un long moment avant que le vent qui le poussait aux épaules ne s'enlève d'une secousse vers les hauteurs parcourues de feu pour crever les nuages. Des gouttes énormes crépitèrent mêlées de grêlons.

Jacques se retourna. Le désert avait disparu. Le repaire qu'il venait de quitter n'était plus qu'une vague lueur perchée très haut dans la muraille de pluie et de grêle que blanchissaient les éclairs. A vingt mètres à peine, le sentier se perdait, dévoré par la bourrasque.

La douche glacée lui faisait du bien. Elle ruisselait sur sa chemise déjà trempée de sueur, elle giflait son front brûlant de fièvre.

Il courait toujours, heureux de sentir que ni ses jambes ni son souffle ne menaçaient de le trahir. Il lui semblait qu'il pourrait courir des jours et des nuits ainsi. Lorsqu'il atteindrait le fond de la reculée, il escaladerait la rive et gagnerait le plateau. Il y retrouverait des forêts où il s'enfoncerait pour passer la frontière. Cette ligne n'était plus le pointillé qui suit les crêtes et sépare la France de la Suisse, mais la limite d'un pays d'accueil, la Tunisie peut-être, ou le Maroc, ou bien une autre planète. Elle était la frontière qui sépare l'univers de guerre du royaume de la paix éternelle. Là-bas, son père régnait pareil à un christ de souffrance et de miséricorde. Il l'attendait pour le pardon. Il lui ouvrirait le passage qui conduit du domaine des vivants à celui des morts. Tous ceux qui fuyaient la guerre pouvaient trouver refuge sous sa protection.

Car Jacques n'était pas seul à marcher. Ses morts l'accompagnaient. Ils se pressaient autour de lui mêlés à l'essaim crépitant des gouttes et des grêlons. Ils étaient de tous les temps et de tous les pays. De toutes les races et de toutes les haines. Blancs égorgés par le poignard des fellagas; bruns écrasés par les bombes, dévorés par le feu, percés par les balles ou écrasés par les gravats, tous portaient la marque de la même folie. Tous innocents. Tous morts parce que des garçons comme Jacques Fortier avaient désiré ou accepté la guerre dont d'autres hommes, plus coupables encore, tiraient profit.

Jacques allait du même pas que le cortège des morts. Ils lui ouvraient la voie qui conduit à leur domaine. Ils lui avaient donné rendez-vous au fond d'une ride de la terre où le ciel déversait des torrents d'eau lardée de feu, où le fouet de vent claquait, où la masse énorme de la foudre cognait sans relâche sur d'invisibles piliers sonores.

Jacques venait de dépasser Closia qui se devinait à peine, en contrebas, lorsqu'il entendit des ordres criés dans la tourmente. Il s'arrêta. Des hommes montaient sur sa droite pour lui couper la route. D'une détente, il fut hors du chemin. Il grimpa la pente jusqu'à la lisière du bois. Il avait envie de rire car le ciel était avec lui. Par un temps pareil, l'ennemi ne pouvait guère s'écarter des chemins. D'ailleurs, tout un corps d'armée n'eût pas suffi à quadriller un pareil secteur. Et puis, il était évident que ces gens-là n'étaient pas de taille. Même pas foutus de manœuvrer en silence, alors que Jacques et toute sa troupe s'en allaient sans un mot, sans un bruit. Ce bataillon de morts bien vivants connaissait le pays aussi bien que lui. Tout fonctionnait comme une machine baignant dans l'huile. C'était du beau travail dicté par une foi commune. Les poursuivants n'étaient que de sinistres mercenaires obéissant à des ordres donnés par ceux qui croyaient détenir le pouvoir. Mais le Pouvoir Suprême, c'était le père Fortier, qui le détenait. Il l'avait confié à son fils pour cette opération. Il avait dit à son fils : « Reste encore quelques heures dans leur domaine pour leur montrer qu'ils sont dans l'erreur et que le chemin qui conduit à mon royaume n'est pas celui qu'ils empruntent. » Le pouvoir, pour le moment, c'était Jacques, petit caporal de rien du tout, qui le détenait; lui et ses compagnons aux visages ensanglantés mais sereins.

Malgré l'enfer et la colère déchaînée du ciel, malgré la haine des hommes, sa troupe allait en souriant. Cette nuit lui avait donné un chef. Toute la troupe était dans la joie, elle avait élu son roi, ce maître absolu qui n'a jamais à ordonner puisque l'amour qu'on lui porte est son pouvoir.

Même le petit curé pacifiste n'avait pas compris que Jacques était le seigneur de ce peuple de martyrs auquel il allait, dans cette nuit merveilleuse, redonner la vraie joie par sa présence. Car la nuit était merveilleuse, toute de musique et de lumière, avec l'éclosion d'énormes fleurs éphémères.

Levant la main, Jacques fit halte, et toute sa troupe avec lui. Il pivota sur place. Il les retrouvait un à un, mais il manquait encore beaucoup de monde et il comprit que seule une petite formation de choc était venue l'accueillir à l'entrée de la reculée. Elle était sous les ordres de l'oncle Emile qui avait revêtu son pantalon rouge et son dolman bleu azur. L'oncle souriait, clignant de l'œil d'un air de dire : « T'inquiète pas, mon bonhomme, tout le reste est au rendez-vous. » Et Jacques savait où les autres l'attendaient. C'était là qu'ils se retrouveraient tous, c'était là que s'ouvrait le chemin où la meute stupide et aveugle des poursuivants renoncerait. Il restait à gagner ce point de la nuit perdu dans ce déluge où continuait de sonner l'écho des falaises abruptes.

Jacques fit un geste que l'oncle Emile répéta, et il reprit sa course protégé par son armée d'ombres.

43

L'orage diminua soudain de violence. La pluie cessa, mais des nuages bas se mirent à rouler au fond de la vallée et le long des falaises. Prisonniers de ces murailles, trop lourds pour tenter l'escalade, ils cherchaient une issue, pareils à un troupeau pris au piège de l'arène. Chaque éclair dessinait leur dos où roulaient des muscles enflés par la colère. Sans ralentir sa marche, Jacques leur adressait des signes d'amitié et leur indiquait le fond de la reculée en disant :

— Suivez-moi, je connais le pays de mon père.

Impatients, ils prenaient les devants, souples et puissants, courbant l'échine sous les éclatements. Passé la roche de la Pionnerie, Jacques engagea ses hommes à travers bois pour gagner du terrain. Ils grimpèrent un moment, puis, ayant coupé la corne de la forêt, ils dégringolèrent la pente pour rejoindre le sentier. A peine l'avaient-ils atteint que Jacques flaira un danger et se plaqua au sol. Il attendit quelques secondes et un long trait de feu vertical déchira les nuées, éclairant toute la vallée. Déployés en tirailleurs, une dizaine d'hommes casqués montaient à travers prés, en aval des éboulis. Jacques déchargea son Lebel au moment où la foudre roulait. Les falaises mêlèrent le tonnerre et la détonation en un seul écho répercuté jusqu'au fond du cirque d'où il revint affaibli alors que la troupe reprenait sa course. Les autres lâchèrent une série de rafales, et leurs balles miaulèrent avant de ricocher contre les rochers.

Jacques riait. Autour de lui, tout son monde riait aussi.

Le chemin devenait sentier à l'approche de la Fontaine aux Daims, mais les compagnons de Jacques n'avaient nul besoin de voies tracées pour filer de l'avant. Ils effleuraient à peine le sol de leurs pieds nus, bondissant d'un rocher à la cime d'un buisson, bien moins lourds à la terre que le souffle de l'orage.

Ils étaient à quelques enjambées de la source qu'ils entendaient déjà chanter entre les bourrasques lorsqu'un éclair fit émerger de la nuit ceux qui les attendaient autour du bassin, calmes et souriants. La mère tenait dans ses bras l'enfant brun. L'étudiant pacifiste en tenait d'autres par la main. Il portait à sa boutonnière la grosse fleur rouge que douze fusils avaient plaquée sur sa poitrine. Il y avait aussi les Arabes aux têtes coupées, les copains tués en Algérie qui fraternisaient avec leurs victimes et leurs bourreaux. Leurs blessures ressemblaient aux décorations qu'arborait l'oncle Emile. Ils accueillaient Jacques et sa troupe avec des gestes d'amitié.

La foudre les avait tirés de l'obscurité, mais, à présent, ils étaient éclairés par une lueur bleutée qui montait du bassin où l'eau avait conservé intacte pour eux un rectangle de ciel limpide. Le chien rouge et quelques petits ânes gris buvaient tranquillement cette eau de lumière.

Seul manquait le père, mais Jacques n'eut pas à l'attendre longtemps. Il apparut bientôt, irradiant. Il avançait lentement, et c'était un peu comme si la terre qu'il éclairait l'eût accompagné. C'est qu'il marchait porté par un immense troupeau de daims aux visages d'enfants. Il était le pasteur du plus fabuleux troupeau que la terre eût jamais porté. Et Jacques se souvint qu'il lui avait parlé de la Fontaine aux Daims pour lui donner le dégoût de la chasse et du crime. Le père dominait tout le monde, son sourire calme reflétait un grand bonheur paisible. Son arrivée métamorphosait ce fond de reculée qui échappait à la tourmente. Le printemps tout entier semblait s'être réfugié là pour laisser s'écouler les autres saisons. Assis au bord du bassin, il était lui aussi un personnage de clarté qui regardait de loin la colère dérisoire des orages, n'écoutant que le murmure intarissable de la source.

Jacques posa ses armes et sa musette, se coucha à plat ventre et but longuement. Il se baigna le visage, s'ébroua, s'épongea d'un revers de bras puis se redressa.

Un éclair piqua entre les roches, pointant sa flèche de métal incandescent à l'endroit précis où la source née de la Fontaine aux Daims va rejoindre le flot nerveux de la Guivre. Un craquement ébranla les falaises. Le grand peuplier d'Italie, qui se dressait au confluent depuis cent ans peut-être, flamba comme une torche imbibée d'alcool. Une immense flamme rouge et bleu monta très haut, éclairant les éboulis et les roches en surplomb. La terre souffla vers le ciel invisible une brassée d'étoiles éphémères, puis une saute de vent coucha la haute flamme sur la rivière qui grésilla comme de l'huile sur des charbons ardents. Enfin, dans l'obscurité revenue, seul demeura le pointillé brasillant du tronc qui se brisa vers le milieu et dont la cime versa lentement pour s'écrouler dans une gerbe d'étincelles.

La nuit se peuplait de phosphorescences. Toute la troupe de Jacques devint lumière. Hommes et bêtes se mêlaient autour du bassin et nul ne semblait gêné par cette colère des éléments. Ils appartenaient au printemps réfugié dans cette crique de rochers, et rien ne pouvait troubler leur quiétude. Rien et surtout pas ces êtres grotesques sous

leurs casques noirs et qui grimpaient vers eux.
Ceux-là devaient avoir atteint les éboulis, car Jacques entendait les pierres rouler sous leurs pas.
Ils déboucheraient bientôt pour prendre pied sur
le sentier, mais Jacques serait là pour leur interdire l'accès au royaume de son père. Calmement,
il rechargea ses armes et s'accouda aux rochers
qui fermaient le bassin vers l'aval. En dessous,
l'eau chantait clair. Elle tombait dans une conque
de pierre qu'elle avait mis des siècles à creuser.
Le traquet rieur était là. Il buvait. Il regarda Jacques qui fut heureux de sa présence et de son
rire.

Jacques attendit, sans impatience.

Deux éclairs lointains passèrent, et ce fut seulement le troisième qui dessina le reflet des casques
alignés au ras du talus. « Comme les têtes de
mort de la photo », pensa Jacques en épaulant.
Dès qu'il eut tiré, avant même le retour de l'écho,
plusieurs mitraillettes crachèrent leurs flammes.
C'était très beau, ce talus dont l'herbe se constellait soudain de boutons-d'or! Jacques rechargea et
tira sur les fleurs. Il y eut des cris, puis une nouvelle éclosion de feu avec des miaulements et le
crépitement d'une averse de grêle contre les roches du bassin.

Jacques riait. Autour de lui, tout le monde
riait. Les fleurs éteintes et la grêle tombée, la nuit
et le silence furent soudain d'une étrange épaisseur. Le vent lui-même s'était apaisé et le murmure de la source n'était plus un bruit de cette
terre. Le printemps éternel de la Fontaine aux
Daims avait repoussé hors de la reculée la colère
du ciel et la colère des hommes. Tout ce qui pouvait encore troubler la paix du monde s'éloignait
au galop et le troupeau des monstres incendiaires
fuyait là-bas, très loin, sur le désert immense où
il finirait par se perdre comme une eau dans les
sables. Cette fuite était la victoire de Jacques. La
sienne et celle de ses compagnons. La sienne et

celle de ce printemps de douceur plus fort que les saisons de violence et de meurtre. Dans ce silence, la voix de son père monta : « Un jour, tu sentiras sa présence. Tu ne sauras pas qui il est, mais IL sera là. »

Ce calme dura une éternité. La nuit avait cessé de respirer et c'est à peine si les bois écrasés par les falaises soupiraient. Jacques n'entendait plus que le battement du sang à ses tempes.

Il se pencha pour prendre de l'eau dans sa main et boire un peu. L'eau ruisselait entre ses doigts et son bruit parut semblable à celui d'une cascade. Une rafale déchira le silence et Jacques sentit le vent d'un projectile tout près de son oreille. Sans épauler, il déchargea son fusil qu'il rechargea pour tirer encore. Les douilles éjectées tintaient sur la pierre comme des clochettes de fête.

Autour de lui, ses compagnons formaient à présent un cercle qui se refermait de plus en plus. Il se trouva bientôt au cœur d'un bloc vivant et chaud, tout vibrant d'amitié.

Il allait tirer de nouveau lorsqu'il entendit des pierres rouler derrière lui. Il pensa au sentier qui permet d'escalader la falaise, et il se retourna pour tirer trois balles de revolver en direction du bruit. Il jeta le revolver vide qu'il n'avait plus le temps de recharger. Il pensa un instant à bondir par-dessus le bassin pour dévaler la pente dans l'obscurité, mais l'idée d'abandonner la fontaine lui parut la pire des trahisons. Il lui restait le fusil. Lorsqu'il aurait tiré encore une fois, il l'empoignerait par le canon et l'utiliserait comme une massue. Non, il ne pouvait envisager de s'enfuir. Ses compagnons resteraient là, et sa place était parmi eux.

Alors, à la manière d'une plante qui profite de la nuit pour pousser, il se dressa, prêt à faire feu dès que renaîtraient les fleurs du talus.

Il attendit ainsi, le cœur battant, jusqu'au mo-

ment où la terre fut secouée par un long trait
d'acier éblouissant que le ciel planta comme une
épée au pied de la falaise. Jacques apparut tout
droit dans la lumière et le talus du sentier crépita
en même temps que le rocher auquel il tournait
le dos. Il chancela. Il courba l'échine comme il
eût fait sous une averse. La nuit refermée, des
milliers de lueurs aux formes humaines se mirent
à tourner autour de lui dans un brouillard qui
semblait ruisseler du plateau pour emplir la reculée. Est-ce que le vent de l'aube allait bientôt
chanter? Est-ce qu'il allait enfin trouver le « chemin de la vraie vie »?

Jacques s'agenouilla au bord du bassin. Il sentit
que sa nuque et sa poitrine· étaient déchirées,
mais il se demanda s'il devait cette douleur brûlante au feu du ciel ou à celui des hommes. Sou-
tenu par ses compagnons, il roula lentement sur
le flanc. La joue contre la pierre humide et
froide, il contempla un instant le miroir limpide
qu'éclairait le reflet de son père debout sur l'autre rive.

Son bras crispé s'amollit, et sa main entra dans
l'eau fraîche. Alors, lentement, sa vie se mit à
couler, pareille à une source née de la nuit
d'orage pour ajouter une note plus sourde au
murmure éternel de la Fontaine aux Daims.

Château-Chalon,
21 juin 1972 — 17 avril 1973.

Cinéma et TV

A bout de souffle/made in USA
(1478★★)
par Leonore Fleischer
Un cavale romantique et désespérée.

A la poursuite du diamant vert
(1667★★★)
Par Joan Wilder
On ne court pas dans la jungle en talons hauts.

Alien (1115★★★)
par Alan Dean Foster
Avec la créature de l'Extérieur, c'est la mort qui pénètre dans l'astronef.

Angélique marquise des Anges
(667★★★★ à 685★★★ et 1410★★★★ à 1412★★★★)
par Anne et Serge Golon
De la Cour de Louis XIV au glacial Québec, les aventures de la fascinante Angélique.

L'année dernière à Marienbad
(546★★)
par Alain Robbe-Grillet
A-t-elle connu cet homme qui prétend l'avoir aimée ?

Annie (1397★★★)
par Leonore Fleischer
Petite orpheline, elle fait la conquête d'un puissant magnat. Inédit, illustré.

Au delà du réel (1232★★★)
par Paddy Chayefsky
Une terrifiante plongée dans la mémoire génétique de l'humanité. Illustré.

Beau père (1333★★)
par Bertrand Blier
Il reste seul avec une belle-fille de quatorze ans, amoureuse de lui.

Les Bleus et les Gris (1742★★★)
par John Leekley
Deux familles étaient liées par le sang, la foi et l'amour jusqu'au jour où éclata la guerre de Sécession.

Blade Runner (1768★★★)
par Philip K. Dick
Rick Decard est un tueur d'androïdes mais certaines androïdes sont aussi belles que dangereuses.

Blow out (1244★★★)
par Williams de Palma
Pour Sally et Jack, une course éperdue contre la mort.

La boum (1504★★)
par Besson et Thompson
A treize ans, puis à quinze, l'éveil de Vic à l'amour.

Cabaret (Adieu à Berlin) (1213★★★)
par Christopher Isherwood
L'ouvrage qui a inspiré le célèbre film avec Liza Minelli.

Carrie (835★★★)
par Stephen King
Ses pouvoirs supra-normaux lui font massacrer plus de 400 personnes.

Chaleur et poussière (1515★★★)
par Ruth Prawer Jhabvala
En 1923, elle a tout quitté pour suivre un prince indien fascinant mais décadent.

Chanel solitaire (1342★★★★)
par Claude Delay
La vie passionnée de Coco Chanel. Illustré.

Le choc des Titans (1210★★★★)
par Alan Dean Foster
Un combat titanesque où s'affrontent les dieux de l'Olympe. Inédit, illustré.

Conan (1754★★★)
par Robert E. Howard
Les premières aventures du géant barbare qui régna sur l'âge hyborien.

Conan le barbare (1449★★★)
par Sprague de Camp et Carter
L'épopée sauvage de Conan le Cimmérien face aux adorateurs du Serpent.

Conan le destructeur (1689★★)
par Robert Jordan
Que peut son courage contre les démons et les maléfices ?

Conan le Cimmérien (1825★★★)
par Robert E. Howard
Bêlit a envoûté Conan, mais que peut-elle faire contre la force brutale du barbare ? (juin 85)

Cujo (1590★★★★)
par Stephen King
Un monstre épouvantable les attend dans la chaleur du soleil.

Dallas

- Dallas (1324★★★★)
par Lee Raintree
Dallas, l'histoire de la famille Ewing, au Texas, célèbre au petit écran.

- Les maîtres de Dallas (1387★★★★)
par Burt Hirschfeld
Qui a tiré sur JR, et pourquoi ?

- Les femmes de Dallas (1465★★★★)
par Burt Hirschfeld
Kristin convoite la fortune de JR.

- Les hommes de Dallas (1550★★★★)
par Burt Hirschfeld
Le combat de JR contre Bobby.

Damien, la malédiction – 2 (992★★★)
par Joseph Howard
Damien devient parfois un autre, celui qu'annonce le Livre de l'Apocalypse.

Dans les grands fonds (833★★★)
par Peter Benchley
Pourquoi veut-on les empêcher de visiter une épave sombrée en 1943 ?

Les dents de la mer – 2ᵉ partie (963★★★)
par Hank Searls
Le mâle tué, sa gigantesque femelle vient rôder à Amity.

Des fleurs pour Algernon (427★★★)
par Daniel Keyes
Charlie est un simple d'esprit. Des savants vont le transformer en génie, comme Algernon la souris.

Des gens comme les autres (909★★★)
par Judith Guest
Après un suicide manqué, un adolescent redécouvre ses parents.

2001 – l'odyssée de l'espace (349★★)
par Arthur C. Clarke
Ce voyage fantastique aux confins du cosmos a suscité un film célèbre.

Dynasty (1697★★)
par Eileen Lottman.
Un des plus célèbres feuilletons.

E.T. – l'extra-terrestre (1378★★★)
par William Kotzwinkle
Egaré sur la Terre, un extra-terrestre est protégé par les enfants. Inédit.

Edith et Marcel (1568★★★)
par Claude Lelouch
L'amour fou de Piaf et Cerdan.

Elephant man (1406★★★)
par Michael Howell et Peter Ford
La véritable histoire de ce monstre si humain.

L'Espagnol (309★★★★)
par Bernard Clavel
Brisé par la guerre, il renaît au contact de la terre.

L'exorciste (630★★★★)
par William Peter Blatty
A Washington, de nos jours, une petite fille vit sous l'emprise du démon.

Fanny Hill (711★★★)
par John Cleland
Un classique de la littérature érotique.

Flash Gordon (1195★★★)
par Cover, Semple Jr et Allin
L'épopée immortelle de Flash Gordon sur la planète Mongo. Inédit, illustré.

La forteresse noire (1664★★★★)
par Paul F. Wilson
Une section S.S. face à un vampire surgi du passé.

Gremlins (1741★★★)
par Steven Spielberg
Il ne faut ni les exposer à la lumière, ni les mouiller, ni surtout les nourrir après minuit. Sinon...

Il était une fois en Amérique (1698★★★)
par Lee Hays
Deux adolescents régnaient sur le ghetto new-yorkais puis, un jour, l'un trahit l'autre.

L'île sanglante (1201★★★)
par Peter Benchley
Un cauchemar situé dans le fameux Triangle des Bermudes.

Jésus de Nazareth (1002★★★)
par W. Barclay & Zeffirelli
Récit fidèle de la vie et de la passion du Christ, avec les photos du film.

Jonathan Livingston le goéland (1562★)
par Richard Bach
Une leçon d'art de vivre. Illustré.

Joy (1467★★)
par Joy Laurey
Une femme aime trois hommes.

Kramer contre Kramer (1044★★★)
par Avery Corman
Abandonné par sa femme, un homme reste seul avec son tout petit garçon.

Laura (1561★★★)
par Vera Caspary
Peut-on s'éprendre d'une morte sans danger ?

Love story (412★)
par Erich Segal
Le roman qui a changé l'image de l'amour.

Le Magicien d'Oz (The Wiz) (1652★★)
par Frank L. Baum
Dorothée et ses amis traversent un pays enchanté. Illustré.

Massada (1303★★★★)
par Ernest K. Gann
L'héroïque résistance des Hébreux face aux légions romaines.

La mort aux enchères (1461★★)
par Robert Alley
Un psychiatre soupçonne d'un crime la cliente dont il est épris.

La nuit du chasseur (1431★★★)
par Davis Grubb
Il poursuit ses victimes en chantant des psaumes à la gloire du Seigneur.

L'œil du tigre (1636★★★)
par Sylvester Stallone
La gloire est au bout des gants de Rocky.

Officier et gentleman (1407★★)
par Steven Phillip Smith
Nul ne croit en Zack, sauf lui-même.

Outland... loin de la Terre (1220★★)
par A. D. Foster
Sur l'astéroïde Io, les crises de folie meurtrière et les suicides sont quotidiens. Inédit, illustré.

Les Plouffe (1740★★★★)
par Roger Lemelin
Une famille québécoise aux aventures bouffonnes et tendres.

Philadelphia Experiment
(1756★★)
par Charles Berlitz
L'armée américaine a réellement tenté des expériences d'invisibilité.

Les prédateurs (1419★★★★)
par Whitney Strieber
Elle survit depuis des siècles mais ceux qu'elle aime meurent lentement.

La quatrième dimension (1530★★)
par Robert Bloch
Le domaine mystérieux de l'imaginaire où tout peut arriver. Inédit.

Racines (968★★★★ et 969★★★★)
par Alex Haley
Le triomphe mondial de la littérature et de la TV fait revivre le drame des esclaves noirs en Amérique.

Ragtime (825★★★)
par E.L. Doctorow
Un tableau endiablé et féroce de la réalité américaine du début du siècle.

Razorback (834★★★★)
par Peter Brennan
En Australie, une bête démente le poursuit.

Rencontres du troisième type (947★★)
par Steven Spielberg
Le premier contatc avec des visiteurs venus des étoiles.

Riches et célèbres (1330★★★)
par Eileen Lottman
Le succès, l'amour, la vie, tout les oppose ; pourtant, elles resteront amies. Inédit. Illustré.

Scarface (1615★★★)
par Paul Monette
Pour devenir le roi de la pègre il n'hésite pas à tuer.

Shining (1197★★★★★)
par Stephen King
La lutte hallucinante d'un enfant médium contre des forces maléfiques.

Star Trek II : la colère de Khan
(1396★★★)
par Vonda McIntyre
Le plus grand défi lancé à l'U.S. Enterprise. Inédit.

Staying Alive (1494★★★)
par Leonore Fleischer
Quatre ans après, Tony Manero attend encore sa double chance d'homme et de danseur.

Sudden Impact (1676★★★)
par Joseph C. Stinson
Une nouvelle enquête pour l'inspecteur Harry, le flic impitoyable.

Le trou noir (1129★★★)
par Alan Dean Foster
Un maelström d'énergie les entraînerait au delà de l'univers connu.

Un bébé pour Rosemary (342★★★)
par Ira Levin
A New York, Satan s'empare des âmes et des corps.

Vas-y maman (1031★★)
par Nicole de Buron
Après quinze ans d'une vie transparente, elle décide de se mettre à vivre.

Verdict (1477★★★)
par Barry Reed
Les femmes et l'alcool ont fait de lui un avocat médiocre. Pourtant...

Véridiques Mémoires de Marco Polo
(1547★★★)
Adapté en français moderne, voici le récit même du fabuleux voyageur.

Wolfen (1315★★★★)
par Whitney Strieber
Des êtres mi-hommes mi-loups guettent leurs proies dans les rues de New York. Inédit, illustré.

Achevé d'imprimer sur les presses de l'imprimerie Brodard et Taupin
58, rue Jean Bleuzen, Vanves. Usine de La Flèche,
le 13 mars 1985
1893-5 Dépôt légal mars 1985. ISBN : 2 - 277 - 12742 - 6
1er dépôt légal dans la collection : avril 1977
Imprimé en France

742
★★★

Editions J'ai Lu
27, rue Cassette, 75006 Paris
diffusion France et étranger : Flammarion